SIMONE
FORTI

TO PLAY
THE FLUTE

ALEXANDRA
BACHZETSIS

PRIVATE: WEAR A MASK
WHEN YOU TALK TO ME

ADELITA
HUSNI-BEY

FRANGENTE
BREAKER

PAULINA
OLOWSKA

SLAVIC GODDESSES
AND THE USHERS

CHRISTIAN
MARCLAY

CONCERTO
SPAZIALE

FONDAZIONE FURLA — MUSEO DEL NOVECENTO

Mousse Publishing

Azioni di arte contemporanea, frammenti di espressività artistica transitoria, abitano il Museo del Novecento, grazie alla preziosa collaborazione tra la Fondazione Furla e il Comune di Milano.
Cinque artisti di differenti generazioni sono i protagonisti di un ciclo di performance realizzate in dialogo con le opere dei maestri del Novecento presenti nelle collezioni del Museo.
Furla Series #01 – *Time after Time, Space after Space* realizza così un'originale opportunità di incontro tra presente, passato e futuro grazie ad autori che, con linguaggi stilistici diversi e compositi, interpretano lo spazio del Museo.

Contemporary artistic actions and fragments of ephemeral expression took up residence in the Museo del Novecento, thanks to a fertile collaboration between Fondazione Furla and the City of Milan.
Five artists from different generations were spotlighted in a cycle of performances that form a dialogue with the twentieth-century masterpieces in the museum collection.
Furla Series #01—*Time after Time, Space after Space* brought about a one-of-a-kind encounter between past, present, and future, through artists who employ a composite spectrum of stylistic languages to reinterpret the space of the museum.

Filippo Del Corno
Assessore alla Cultura / Councilor for Culture
Comune di Milano

Con Furla Series #01 – *Time after Time, Space after Space* il Museo del Novecento presenta per la prima volta un progetto dedicato alla performance, pratica immateriale oggi particolarmente presente nei musei di tutto il mondo e al centro di interessanti riflessioni nell'ambito della museologia contemporanea.
Una mostra in cinque puntate, che vede artisti di fama internazionale animare il cuore del museo, la Sala Fontana. Da settembre 2017 ad aprile 2018 si succedono le azioni, molto diverse tra loro, a sottolineare la poliedricità di approcci di Simone Forti, Alexandra Bachzetsis, Adelita Husni-Bey, Paulina Olowska e Christian Marclay, accompagnate da un significativo programma di iniziative collaterali di conferenze e workshop.
Si instaura così un creativo dialogo tra le opere degli artisti del XX secolo esposte in museo e i protagonisti del panorama attuale, che lavorano al crocevia tra le diverse espressioni della cultura contemporanea, tra cui performance, teatro, danza, musica e immagini in movimento.
L'iniziativa, oltre a sperimentare un inedito modello di co-produzione tra pubblico e privato, si pone come ambizioso obiettivo quello di avvicinare i cittadini alle espressioni artistiche più contemporanee, e allo stesso tempo di portare un nuovo e sempre più vasto pubblico a conoscere la prestigiosa collezione del Museo del Novecento.

Furla Series #01—*Time after Time, Space after Space* marks Museo del Novecento's first program dedicated to performance, an immaterial art form that has now found its place in museums around the world, and has sparked interesting discussions within the contemporary museum debate.
In this five-part exhibition, internationally renowned artists brought new life into Sala Fontana, the heart of the museum. From September 2017 to April 2018, it housed a succession of very different performances that highlighted the multifaceted practices of Simone Forti, Alexandra Bachzetsis, Adelita Husni-Bey, Paulina Olowska, and Christian Marclay, accompanied by a special calendar of parallel initiatives including conferences and workshops.
This created a fruitful dialogue between the works of the twentieth-century artists in the museum collection and leading figures of the current cultural scene, working across and between different disciplines, such as performance, theater, dance, music, and moving image.
The program pioneered a highly original model of co-production between the public and private sphere. It set the ambitious goal of familiarizing city residents with the latest forms of artistic expression, while also bringing a new, ever broader audience into contact with the outstanding collection of Museo del Novecento.

Anna Maria Montaldo
Direttrice / Director
Museo del Novecento

Time after Time, Space after Space segna la prima tappa del nuovo percorso intrapreso da Fondazione Furla con Furla Series, un progetto che conferma il nostro impegno nell'arte contemporanea, e che all'obiettivo di supportare e sostenere la ricerca artistica affianca quello di farsi promotori di sinergie istituzionali.
Questa nuova fase è iniziata attraverso la collaborazione con una realtà di eccellenza come il Museo del Novecento di Milano: un sodalizio che ha portato a esplorare territori di grande stimolo e a sperimentare una forma di collaborazione tra pubblico e privato che si è rivelata altamente positiva.
Indagare un linguaggio come la performance attraverso le differenti voci degli artisti coinvolti è stata un'esperienza d'apprendimento e un'occasione di arricchimento per entrambe le istituzioni e per i visitatori che hanno assistito numerosi agli eventi così come agli appuntamenti del programma pubblico: un percorso di crescita che nasce a Milano, ma che partecipa attivamente al dibattito artistico internazionale.

Time after Time, Space after Space marks the first leg of the new journey that Fondazione Furla has embarked on with the Furla Series, a project that renews our commitment to contemporary art.
In addition to supporting and fostering artistic research, it seeks to forge fertile bonds between art institutions.
This new stage was launched through a partnership with a truly outstanding institution, the Museo del Novecento in Milan. This allowed us to explore stimulating new terrain, testing out a model of collaboration between the public and private sphere that has proven very fruitful.
Investigating a language like performance through the different voices of the artists involved was an enlightening, enriching experience for both institutions, as well as for the visitors who flocked to the events and to the accompanying public program: a journey of growth that sets out from Milan, but actively contributes to the international debate.

Giovanna Furlanetto
Presidente / President
Fondazione Furla

Danzare, parlare, cantare, suonare, camminare, scrivere, mangiare, urlare, dormire… abbiamo visto gli artisti fare tutto questo e molto altro all'interno di gallerie, musei, fiere, fondazioni.

In libri, cataloghi e manuali di storia dell'arte abbiamo letto di opere fatte di corpi, gesti, movimenti, di azioni che accadono nello spazio e nel tempo. Parliamo di performance: quel linguaggio in costante evoluzione che gli artisti hanno sempre utilizzato per rispondere al cambiamento, l'"avanguardia delle avanguardie" che, ancora oggi, "continua a sfuggire a una definizione, restando imprevedibile e provocatoria com'è sempre stata".[1]

La performance è duttile, eclettica, ha mille sfumature e *Time after Time, Space after Space* non ha cercato di coglierne una, ma di mettere a confronto idee e visioni che esplorassero diversi modi di intendere e approcciare questa forma espressiva, raccontando quello che è stata, come si è trasformata e cosa potrebbe diventare, nel suo rapporto con gli altri linguaggi, con lo spettatore, con la storia dell'arte.

Un racconto tutt'altro che esaustivo, che procede per assonanze e analogie, ma anche dissonanze e differenze, all'interno di una cornice singolare – il Museo del Novecento – che della performance rievoca anche la centralità nella storia dell'arte, recente e meno recente.

La genesi del progetto va ricondotta proprio alla natura storica del contesto espositivo, un'istituzione che ospita una delle più importanti collezioni d'arte italiana del XX secolo: a partire dalle avanguardie di primo Novecento, con i maggiori esponenti del Futurismo, per proseguire con movimenti e grandi protagonisti come Giorgió Morandi e Giorgio de Chirico, l'astrattismo degli anni Trenta, l'Informale degli anni Cinquanta e Sessanta, Piero Manzoni e Azimuth, l'Arte Cinetica e Programmata, la Pittura Analitica degli anni Settanta e la Pop Art di ascendenza romana, per arrivare fino all'Arte Povera. Snodo di questo percorso che attraversa un secolo di arte italiana è Lucio Fontana, a cui è dedicata la suggestiva sala che ospita la ricostruzione (2010) della celebre *Struttura al neon per la IX Triennale di Milano* (1951), un *Soffitto spaziale* (1956) e una serie di *Concetti spaziali*.

È legata a Fontana la scelta di sviluppare un progetto sulla performance come estremo risvolto di una ricerca che ha avuto implicazioni sostanziali nel riconoscimento del valore artistico del gesto. Lucio Fontana è stato uno dei primi, certamente in Europa, a promuovere un'idea di arte basata "sull'unità del tempo e dello spazio". I suoi "buchi", "tagli", ambienti sono stati determinanti in un momento storico che cercava di superare i canoni tradizionali di pittura e scultura e di allargarne i confini allo spazio e al movimento, aprendo la strada a successive ricerche spaziali e

Dancing, talking, singing, playing music, walking, writing, eating, screaming, sleeping… we've seen artists do all this and much more, at museums, galleries, art fairs, and foundations.

In books, catalogues, and art history texts, we've read about works made of bodies, gestures, movements, and actions that unfold in space and time. We're talking about performance art: a constantly evolving language that artists have always used to respond to change, the "avant-avant-garde" that even today "continues to defy definition, remaining as unpredictable and provocative as it ever was."[1] Performance art is adaptable and eclectic, with a hundred different facets. Rather than focus on just one, *Time after Time, Space after Space* has tried to juxtapose different visions of this form of expression and different approaches to it, describing what it has been, how it has changed, and what it may become, in relation to other languages, to the viewer, and to art history. This narrative is anything but exhaustive, proceeding by assonance and analogy, but also dissonance and difference, within a unique setting—the Museo del Novecento—that also evokes the central role of this medium in the recent and more distant history of art.

The genesis of this project is linked to the historical nature of the exhibition venue, a museum that houses one of the world's leading collections of Italian twentieth-century art: starting with the avant-garde movements of the early twentieth century, and all the major representatives of Futurism, it moves on to other currents and great figures like Giorgio Morandi and Giorgio de Chirico, the abstract art of the 1930s, Art Informel in the 1950s and 1960s, Piero Manzoni and Azimuth, Kinetic and Programmed Art, Analytical Painting in the 1970s, and the Roman school of Pop Art, all the way to Arte Povera. A turning point in this journey through a century of Italian art is Lucio Fontana, and an arresting room dedicated to the artist houses the reconstruction (2010) of his famous *Struttura al neon per la IX Triennale di Milano* (1951), a *Soffitto spaziale* (1956), and a series of *Concetti spaziali*. Fontana's work inspired the idea of developing a project around performance, as the ultimate outcome of an investigation that played a major role in establishing the artistic value of the gesture. Lucio Fontana was one of the first—especially in Europe—to promote a vision of art based on "the unity of time and space." His "holes," "slashes," and environments proved pivotal at a point in history that was trying to move past the traditional canons of painting and sculpture and expand into space and movement, paving the way to later spatial and performative practices that would lead

performative che avrebbero poi portato alla legitti-
mazione della performance come mezzo espressivo.
"L'arte è eterna, ma non può essere immortale. […]
Rimarrà eterna come gesto, ma morrà come materia"
affermava Fontana nel 1947 nel *Primo Manifesto
dello Spazialismo*.
Da quel gesto siamo partiti, per raccontare quello
che è diventato e che potrebbe ancora diventare,
individuando nella performance la forma più idonea
a sviluppare il dialogo tra presente e passato – quel
passato su cui si fonda tutto quello che oggi definia-
mo "arte contemporanea" – che un progetto come
questo per sua natura implica.

Nonostante sia stata a lungo omessa e ignorata
nella storiografia e solo a partire dagli anni Settanta
legittimata come mezzo di espressione artistica,
la performance ha attraversato tutto il XX secolo, a
partire dalle avanguardie del primo Novecento. Ma è
solo negli ultimi vent'anni che abbiamo assistito alla
sua istituzionalizzazione, con una sempre maggiore
inclusione di lavori performativi in collezioni pubbliche
e private, nei programmi museali e all'interno delle
fiere, con la costituzione di spazi, dipartimenti e team
curatoriali specializzati, mentre è cresciuta contestual-
mente e in modo esponenziale anche l'attenzione
verso questioni sostanziali come la conservazione o il
reenactment di lavori performativi, la tutela della loro
identità e integrità e le modalità di trasmissione alle
generazioni future. *Time after Time, Space after Space*
si inserisce all'interno di questo dibattito per ripercor-
rere, attraverso la presentazione di alcune pratiche
performative esemplari, la complessa sperimentazio-
ne che riguarda questa forma espressiva.

La presenza di Simone Forti all'interno del programma rappresenta un momento fondamentale nella storia della performance, quello che tra la fine degli anni
Sessanta e l'inizio dei Settanta ne sancisce il riconoscimento come medium. È allora che, all'interno di un
più generale ripensamento dell'opera d'arte in termini
di smaterializzazione, la performance inizia ad avere
un ruolo di primo piano, ed è negli stessi anni che
Simone Forti si afferma come grande sperimentatrice
del linguaggio del corpo, liberando la danza da sche-
mi precostituiti per ricondurla a semplice movimento
nello spazio. Se i suoi movimenti essenziali, deconte-
stualizzati ed enfatizzati per assolvere all'unica funzione di farci "vedere il corpo",[2] hanno cambiato il modo
di intendere la danza, la sua ricerca sull'interazione
tra corpo e oggetti ha dato un contributo storico a una
questione altrettanto fondamentale, quella del rapporto tra scultura e performance.[3] *To Play the Flute* ha
ricostruito la ricchezza e la complessità di questa
ricerca, attraverso il *reenactment* di alcune performance iconiche – tutte concepite negli anni Sessanta

to the recognition of performance as an artistic
medium. "Art is eternal, but it cannot be immortal.
[...] It will remain eternal as gesture, but will die
as matter," Fontana wrote in 1947, in the *Primo
Manifesto dello Spazialismo*.
And so we set out from the idea of that gesture,
to describe what it has already and could yet
become; performance, in our eyes, was the form
best-suited to forging the sort of dialogue between present and past (the past on which everything we now call contemporary art is based) that
a project such as this one inherently implied.

Though it was long overlooked by art historians,
and gained official status as a means of artistic
expression only in the 1970s, examples of performance can be found throughout the twentieth century, starting with its early avant-garde
movements. The last twenty years have ushered
in its institutionalization, with the more and more
performance pieces entering public and private
collections, museum programming, and art fairs.
Specialized spaces, departments, and curatorial
teams have been created; there has also been
an exponential growth in attention to essential
issues like the conservation or reenactment of
performance works, the preservation of their
identity and integrity, and ways of passing them
on to future generations. *Time after Time, Space
after Space* fits into this debate, attempting to
retrace the complex experimentation found in this
medium by presenting a number of paradigmatic
practices.

Simone Forti's presence in the program rep-
resents a key moment in the history of performance that led to its recognition as a medium in
the late 1960s and early 1970s. This was when
performance began to take on a primary role within an overall process of rethinking the artwork in
terms of dematerialization. It was in the same period that Simone Forti came to the fore as a pioneer
of experimentation with the language of the body,
freeing dance from its conventions and bringing it
back to the simple motion of a body within space.
While her pared-down movements, stripped of
context and emphasized to make us "see the
body,"[2] have changed the way we think about
dance, her investigation of how the body interacts
with objects made a historic contribution to an
equally crucial issue, the relationship between
sculpture and performance.[3] *To Play the Flute* reconstructed the richness and complexity of this
exploration through reenactments of several land-
mark performances—all conceived in the 1960s—
that represent key aspects of her work: the

– che rappresentano i nodi cruciali del suo lavoro: l'importanza del suono,[4] con *Cloths* (1967), in cui il corpo scompare per lasciare il posto al movimento e alla musica,[5] e *Censor* (1961), un'estenuante competizione acustica tra il rumore assordante di una pentola piena di chiodi e quello di una canzone intonata ad alta voce;[6] le indagini minimaliste sul corpo, con i movimenti quasi impercettibili di *Sleepwalkers* (1968) che interpretano i comportamenti sviluppati dagli animali in un ambiente confinato come quello di uno zoo;[7] la relazione tra azione e scultura con *Huddle* (1961), quell'insieme disomogeneo di braccia, gambe, busti e teste che prende forma davanti agli occhi degli spettatori diventando una scultura fatta di corpi.[8] Ed è proprio *Huddle* a chiudere la sequenza delle quattro performance, caratterizzata da un graduale passaggio dall'assenza totale a un eccesso di corpi, che nel loro aggrovigliarsi sotto l'intreccio luminoso del neon di Fontana sembrano ricalcarne l'andamento e il movimento delle linee.

Le ricerche sul linguaggio del corpo di Forti riecheggiano nel lavoro di una performer contemporanea come Alexandra Bachzetsis, in cui le indagini di natura minimalista e autoriflessiva intersecano questioni di genere, identità, sessualità, passando attraverso riflessioni di carattere sociologico, antropologico, culturale e filosofico.
La Bachzetsis è un esempio di quell'approccio che si muove tra la sfera delle arti visive, del teatro e della danza, la cui trasversalità si rispecchia nella pluralità di ambiti che la sua ricerca tocca. Cinema, televisione, video clip, musica pop, pubblicità, moda, sport, pornografia, un complesso di riferimenti che l'artista passa in rassegna e porta in scena per ricostruire nello spazio della performance la fisionomia dell'individuo contemporaneo. Attraverso una continua analisi del gesto, nella vita reale e nella finzione dello spettacolo, Bachzetsis interroga e ripensa gli atteggiamenti con cui ogni giorno "performiamo" il nostro corpo, gli stessi che l'artista inscena in *PRIVATE: Wear a mask when you talk to me*[9] (2016).
La performance vede l'artista, come unica protagonista, interpretare personaggi differenti che rappresentano una vasta gamma di gesti e azioni standardizzate: dalle movenze delle drag queen orientali al fitness, dai passi di danza di Michael Jackson alle posizioni yoga e del football americano. Si trucca e rimuove il make-up, si veste e sveste cambiandosi d'abito, balla e resta immobile, passando in rassegna una serie di atteggiamenti che assumiamo, volontariamente o involontariamente, e che nel ripetersi ridefiniscono continuamente il nostro modo di essere e apparire.
La scena si svolge all'interno di uno spazio circoscritto, fatto di pochi elementi e trattato come un'estensione del suo stesso corpo, una zona di transizione tra il

importance of sound,[4] in *Cloths* (1967), where the body disappears, giving way to movement and music,[5] and *Censor* (1961), a grueling acoustic competition between the deafening rattle of a pot full of nails and the sound of a belted-out song;[6] minimalist investigations of the body, in the almost imperceptible movements of *Sleepwalkers* (1968), which explore animal behavior developed in response to confined environments such as zoos;[7] the relationship between action and sculpture, as in *Huddle* (1961), a jumbled assemblage of arms, legs, torsos, and heads that takes shape before the viewers' eyes, like a sculpture made of bodies.[8] It is *Huddle* that closes the sequence of four performances, which thus traces a gradual progression from the total absence to an overabundance of bodies, intertwined under Fontana's tangle of neon light in a way that seems to emulate the flow of its lines.

Forti's investigation of bodily expression echoes through the work of contemporary artists such as Alexandra Bachzetsis, in which a similarly minimalist, introspective practice intersects with questions of gender, identity, and sexuality, by way of sociological, anthropological, cultural, and philosophical meditations.
Bachzetsis exemplifies an approach to the medium that moves between the visual arts, theater, and dance, and this same cross-disciplinary attitude can be seen in the range of spheres alluded to by her work. Movies, television, music videos, pop songs, advertising, fashion, sports, pornography: a series of references that the artist browses through and puts on stage, to reconstruct contemporary identity within the space of performance. Constantly analyzing the use of gesture in real life and fictional entertainment, Bachzetsis re-examines the poses we use every day to "perform" our body, reenacting them in *PRIVATE: Wear a mask when you talk to me*[9] (2016).
In this solo performance, the artist portrays different characters caught up in a vast range of standardized gestures and actions: Asian drag queen poses, fitness routines, Michael Jackson steps, yoga positions, football moves. She applies and removes makeup, puts on and takes off clothing, dances and stands motionless, parading a whole series of poses that we consciously or unconsciously strike, and whose repetition constantly reshapes our identity. The action unfolds within a circumscribed space made up of just a few elements and treated like an extension of her body, a transitional zone between "self" and "other": the latter represented by her viewers, who voyeuristically watch as she shifts from character to character.

"sé" e "l'altro", rappresentato da quegli spettatori che assistono con sguardo voyeuristico al suo scivolare da un personaggio a quello successivo. Se *PRIVATE: Wear a mask when you talk to me* è una riflessione sulle molteplici immagini della femminilità, sui processi di depersonalizzazione, sulla transizione e il cambiamento, tutto il vocabolario di gesti e movimenti che negli anni Alexandra Bachzetsis ha messo in scena è il risultato di un lungo processo di osservazione, trascrizione e traduzione dei comportamenti che definiscono la nostra identità, costantemente decostruita, ridefinita e modellata da stereotipi e cliché.

L'interesse della Bachzetsis nell'indagare i tropi della femminilità contemporanea ci porta al lavoro di un'altra artista, Paulina Olowska, in cui la figura femminile ha un ruolo altrettanto dominante, pur inscrivendosi all'interno di una pratica profondamente diversa incentrata sulla pittura e rivolta alla costruzione di un dialogo con la storia. Quest'ultimo aspetto, cui va ricondotta anche la genesi di *Slavic Goddesses and the Ushers,* attraversa tutta la produzione della Olowska, dalla ricostruzione di un café bohémien – *Nova Popularna* (2003) – alla riattivazione di insegne al neon della Varsavia degli anni Sessanta e Settanta – *Siatkarka* (2006) –, dai collage ispirati ai magazine di propaganda sovietici e americani degli anni Sessanta ai dipinti tratti dalle cartoline di modellini in maglia della Polonia comunista anni Ottanta, fino a tutti i lavori in cui ripercorre le storie di iconiche figure femminili come Elsa Schiaparelli, Virginia Woolf, Vanessa Bell, Zofia Stryjeńska. Il suo guardare al passato non è mai nostalgico, e va ben al di là del semplice desiderio di recuperare figure marginalizzate, laddove riportare in vita storie sommerse coincide con il tentativo di riscoprire il potenziale che hanno e dar loro un nuovo futuro. È quello che ha fatto anche con *Slavic Goddesses and the Ushers*, le cui protagoniste sono sei divinità dell'antica religione pagana slava: dee della malizia, della prosperità, del fatalismo, della primavera, dei cieli e dell'inverno. Dee speciali, perché non provengono dal cielo ma dalla terra, e hanno virtù positive e negative che le rendono simili agli esseri umani. A impersonarle sono sei manichini che indossano i costumi realizzati dall'artista a partire dalla serie di dipinti *Bożki słowiańskie* (Divinità slave, 1918) della visionaria artista polacca Zofia Stryjeńska.[10] Abiti fantastici, dai grandi copricapi e con decorazioni di piume di pavone, spighe di grano, e lucine a led.[11] Le dee nate dalla pittura diventano attrici di un anomalo *tableau vivant* – con i manichini che alludono alla presenza umana e evocano l'azione in una sorta di latente performatività – per tornare a stretto giro alla pittura, nel dipinto che l'artista ha eseguito, davanti agli spettatori, sulla grande vetrata sovrastante Sala Fontana. Attorno a queste divinità e in mezzo al

While *PRIVATE: Wear a mask when you talk to me* examines the manifold images of femininity, studying phenomena of depersonalization, transition, and change, the entire vocabulary of gestures and movements that Alexandra Bachzetsis has presented over the years has grown out of a long process of observing, transcribing, and translating the behavior that defines our identity, which is constantly being deconstructed, redefined, and reshaped by stereotypes and clichés.

Bachzetsis's interest in the tropes of contemporary femininity leads us to artists like Paulina Olowska; the female figure plays an equally dominant role in her work, although it is within a profoundly different practice centered on painting, and on the construction of a dialogue with history. This aspect not only gave rise to *Slavic Goddesses and the Ushers,* but shows up throughout Olowska's work, whether in her reconstruction of a bohemian café—*Nova Popularna* (2003)—her reactivation of neon signs from 1960s and 1970s Warsaw—*Siatkarka* (2006)—her collages inspired by Soviet and American propaganda magazines of the 1960s, her paintings based on postcards of knitting patterns from the communist Poland of the 1980s, or her many works inspired by iconic female figures like Elsa Schiaparelli, Virginia Woolf, Vanessa Bell, or Zofia Stryjeńska. Her vision of the past is never imbued with nostalgia; going far beyond any mere urge to rediscover overlooked figures, it breathes life back into submerged stories in an attempt to recover their potential and give them a new future. A prime example is *Slavic Goddesses and the Ushers*, whose central figures are six pagan deities from the ancient religion of the Slavs: goddesses of mischief, prosperity, fate, spring, winter, and the skies. These are special goddesses, who come from the earth rather than from heaven, and possess positive and negative qualities just like human beings. They are embodied by six mannequins wearing costumes Olowska made based on *Bożki słowiańskie* (Slavic Deities, 1918), a series of paintings by visionary Polish artist Zofia Stryjeńska.[10] Their fanciful garments are topped by enormous headdresses and decorated with peacock feathers, wheat stalks, and LEDs.[11] The goddesses emerge from the realm of painting to become actresses in an odd *tableau vivant*—as mannequins who allude to human presence and seem to suggest action, in a sort of latent performativity—but then come right back to that realm, through a work that the artist paints before her viewers' eyes, on a large glass panel overlooking the Sala Fontana. Wandering around the deities and through the audience are four mysterious figures who whisper, point, cook,

pubblico, si aggirano quattro misteriose presenze che bisbigliano, indicano, cucinano, dipingono, suonano, guidando i visitatori in un'esperienza magica e suggestiva. Tra loro, la Olowska impegnata in un intervento pittorico *site-specific*, e l'artista Sergei Tcherepnin autore della composizione sonora che ha animato i manichini,[12] a cui di tanto in tanto si sovrappone una sua esecuzione musicale live.

Slavic Goddesses and the Ushers mette in scena un universo di riferimenti culturali incrociati in cui sacro e profano, divino e terrestre, maschile e femminile, passato e futuro, umano e inumano, fissità e movimento, azione e rappresentazione si rincorrono e sovrappongono continuamente, in un gioco di rimandi in cui lo statuto stesso della performance assume contorni sfocati, sconfinando nei territori limitrofi della scultura, della pittura, dell'architettura, e infine della musica che fa da collante a questo caleidoscopio di azioni, sentimenti e personaggi.

La musica, che all'interno del programma torna ripetutamente – con Simone Forti nei canti quasi sussurrati di *Cloths* e urlati di *Censor*, con l'accompagnamento musicale nella performance della Bachzetsis, e gli interventi sonori di Tcherepnin in *Slavic Goddesses and the Ushers* – rappresenta un capitolo fondamentale nella storia delle arti performative, che parte dai "rumori" celebrati da Luigi Russolo nel suo inno alla musicalità della città moderna – *L'arte dei rumori* (1913) – passa per le sperimentazioni di John Cage che hanno cambiato definitivamente il modo stesso di concepire la musica, e arriva alle esperienze recenti di artisti come Christian Marclay che di questa storia hanno scritto un nuovo capitolo.

Marclay non ha studiato musica in senso accademico. Non si definisce un compositore, non nel senso tradizionale del termine, e ribadisce di far musica nel modo in cui la farebbe un artista. Inizia a intrecciare performance, suono e arte visiva già alla fine degli anni Settanta, quando utilizza il supporto fisico del disco per creare assemblaggi e giochi visivi di parole. Alla fine degli anni Novanta comincia a produrre una serie di partiture grafiche e video – *Graffiti Composition* (1996-2002), *The Bell and the Glass* (2003), *Screen Play* (2005), *Shuffle* (2007), per citarne alcune – in cui le immagini diventano dispositivi in grado di attivare il suono. Realizzati a partire da situazioni e immagini trovate, questi input visivi diventano tracce che musicisti professionisti sono invitati a interpretare, con una libertà di azione quasi totale. Non c'è un modo giusto, ma mille modi per suonare questi spartiti che l'artista stesso considera "non finiti", e quindi in grado di generare qualcosa di nuovo ogni volta che vengono eseguiti. A partire dal 2011, queste sperimentazioni sulla combinazione di suono e immagini si spingono oltre per concentrarsi

paint, and play music, guiding visitors through a magical experience. Among them are Olowska, engaged in her site-specific painting, and artist Sergei Tcherepnin, composer of the soundtrack that animates the mannequins,[12] and sometimes mingles with his own live musical performance. *Slavic Goddesses and the Ushers* presents a universe of intersecting cultural references in which sacred and profane, divine and worldly, male and female, past and future, human and inhuman, fixity and movement, and action and representation constantly alternate and overlap, in a game of allusions where the very status of performance seems to blur, edging into the adjacent realms of sculpture, painting, architecture, and lastly, music: the binding element in this kaleidoscope of actions, emotions, and characters.

Music, which turns up repeatedly in this program— in the almost whispered songs of Forti's *Cloths* and the shouted ones of *Censor*, in the accompaniment to Bachzetsis's performance, and in Tcherepnin's compositions for *Slavic Goddesses and the Ushers*—plays an essential part in the history of performance. It begins with the "noises" that Luigi Russolo celebrated in his paean to the musicality of the modern city—*L'arte dei rumori* (1913)— continues with the experiments by John Cage that definitively changed our very concept of music, and runs all the way to more recent experiments by artists like Christian Marclay, who have added a new chapter to the story.

Marclay has no formal musical training. He does not call himself a composer in the traditional sense of the word, emphasizing that he makes music the way a visual artist would make it.

He began to interweave performance, sound, and visual art in the late 1970s, using vinyl records to create surreal assemblages and visual puns.

In the late 1990s he began to produce a series of "scores" based on graphic elements and video—*Graffiti Composition* (1996–2002), *The Bell and the Glass* (2003), *Screen Play* (2005), and *Shuffle* (2007), to cite just a few—in which images become devices for activating sound. The visual input from found images and situations become compositions that professional musicians are invited to perform, exercising almost total freedom. There is no one right way to play them, but rather a thousand different possibilities; the artist himself considers these scores "unfinished," capable of generating something new every time they are performed. In 2011, he began to take these experiments in merging music with image a step further, focusing on the very nature of sound, and how we perceive and reproduce it today. From the legacy

sulla natura stessa del suono, su come oggi lo percepiamo e riproduciamo. Se dallo spirito Fluxus e dalla tradizione della musica concreta e sperimentale Marclay eredita la consapevolezza che tutto è potenzialmente uno strumento musicale, è partendo dalla semplice constatazione di quanto la nostra esperienza del suono sia spesso – se non sempre – mediata, che inizia a riflettere sull'acustica naturale e non amplificata delle cose attraverso una nuova serie di performance in cui utilizza oggetti d'uso comune come "strumenti" musicali.

La nostra vita è costantemente scandita da suoni cui raramente prestiamo attenzione. Suoni banali, come quelli prodotti dalla pressione dei tasti del computer mentre scriviamo o del cucchiaio che sfiora il piatto mentre mangiamo, suoni che influenzano ogni nostra esperienza quotidiana, ma che non siamo in grado di ascoltare. Con *Concerto Spaziale* Marclay li ha portati all'interno del museo, attraverso l'utilizzo, la percussione e lo sfregamento di oggetti rinvenuti e selezionati durante il suo soggiorno a Milano e, insieme alla violoncellista Okkyung Lee e al percussionista Luc Müller, ha dato vita a una composizione senza regole prestabilite in cui ogni rumore diventa musica. Gli oggetti sono stati selezionati innanzitutto in base alle loro potenzialità sonore, ma hanno anche una valenza semantica legata al luogo specifico da cui provengono e di cui raccontano qualcosa. Certo, predisporsi all'ascolto di suoni del genere richiede sforzo, apertura e abbandono. Il pubblico deve lasciarsi andare, dimenticare ogni nozione precostituita di cosa sia la musica o di come sia fatta, e forse potrà lasciare la sala con una nuova consapevolezza, con la capacità di "ascoltare" in modo diverso il rumore dei propri passi o di un bicchiere durante un brindisi. La presenza del pubblico ha per Marclay un ruolo fondamentale: la performance è per lui innanzitutto un momento di scambio e condivisione, la possibilità di fare qualcosa di istantaneo da condividere con lo spettatore.

La simultaneità tra artista, opera e pubblico che solo la performance ha il potere di far accadere, ci porta a un altro aspetto fondamentale che contraddistingue le pratiche performative fin dalle loro prime manifestazioni. La performance è nata come una forma di intervento "diretto" degli artisti all'interno della società. Come strumento di rottura, dissenso, protesta, e cambiamento. E se questa vocazione fa in qualche modo parte del suo DNA, nel lavoro di alcuni artisti ha assunto una valenza predominante confluendo in un approccio di stampo politico e sociale che vede nella performance un veicolo per registrare e raccontare eventi storici, trasformazioni epocali, momenti critici che hanno segnato e continuano a segnare la nostra società.

of Fluxus and the tradition of concrete and experimental music, Marclay has drawn a keen awareness that anything can become an instrument; also inspired by the simple observation that our experience of sound is often—perhaps always—a mediated one, he began to explore the natural, unamplified acoustics of objects, through a new series of performances where everyday items are used as musical "instruments."

Our lives are constantly punctuated by sounds to which we rarely pay attention. Ordinary sounds, like the ones made by the keyboard of our computer as we type or by the spoon grating against our dish as we eat: sounds that shape each daily experience, but which we don't seem capable of listening to. In *Concerto Spaziale*, Marclay brought these noises inside the museum, by using, striking, and scraping objects he came across and selected during his stay in Milan; working with cellist Okkyung Lee and percussionist Luc Müller, he created a free-form composition in which every noise becomes music. The objects were chosen based on their potential to generate sound, but also have a shade of meaning connected to where they came from and what they say about that place. Of course, listening to sounds such as these requires effort and an open mind. The audience must let itself go, leave behind every preconceived notion of what music is or how it is made, and may come out of the room with a new kind of awareness: a new, different ability to "hear" the sound of their own footsteps or the clinking of glasses during a toast. The audience plays a fundamental role in Marclay's work, since he sees performance above all as a moment of exchange and interaction, the opportunity to share a passing moment with the viewer.

The simultaneous presence of artist, work, and audience, which only performance can bring about, leads us to another fundamental aspect that has characterized these practices since they first appeared. Performance emerged as a form of "direct" artistic action within society. As a tool of rupture, dissent, protest, and change. And while this is always an inborn part of it to some extent, some artists have turned it into a primary trait, through a social and political approach that makes performance a vehicle for recording and relating historical events, epoch-making transformations, critical moments that have left their mark on society.

One example is Adelita Husni-Bey, who analyzes concepts such as community, society, pedagogy, and authority, using performance to create participatory situations[13] that foster critical thinking. These are labs, conversations, and

Ne è un esempio Adelita Husni-Bey che lavora sull'analisi di concetti quali comunità, società, educazione, autorità e utilizza la performance per attivare situazioni di natura partecipativa[13] che stimolano lo sviluppo di un pensiero critico. Sono laboratori, conversazioni, workshop in cui l'artista attraverso il dialogo e il confronto indaga i rapporti di potere, le dinamiche relazionali e la pedagogia come espressione di identità culturale, politica e sociale.

Frangente/Breaker ha messo insieme questi molteplici interessi in tre atti che costruiscono un unico momento di riflessione sulle nozioni di autorità, nazionalismo e confine, ma anche sulle dinamiche della percezione. *Cementarmato* (2018) è un esercizio pedagogico sulla visione e l'immaginazione ispirato al Teatro dell'Oppresso.[14] A performare sono gli spettatori stessi, invitati a osservare e commentare una selezione di opere esposte nelle sale del museo.[15]

E se in questo caso ad essere esplorata è la percezione nei confronti dell'opera d'arte, *Sull'Esilio* (2018) e *Azione per una Catena Umana* (2011) spostano l'attenzione sulla nostra percezione dell'"altro". Un insegnante ascolta un migrante che legge, in italiano, frammenti di Ovidio, Samih al-Qasim, D.H. Lawrence, Elvira Mujčić e altri. Il flusso della lettura è scandito da continue inesattezze e esitazioni, cui corrispondono altrettante rettifiche e correzioni, in un confronto serrato che vede affiorare un microcosmo di sentimenti contrastanti, quelli di un paese "che accoglie" e quelli di un "esiliato".[16] Un confronto a due che in *Azione per una Catena Umana* si allarga a una dimensione di gruppo uscendo dagli spazi del museo per confrontarsi con un contesto pubblico.[17]

Adelita Husni-Bey articola momenti di scambio e confronto con l'obiettivo ultimo di interrogarsi sulla costruzione della soggettività e sul rapporto tra identità individuale e collettiva. Un lavoro, il suo, che non rimane dentro l'istituzione e non si rivolge solo alla sfera circoscritta e protetta dell'arte, ma cerca la contaminazione tra ciò che è finzione poetica e ciò che è reale, e di questa contaminazione si nutre.

Le performance partecipative di Adelita Husni-Bey e quelle contemplative di Paulina Olowska, le indagini sul corpo, minimaliste di Simone Forti e antropologiche di Alexandra Bachzetsis, gli interventi musicali di Christian Marclay dove l'azione si fa suono e viceversa, hanno articolato una narrazione scandita da momenti di continuità e altri di totale scollamento. Il ritmo cadenzato di questo dialogo a più voci, in cui una performance può sembrare la prosecuzione da una diversa prospettiva di quella precedente, mentre un'altra pare muoversi in direzioni completamente differenti, lascia affiorare la natura sfaccettata di un linguaggio dalle infinite declinazioni, perché aperto, inafferrabile e in continua trasformazione.

workshops in which the artist uses dialogue to explore power relations, interpersonal dynamics, and education as an expression of political, social, and cultural identity.

Frangente/Breaker brought these different interests together in three acts that form a single reflection on the dynamics of perception, and the concepts of authorship, nationalism, and borders. *Cementarmato* (2018) is a didactic exercise in vision and imagination, inspired by the Theater of the Oppressed.[14] It is performed by the visitors themselves, who are invited to observe and comment on a selection of works on view in the museum.[15] Whereas this piece explores how we perceive artworks, *Sull'Esilio* (2018) and *Azione per una Catena Umana* (2011) shift the focus to how we perceive the "other." A teacher listens to an immigrant reading passages from Ovid, Samih al-Qasim, D.H. Lawrence, Elvira Mujčić, and other authors, in Italian. The flow of reading is constantly interrupted by mistakes and hesitations, each of them met by corrections and prompts, in a serried give-and-take that reveals a microcosm of contrasting sentiments: those of a "host country" and those of an "exile."[16] *Azione per una Catena Umana* expands this one-on-one interaction to the group level, and brings it out of the museum space into a public setting.[17]

Adelita Husni-Bey explores moments of exchange and dialogue with the ultimate goal of examining the construction of subjectivity and the relationship between individual and collective identity. Rather than remaining within the circumscribed, sheltered realm of art, her work tries to bring poetic fiction into the real world, drawing its power from this infiltration.

Adelita Husni-Bey's participatory performances and Paulina Olowska's contemplative pieces, Simone Forti's minimalist explorations of the body and Alexandra Bachzetsis's anthropological ones, Christian Marclay's musical works that turn action into sound, and vice-versa, have together mapped out a narrative in which moments of continuity alternate with others of complete disjunction. The cadenced rhythm of this dialogue between multiple voices—in which a performance may seem like the continuation of the preceding one from a different perspective, or else may head off in a completely different direction—hints at the multifaceted nature of a language whose variants are potentially infinite, because it is open-ended, mercurial, and in constant transformation.

1 RoseLee Goldberg in conversazione con l'autore in "Performa: A Museum Without Walls", *L'Officiel Art Italia*, n. 2, ottobre 2017.
2 Sabine Breitwieser, "The Workshop Process–A conversation with Simone Forti", in *Simone Forti: Thinking with the Body*, catalogo della mostra (*Simone Forti. Thinking with the Body. A Retrospective in Motion*, Salisburgo: Museum der Moderne Salzburg, 2014), Hirmer Verlag, Monaco 2014.
3 Le *Dance Constructions* che l'hanno resa celebre in tutto il mondo, sono azioni fondate su una sorta di confronto-scontro del corpo con alcuni oggetti in cui l'espressione personale o l'improvvisazione vengono sempre precluse o condizionate dagli sforzi richiesti per svolgere determinati movimenti e seguire delle regole prestabilite. Oggi in collezione al MoMA di New York, queste performance vennero presentate per la prima volta nel 1961 in occasione di una serie di eventi organizzati da La Monte Young nello studio di Yoko Ono a New York. Forti partecipa con le *Five Dance Constructions and Some Other Things*, presentando nell'arco di due serate – 26 e 27 maggio – nove performance: le cinque *Dance Constructions: Slant Board, Huddle, Hangers, Platforms*, e *Accompaniment for La Monte's 2 sounds and La Monte 2 Sounds* e poi *Roller Boxes, See Saw, Censor* e *From Instructions* – che in un secondo momento sarebbero state incluse tra le *Dance Constructions*.
4 Il suono gioca un ruolo fondamentale nel lavoro di Simone Forti e ricorre in molte performance. Il modo in cui lo impiega è assimilabile a quello con cui attraverso movimenti banali cerca di farci percepire il corpo. I tipi di suono che utilizza sono sempre molto elementari: cantare, fischiare, parlare, o rumori tratti dal quotidiano, suoni quindi che hanno qualcosa di prelinguistico e un'immediatezza che li rende fruibili dallo spettatore in modo naturale, senza sovrastrutture di pensiero.
5 *Cloths*, realizzata per la prima volta nel 1967 alla School of Visual Arts di New York, si compone di tre tele nere dietro le quali si celano altrettanti performer che cantano mentre rovesciano sul fronte dei tessuti colorati. I performer sono dunque in scena, ma senza mai esporsi, si rivelano solo attraverso il canto.
6 Ispirata all'esperienza di cantare nella metropolitana di New York nel tentativo di sovrastarne il frastuono, *Censor* fa oggi parte della collezione permanente del MoMA di New York insieme alla serie delle *Dance Constructions*. Nell'ambito di *To Play the Flute* viene ripetuta più volte fungendo da intermezzo tra una performance e l'altra.
7 *Sleepwalkers* è legata all'esperienza di Simone Forti in Italia negli anni Sessanta. La performance fu infatti eseguita per la prima volta alla Galleria L'Attico di Roma nel 1968, dopo che l'artista trascorse giorni a osservare e disegnare la fauna dello zoo. Un orso polare che ruota la testa, un fenicottero che dorme in piedi, un elefante che cammina. Simone Forti studia per giorni questi atteggiamenti e li fa suoi, portandoli attraverso il suo corpo nello spazio della galleria. L'esperienza romana, seppur breve, si è rivelata per Forti fondamentale. Il contatto stesso con gli artisti dell'Arte Povera ha un'influenza decisiva nello sviluppo di quella che poi sarà una delle questioni centrali della sua ricerca, ovvero il rapporto tra oggetto e corpo, la convergenza di azioni e cose. E se per l'artista fu un'esperienza importante, altrettanto importante è stata la sua presenza all'interno della Galleria L'Attico per l'introduzione della danza minimalista americana e della musica d'avanguardia in Italia negli anni Sessanta e Settanta, anni straordinari che videro la città di Roma e L'Attico come centro vitale della commistione tra le arti, con artisti, musicisti e danzatori che aprirono la strada della performance in Italia.
8 Presentato a New York nel 1961 nello stesso contesto delle *Five Dance Constructions and Some Other Things*, è tra i lavori più noti di questa serie. *Huddle* consiste nel gesto collettivo di un gruppo di persone che, strette le une alle altre, creano una sola entità. Se le altre *Dance Constructions* richiedono qualche struttura o oggetto con cui i performer interagiscono o che supportano la loro azione, in *Huddle* sono i performer stessi a diventare la struttura che scalano.
9 Inaugurata al festival DañsFabrik a Brest nel 2016, è presentata per la prima volta in Italia in occasione di *Time after Time, Space after Space*.
10 Zofia Stryjeńska (1891-1976) è stata una protagonista della scena artistica polacca tra le due guerre, poi consegnata all'oblio dalla politica del regime comunista. La sua multiforme produzione, suggestionata dai rituali e dal folklore del suo paese, spazia dalla pittura al design, dalla scenografia alla moda. La Stryjeńska ha ispirato negli anni diversi lavori della Olowska, come i dipinti realizzati per la Biennale di Berlino del 2008 e la performance *Slavic Goddesses—A Wreath of Ceremonies* presentata nel 2017 a The Kitchen, New York, di cui *Slavic Goddesses and the Ushers* costituisce un'evoluzione. La performance newyorkese consisteva in una danza con sei ballerini come interpreti delle dee slave su coreografia di Katy Pyle, direttore artistico della compagina Ballez, e accompagnamento musicale di Sergei Tcherepnin.
11 I costumi, realizzati originariamente in occasione della performance a The Kitchen, e nominati nel 2017 per il Bessie Award in Costume Design, sono stati rivisitati in occasione della performance a Milano arricchendosi di dettagli che richiamano lo stile modernista del contesto architettonico in cui si trovano.
12 Ciascun manichino è dotato di un trasmettitore che riproduce una traccia sonora composta da Sergei Tcherepnin. Queste composizioni musicali, tutte diverse tra loro e pensate ciascuna per rispecchiare le caratteristiche delle divinità che "animano", sembrano dare ai manichini facoltà di parola, e il loro sussurrare crea all'interno della sala una polifonia di voci.
13 I gruppi di persone che coinvolge all'interno dei suoi lavori appartengono sempre a categorie ben definite: bambini nel caso di *Postcards from the desert island* (2011); atleti in *After the Finish Line* (2015); attori in *La Luna in Folle* (2016); disoccupati in *IV Atti sul Lavoro* (2016).
14 Il Teatro dell'Oppresso è un metodo ideato da Augusto Boal in Brasile negli anni Sessanta, basato su un'idea di teatro come strumento di cambiamento personale, sociale e politico.
15 Gli spettatori divisi in gruppi e accompagnati da guide, sono invitati a osservare e poi descrivere tramite un esercizio di percezione alcuni lavori esposti nelle sale del museo: Giuseppe Uncini, *Cementarmato* (1960); Giuseppe Pellizza da Volpedo, *Il Quarto Stato* (1898-1902); Umberto Boccioni, *Gli stati d'animo* (1911); Filippo De Pisis, *Grande natura morta* (1944); Arturo Martini, *I morti di Bligny trasalirebbero* (1935); Jannis Kounellis, *Senza Titolo* (1988). La guida chiede a tutti di chiudere gli occhi dopo aver guardato l'opera per qualche minuto e di elaborare un pensiero su quell'opera condividendolo ad alta voce con gli altri.
16 Basato sull'opera sonora *The Jealous State* realizzata da Husni-Bey nel 2013, la performance vede protagonisti alcuni residenti del centro di accoglienza per migranti dell'ex-caserma Montello di Milano: tre coppie composte da un insegnante di italiano e da una persona recentemente migrata in Italia, leggono una serie di testi scritti da autori esiliati provenienti da territori e epoche diverse. Tra i brani, tutti legati al tema dell'esilio: *Tristia* (Tristezze), Libro 1, Par. 3. (8-12 d.C.) di Ovidio; *A tutti gli uomini raffinati delle Nazioni Unite* (1997) del poeta palestinese Samih al-Qasim; "Lettera a Janidra", da *Al di là del caos* (2007) di Elvira Mujčić; *Didascalicon* (XII secolo) di Ugo di San Vittore; *Crepuscolo in Italia* (1916) di D.H. Lawrence; *Quel che non era concepibile* (2011) di Fatima Mahmoud; *Innamorato della Palestina* (1970) di Mahmoud Darwish.
17 La performance prende spunto dalla costruzione dei muri anti-inondazione. Il primo gruppo forma una catena umana iniziando a costruire il suo muro di sacchi, mentre il secondo interviene iniziando a smantellare la barriera del primo per realizzare la propria, in un loop che non vedrà nessuno dei due muri ultimati.

1 RoseLee Goldberg in conversation with the author in "Performa: A Museum Without Walls," *L'Officiel Art Italia*, no. 2 (October 2017).
2 Sabine Breitwieser, "The Workshop Process–A conversation with Simone Forti," *Simone Forti: Thinking with the Body*, ex. cat. *Simone Forti. Thinking with the Body. A Retrospective in Motion*, Salzburg: Museum der Moderne Salzburg, 2014 (Munich: Hirmer Verlag, 2014).
3 The *Dance Constructions* that cemented Forti's international reputation are based on a sort of encounter or clash between the body and various objects, in which personal expression or improvisation are always hampered by the effort required to perform given movements, or follow certain rules. Now in the collection of MoMA in New York, her *Dance Constructions* were first presented in 1961 as part of a series of events organized by La Monte Young at Yoko Ono's New York studio. Forti contributed her *Five Dance Constructions*

and Some Other Things, presenting nine performances over the space of two evenings, on May 26 and 27—the five *Dance Constructions: Slant Board, Huddle, Hangers, Platforms,* and *Accompaniment for La Monte's 2 sounds and La Monte 2 Sounds*, plus *Roller Boxes, See Saw, Censor,* and *From Instructions*—which later became part of her *Dance Constructions*.

4 Sound plays a pivotal role in Forti's work, and crops up in many pieces. The way she employs it is similar to her method of using ordinary movements to heighten our perception of the body. The sounds are always quite elementary in nature: singing, whistling, speech, or noises from everyday life, hence possessing an immediate, prelinguistic quality that lets us listen to them naturally, without superstructures of thought.

5 *Cloths*, performed for the first time in 1967 at the School of Visual Arts in New York, features three black canvases concealing performers who sing while tossing pieces of colored fabric over the front of the flats. The performers are thus on stage, but remain invisible, revealing their presence only through song.

6 Inspired by the experience of singing in the New York subway and trying to be heard over the racket, *Censor* is now in the permanent collection of MoMA, along with the *Dance Constructions* series. In *To Play the Flute*, it is performed repeatedly as an intermezzo between performances.

7 *Sleepwalkers* grew out of a period that Simone Forti spent in Italy in the 1960s. She performed it for the first time in 1968 at Galleria L'Attico in Rome, after days of watching and sketching the animals at the city zoo: a polar bear turning its head, a flamingo sleeping on one foot, a lumbering elephant. Simone studied these poses at length, then made them her own, bringing them into the gallery space through her own body. Though her time in Rome was brief, it proved fundamental to Forti's work; her contact with Arte Povera played a decisive role in helping her develop what would become a central aspect of her work, the relationship between body and object, the convergence of actions and things. And while this was a pivotal experience for the artist, her presence at Galleria L'Attico was equally important as part of the Italian art scene's introduction to American minimalist dance and experimental music in the 1960s and 1970s—an extraordinary period when Rome, and that gallery in particular, became a vital hub of intersection between disciplines, with artists, musicians, and dancers paving the way for performance art to take root in Italy.

8 Presented in New York in the same context as *Five Dance Constructions and Some Other Things* in 1961, this is among the best-known of her *Dance Constructions*. *Huddle* is based on the collective movement of a group of people clustered together to form a single entity. While all the other *Dance Constructions* involve some structure or object that the performers interact with or employ, in *Huddle* the performers themselves become the structure they climb on.

9 Premiered at the DañsFabrik festival in Brest in 2016, this piece was presented for the first time in Italy for *Time after Time, Space after Space*.

10 Zofia Stryjeńska (1891–1976) was a leading light of the Polish cultural scene in the interwar period, later consigned to oblivion by the communist regime. Her multidisciplinary oeuvre, influenced by her country's rituals and folklore, ranged between painting, design, scene design, and fashion. Over the years, this artist has served as an inspiration for a number of Olowska's works, like her paintings for the 2008 Berlin Biennale and her performance *Slavic Goddesses—A Wreath of Ceremonies*, presented in 2017 at The Kitchen in New York, of which *Slavic Goddesses and the Ushers* is an outgrowth. The New York performance featured six dancers in the roles of the title deities, with choreography by Katy Pyle, artistic director of the Ballez dance company, and musical accompaniment by Sergei Tcherepnin.

11 The costumes originally designed for the performance at The Kitchen, which were nominated for a Bessie Award in Costume Design in 2017, were reconceived for the performance in Milan, taking on details that echo the modernist style of the architectural setting.

12 Each mannequin is fitted with a speaker playing a soundtrack by Sergei Tcherepnin. These musical compositions—which are all different, reflecting the traits of the goddesses they "bring to life"—seem to endow the mannequins with the gift of speech, and their whispers fill the room with a polyphony of voices.

13 The groups of people that she involves in her projects always belong to some specific category: children, in the case of *Postcards from the desert island* (2011); athletes, in *After the Finish Line* (2015); actors, in *La Luna in Folle* (2016); the unemployed, in *IV Atti sul Lavoro* (2016).

14 The Theater of the Oppressed is a method developed in Brazil by Augusto Boal in the 1960s, based on the idea of using theater as a tool for personal, social, and political change.

15 In this exercise in perception, the visitors, divided into groups and accompanied by guides, are invited to observe and describe a number of works on view at the museum: Giuseppe Uncini, *Cementarmato* (1960); Giuseppe Pellizza da Volpedo, *Il Quarto Stato* (1898–1902); Umberto Boccioni, *Gli stati d'animo* (1911); Filippo De Pisis, *Grande natura morta* (1944); Arturo Martini, *I morti di Bligny trasalirebbero* (1935); Jannis Kounellis, *Senza Titolo* (1988). The guide asks them all to close their eyes after looking at the work for a few minutes, to form some thought about it, and then to share that thought out loud with the others.

16 This performance, based on Husni-Bey's sound work *The Jealous State* (2013), features a number of residents from a refugee shelter at the former barracks Montello in Milan: three pairs of people, each made up of an Italian teacher and a recent migrant to Italy, read a series of texts written by exiles. The authors are from different places and times, but all the passages are about the theme of exile: *Tristia* I:3, by Ovid (AD 8–12); *To All the Smartly Dressed Men at the UN* (1997) by Palestinian poet Samih Al-Qasim; "Letter to Janidra," from *Al di là del caos* (2007) by Elvira Mujčić; the *Didascalicon* (twelth c.) by Hugh of Saint Victor; *Twilight in Italy* (1916) by D. H. Lawrence; *What Was Not Conceivable,* (2011) by Fatima Mahmoud; *A Lover from Palestine* (1966) by Mahmoud Darwish, among others.

17 This performance is inspired by the image of constructing dikes. The first group forms a human chain and begins building a wall of sandbags, while a second group intervenes, dismantling the barrier to build their own, in a loop where neither dike will ever be completed.

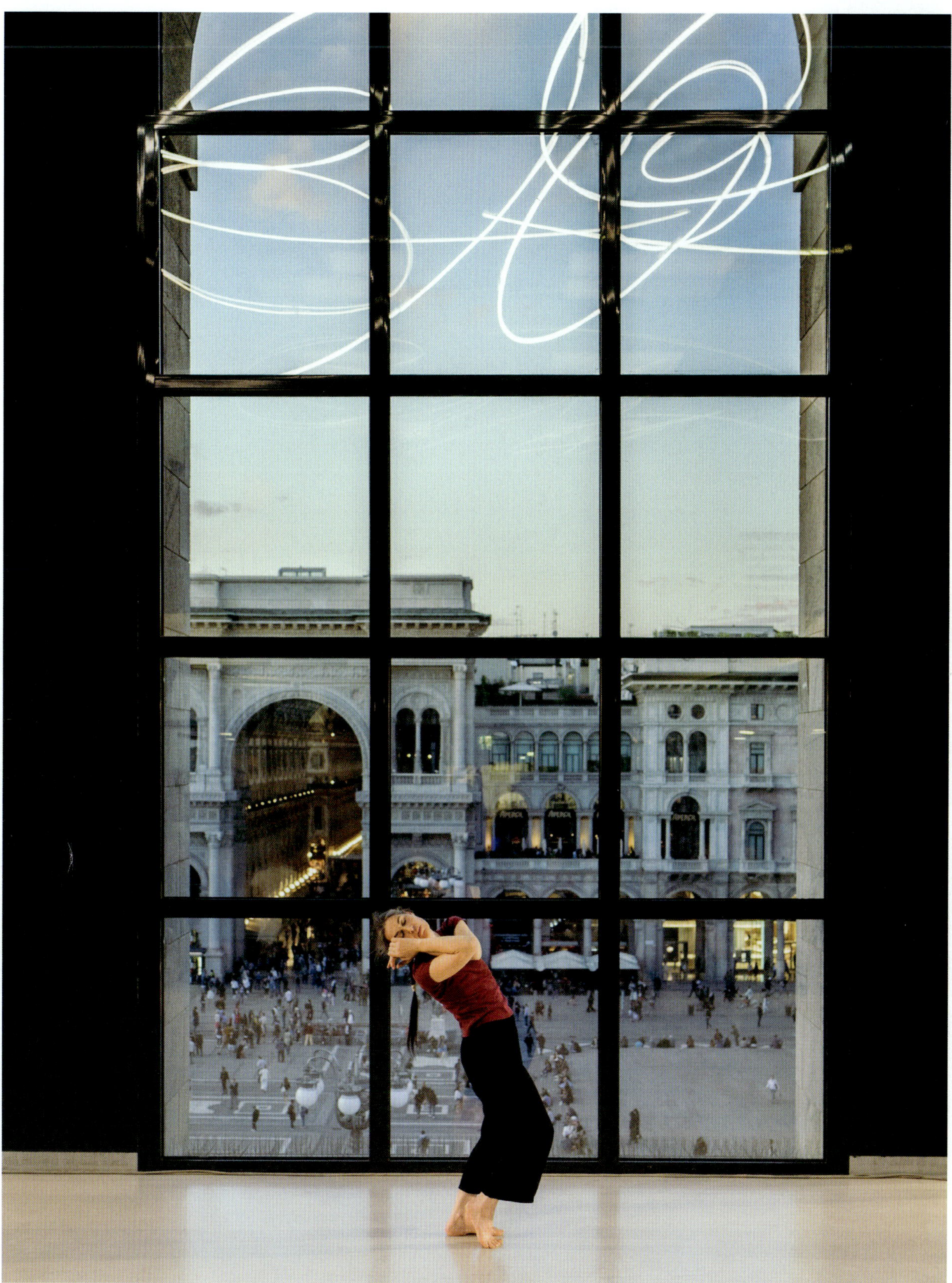

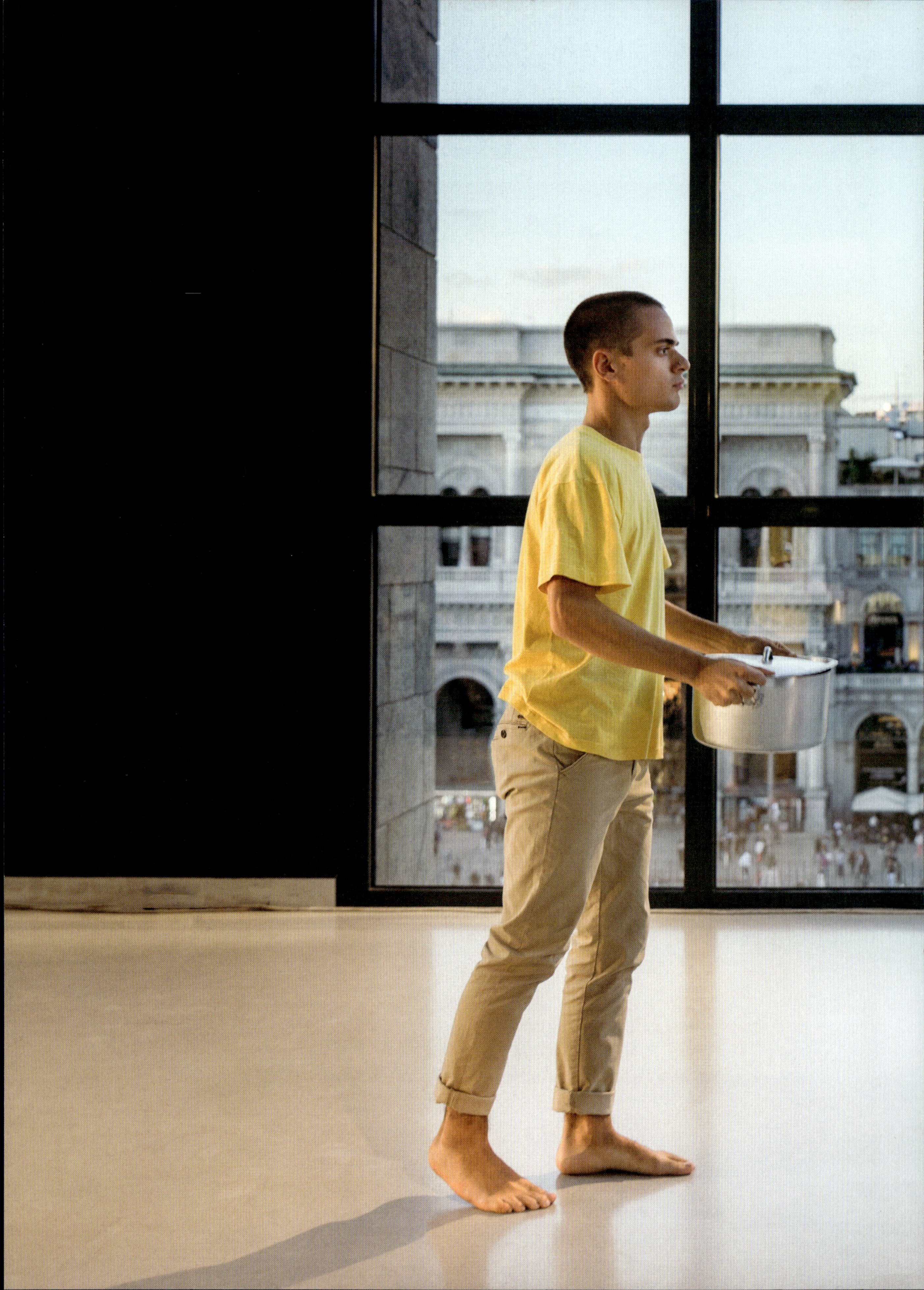

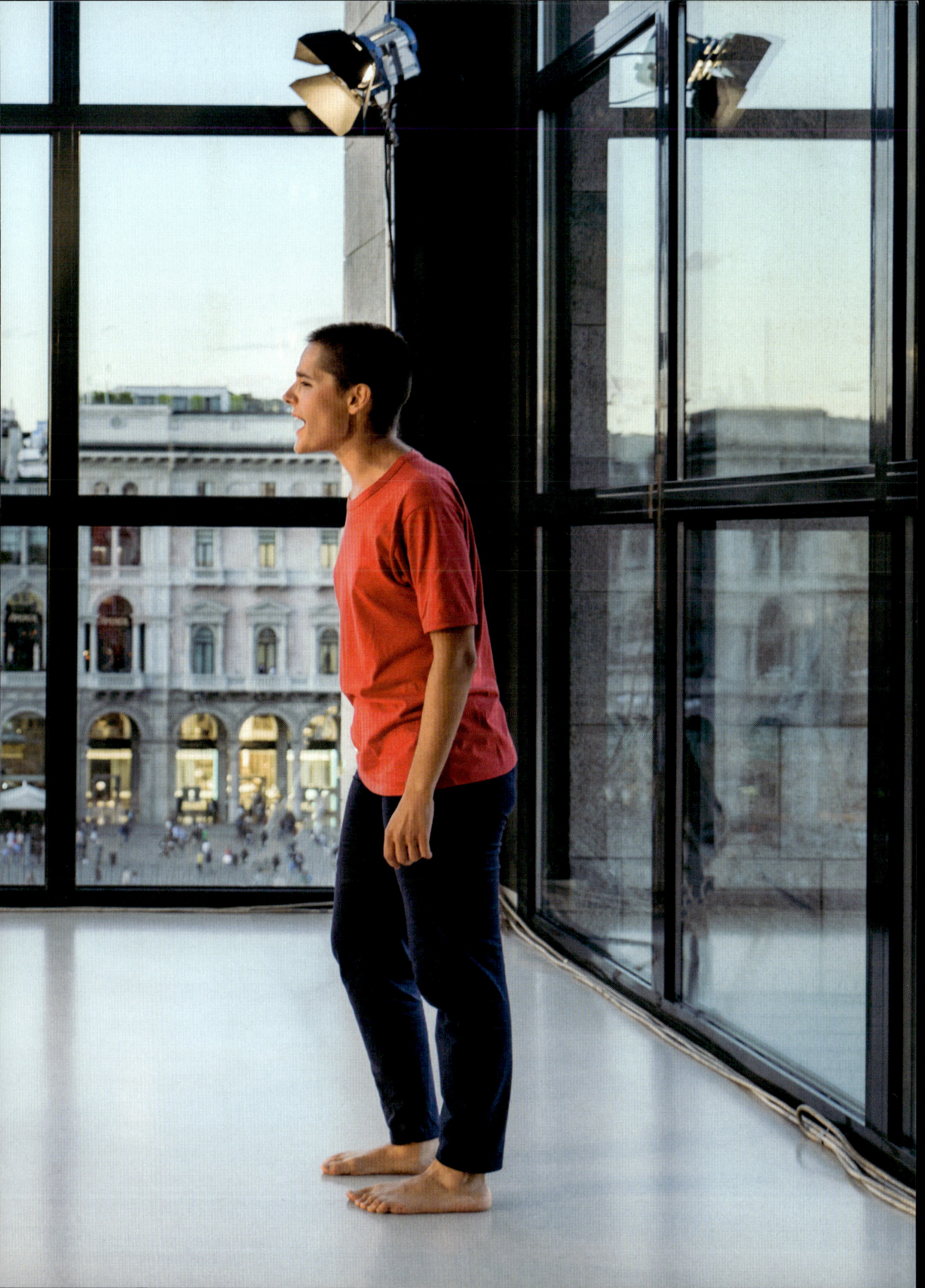

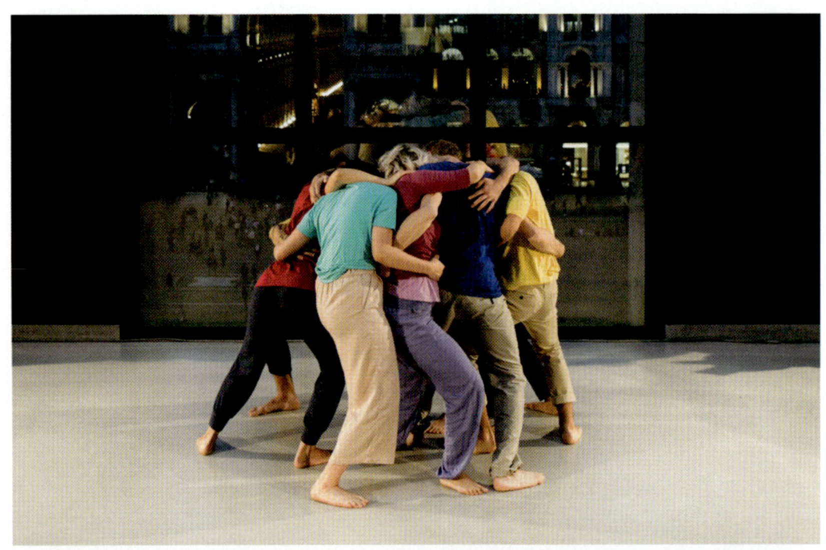

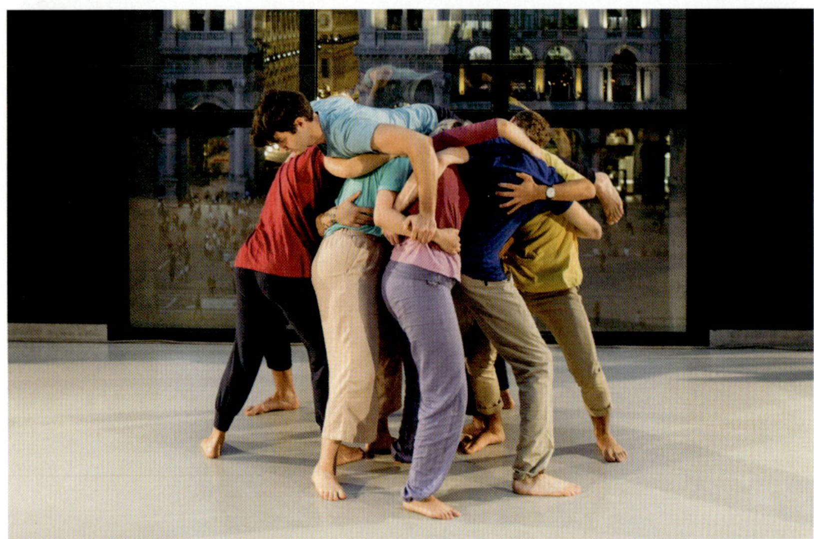

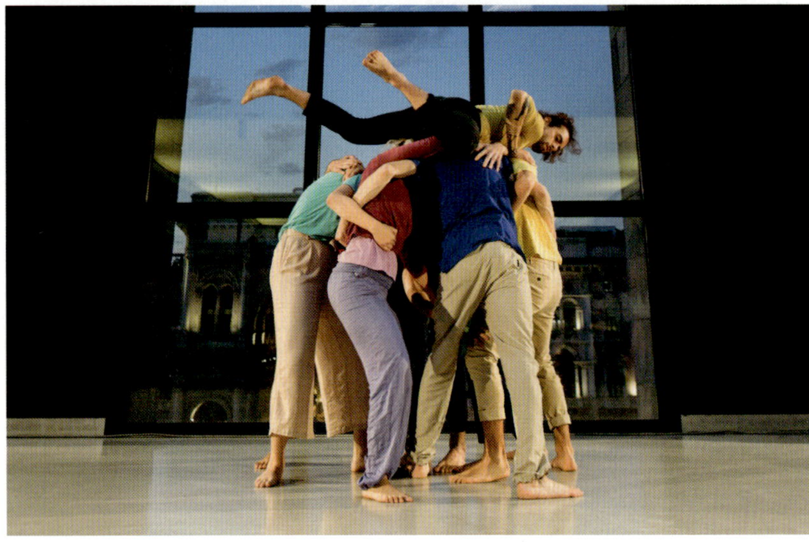

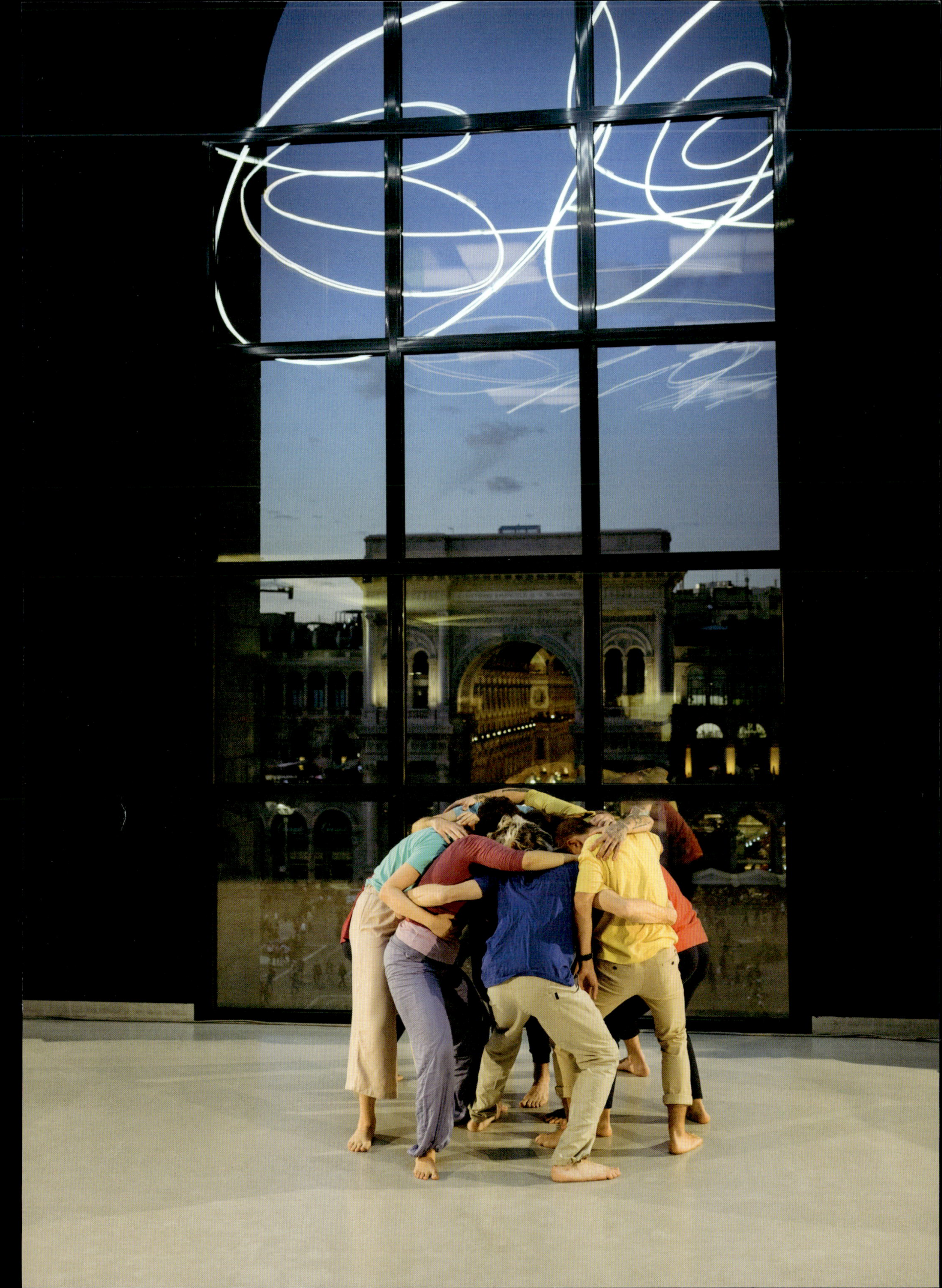

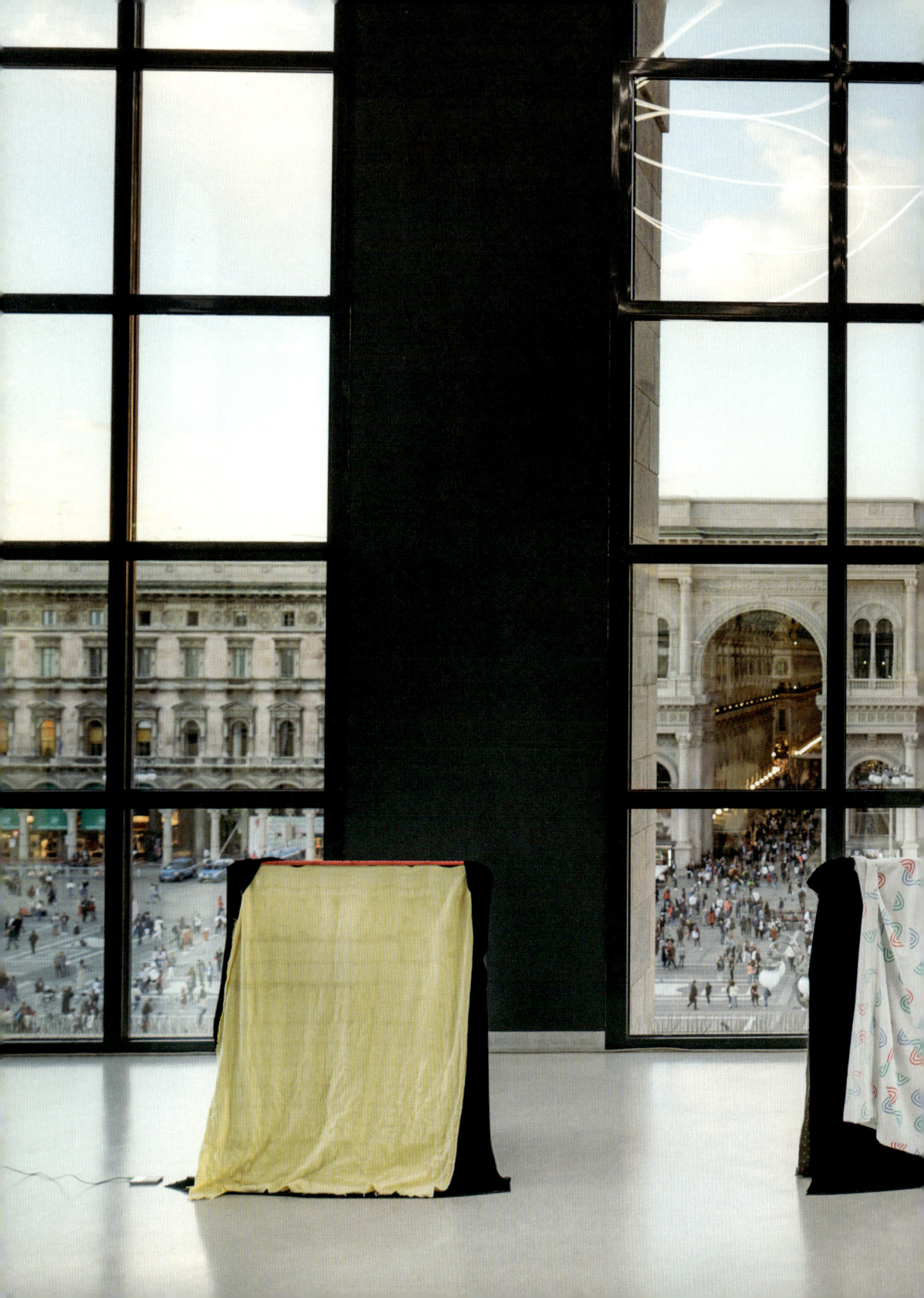

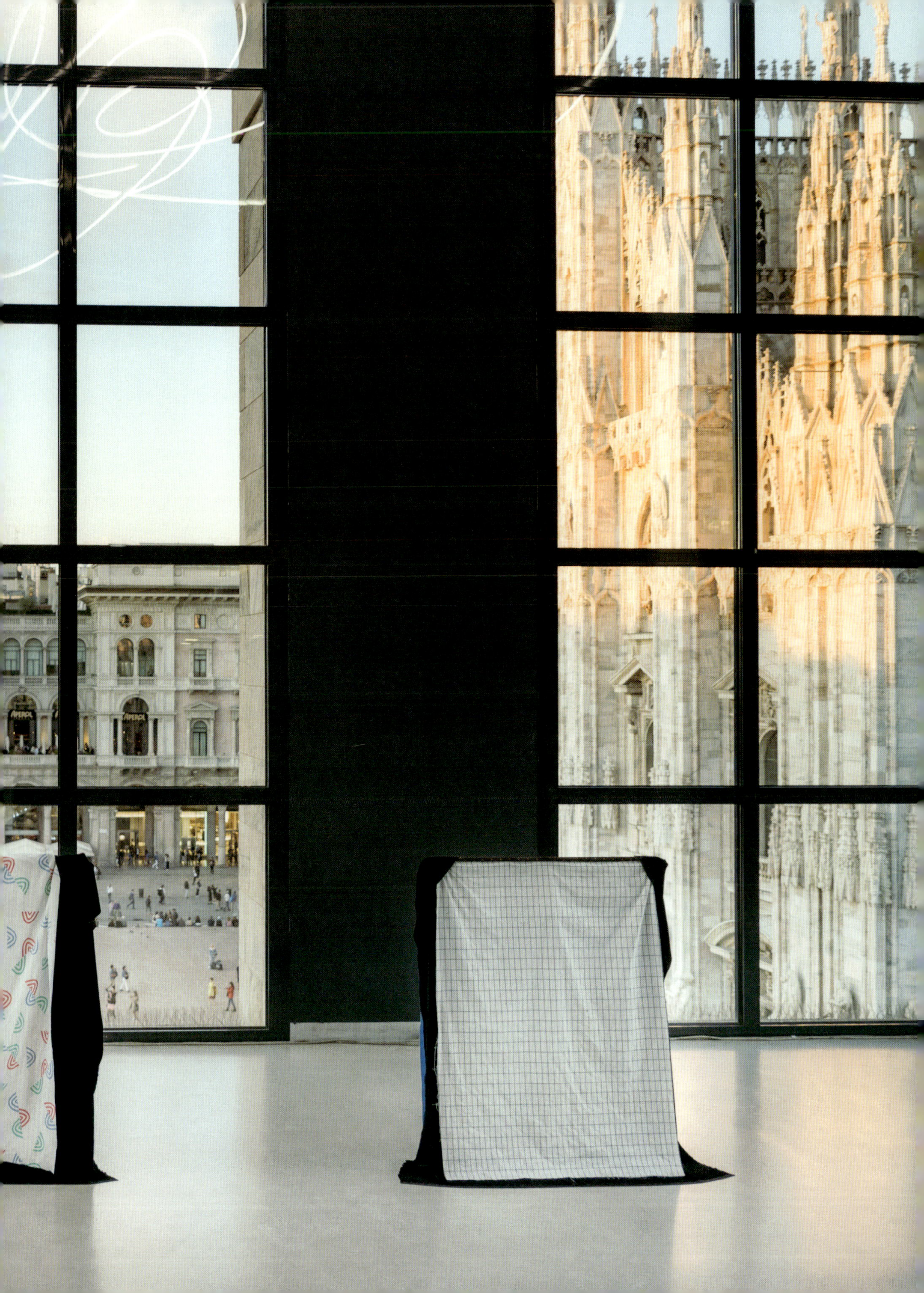

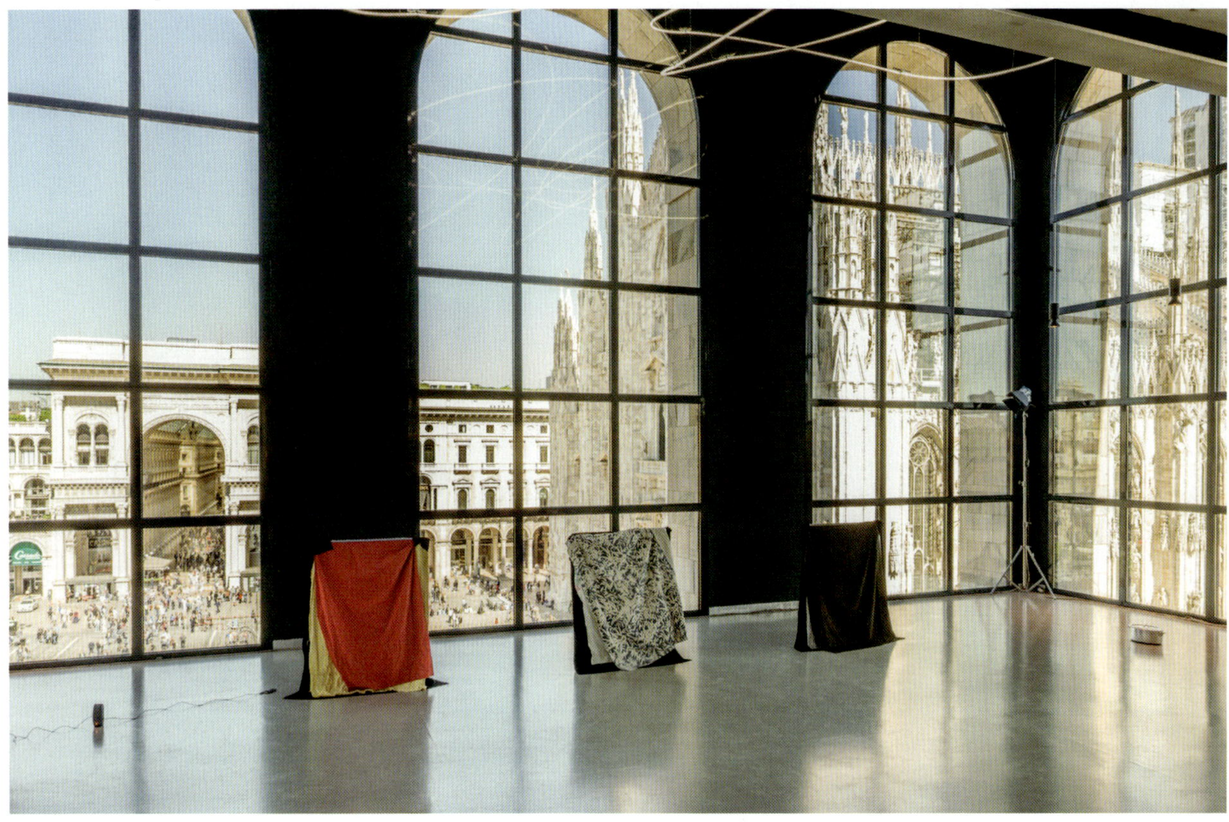

Simone Forti
To Play the Flute

P. 17
Sleepwalkers, 1968
Courtesy the artist and The Box, Los Angeles

P. 18–19
Censor, 1961
The Museum of Modern Art, New York. Committee on Media and
Performance Art Funds. © 2018 The Museum of Modern Art, New York

P. 20–21
Huddle, 1961
The Museum of Modern Art, New York. Committee on Media and
Performance Art Funds. © 2018 The Museum of Modern Art, New York

P. 22–24
Cloths, 1967
Courtesy the artist and The Box, Los Angeles

Performed at Museo del Novecento, Sala Fontana, Milan
September 21–23, 2017

Photo: © Masiar Pasquali

ARAM
MOSHAYEDI

Nel 1961 Simone Morris presenta *Five Dance Constructions and Some Other Things* nello studio dell'artista Yoko Ono. Morris, il cui nome di nascita è Simone Forti, sarà più tardi conosciuta come Simone Whitman prima di decidere, infine, di tornare a usare il cognome Forti. L'artista Robert Morris, un tempo suo marito, dice: "C'è davvero bisogno di parlare nel dettaglio delle geniali *Dance Constructions* di Simone Forti, lavori del 1960-61 che hanno avuto una grande influenza nella danza, dal momento che sono state così ben documentate?"[1] Le sue parole sono un ricordo, pronunciate anni dopo. Non è in discussione la straordinaria ed enorme influenza di Forti sulla danza e sulla coreografia per come vengono oggi intese e praticate.

Simone non resta in silenzio. La sua voce vibra, vive nel presente. È persistente e decisa. Al pensiero di Simone si accompagna il suono della sua voce. Una certa fragilità la caratterizza. È una voce che trema. Il ricordo del suo canto riecheggia nel futuro, consacrandola all'eternità. Simone è un'onda sonora. Marconi sosteneva che le onde sonore non muoiono mai; si attenuano semmai, riducendosi a un punto tale da non poter essere più percepite. Simone preferisce cantare canzoni "hippie gospel" o canti popolari italiani. L'esecuzione è come quella delle sue *Dance Constructions*: diretta, non stilistica. La sua voce è chiara e priva di eccessi, accensioni improvvise o espressività.

I suoi lavori sono danze che occupano lo spazio come sculture. Non tanto come un insieme di corpi scultorei, quanto come qualcosa che si avvicina più a una condizione di stabilità. Nelle sue parole: "I lavori tendono verso una dimensione statica piuttosto che possedere una parabola di sviluppo, e sono concepiti per essere disposti nello spazio come sculture: possono trovarsi insieme nello spazio, accadendo simultaneamente."[2] Simone si oppone alla coreografia. Poiché la coreografia è troppo "ballata" – è questa l'accusa avanzata da Simone, la quale si serve di un altro vocabolario coreografico. Il suo corpo, d'altra parte, è privo di ornamenti; esegue un'azione o un compito, è semplice, anti-monumentale, si trova lì a malapena. Il movimento è un ricordo. Abita la memoria di un movimento, sembra sussurrare Simone con la sua caratteristica voce. "Sii un albero, sii una roccia", racconta una storia attraverso il movimento. Riduci il movimento alla sua essenza senza i fronzoli dell'eccesso coreografico.

Il linguaggio di Simone è eloquente e concreto. L'artista sa descrivere il suo lavoro, è ben

Simone Morris presents *Five Dance Constructions and Some Other Things* in the studio of fellow artist Yoko Ono in 1961. Morris, born Simone Forti, is later known as Simone Whitman before eventually settling on the name Forti. The artist Robert Morris, once her husband, reflects, "Is there any need to speak in detail of Simone Forti's brilliant *Dance Constructions* of 1960–61 that have been so influential on dance, since these works have been so well documented?"[1] His words are a recollection, spoken years later. There is no question of Forti's brilliant and monumental influence on the world of dance, on choreography as it is practiced and understood today.

Simone is not quiet. Her voice trembles, it lives in the present tense. It is constant and unwavering. With the thought of Simone comes the sound of her voice. There is a fragile quality to it. It is a voice that quivers. Recordings of her singing haunt the future and suspend her in perpetuity. Simone is a sound wave. Marconi on sound waves: they never die; rather they attenuate to a level beyond the reach of perception. Her preference is for singing hippie gospel songs or Italian folk songs. The delivery is like her *Dance Constructions*: direct, non-stylistic. Her voice is straightforward and without excess or flare or expressivity.

Her contribution takes the form of dances that occupy space like sculptures. Not so much an assembly of sculptural bodies, but rather something more of a steady state. Her words: "The pieces tend towards a steady state rather than having an arc of development, and they are meant to be placed in space much as sculptures, and more than one can be in the space, happening simultaneously."[2] Simone is an enemy of choreography. "It's too dancey," is a damning assessment of another choreographic vocabulary she uses. Her body, on the other hand, is unadorned; it performs an action or a task, it appears simple. It is anti-monumental, barely there. Movement is a memory. Inhabit a movement memory, she says in that voice. "Be a tree, be a rock," tell a story through movement. Reduce movement to its being without the frills of choreographic excess.

Simone's language is eloquent and matter of fact. She describes her work, she knows what a performance is, what it isn't, what it

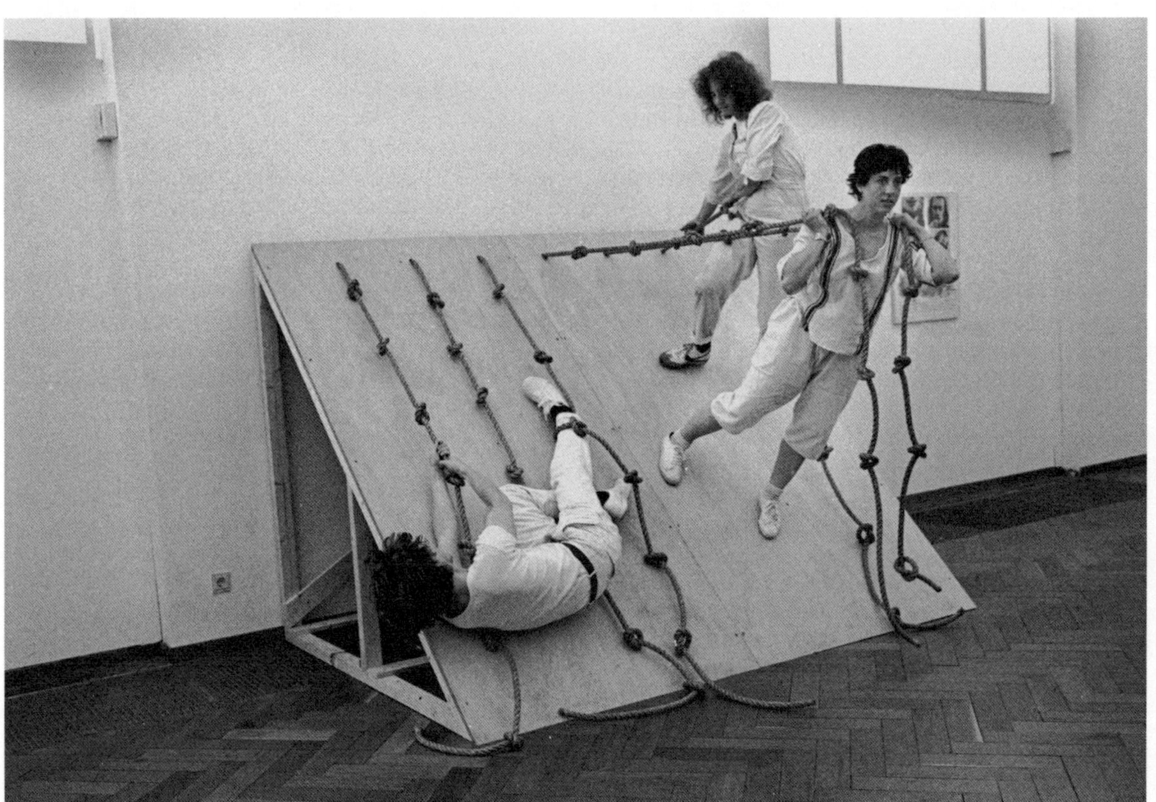

Slant Board, 1961, performance with plywood and rope, 10 min. The Museum of Modern Art, New York. Committee on Media and Performance Art Funds. © 2018 The Museum of Modern Art, New York. Performed at Stedelijk Museum, Amsterdam, 1982. Photo: Stedelijk Museum, Amsterdam

consapevole di cosa una performance sia, non sia e dovrebbe essere, e sa quando è troppo performativa. Usa il linguaggio della descrizione e quello delle istruzioni in modo intercambiabile. A proposito di *Huddle* (1961) afferma: "Ciascuno nel gruppo sa quando qualcuno decide di essere il prossimo. A volte due performer cominciano a scalare nello stesso momento. E questo va bene".[3] La massa di corpi che compone *Huddle* generalmente si mantiene salda per circa dieci minuti. È un complesso solido che diventa malleabile, per poi dissiparsi come se fosse composto da particelle indipendenti. Il corpo è un'unità all'interno di un insieme più ampio. Julia Bryan-Wilson definisce *Huddle* "una montagna e una bestia allo stesso tempo" – un segno della sua natura multiforme.[4]

Simone gira in tondo come se fosse tirata da una corda. Il vento le soffia addosso, le braccia oscillano lungo i fianchi – sorrette dal corpo come oggetti inanimati, trascinati a fatica. Si fa strada attraverso la densità dell'aria. Si muove con una certa rapidità, ma cammina anche in punta di piedi e saltella dolcemente. Chiama i venti a raccolta, e saltella dolcemente. L'incedere dei suoi passi la connette alle energie della terra. È una guaritrice, una strega buona.

C'è un disegno di Simone Forti che illustra la sua performance *Censor* (1961). Il disegno è datato 1973. Ghirigori di linee suggeriscono due corpi, uno più alto dell'altro. Rapidi scarabocchi, piccoli gesti connettono l'occhio dell'artista alla sua mano, la sua mente al corpo. Disegnare è come fare un compendio del comportamento coreografico. Quattro linee secche fuoriescono dalla bocca di uno dei due personaggi come scintille; la figura non possiede né collo né torso. Ci sono solo due deboli linee a suggerire una bocca, mentre un ghirigoro dalla forma allungata e arrotondata ricorda una folta chioma. Otto linee dinamiche si irradiano dalla figura riccioluta. Linee sonore si propagano dal petto. Il fragore di una pentola piena di chiodi si accompagna a canzoni popolari italiane, ancora una volta.

Simone non domina nel confronto con altri. Quando condivide un palcoscenico con altri artisti ha una presenza discreta, mentre altri richiamano l'attenzione. A caratterizzare Simone, è una certa riservatezza.

In un teatro che chiamano The Temple, Forti e Charlemagne Palestine si cimentano in *Illuminations* (1971), un progetto a cui i due artisti collaboreranno per tutta la vita. The Temple è un ampio auditorium con pavimenti di legno massiccio e alti soffitti,

should be, when a performance is too much of a performance. She uses the language of description and instruction interchangeably. On *Huddle* (1961): "Everyone in the huddle knows when anyone has decided to be next. Sometimes two are climbing at once. That's O.K."[3] The assembly of bodies lasts, usually, about ten minutes. It is a solid mass that gives way to a malleable one and then it dissipates like particles. The body is a unit of a greater whole. Julia Bryan-Wilson calls *Huddle* "at once a mountain and a beast," an indication that it is many things.[4]

As if being pulled by a string: that is how Simone runs in circles. The wind is rushing by her, her arms dangle at her sides—they are carried by the body as inanimate objects, dragging behind. She carves through the density of air. She moves with a swiftness about her, but she also tiptoes and she gently hops. She culls together the winds and then gently hops. She steps with feet that ground her to the energies of the earth. She is a folk healer, a benevolent witch.

There is a drawing by Forti that illustrates *Censor* (1961). The drawing is dated 1973. Curlicue lines, the suggestion of two bodies, one is taller than the other. Quick scribbles, faint gestures connect the artist's eye to her hand, her mind to her body. Drawing is a compendium of choreographic behavior. Four brusque lines emit from the mouth like sparks, there is no neck, no torso to the figure, but rather two faint lines that suggest a mouth and a rounded, elongated doodle that approximates a full head of hair. Eight radiant lines radiate from the curly-headed companion. Sound lines emanate from the chest. The rattle of a pan full of nails accompanies the singing of Italian folk songs once again.

Simone recedes in comparison to others. She shares a context with other artists on a stage or a venue for performance, and she is barely there. Many artists call out for attention. There is a discrete way about Simone.

In a theater they call The Temple, Forti and Charlemagne Palestine embark upon *Illuminations* (1971) and a lifelong collaboration. A large music hall with fine hardwood floors and high ceilings, The Temple is located on the campus of the California Institute of the Arts in Valencia, about thirty miles north of Los

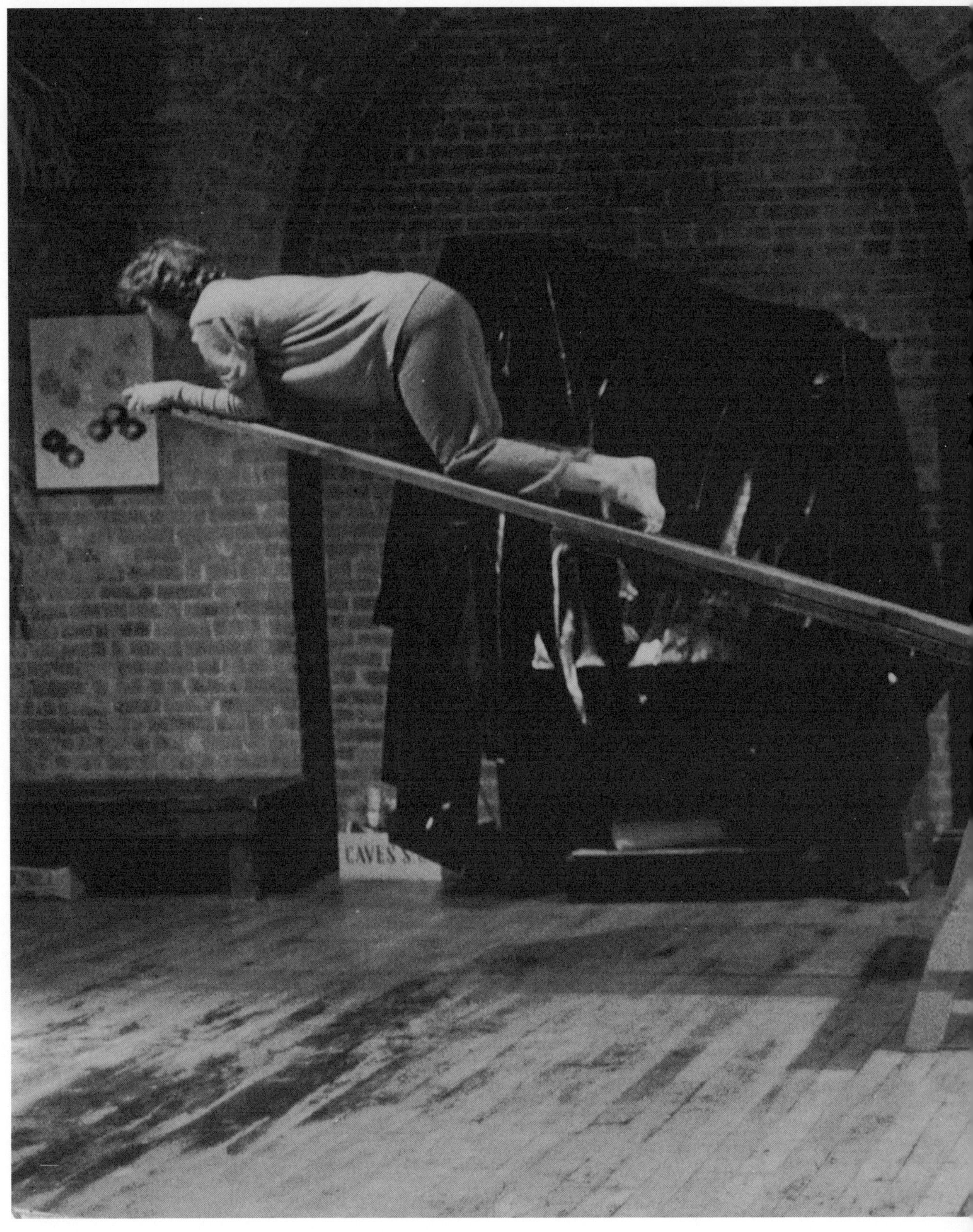

See Saw, 1961, performance with plywood seesaw. Duration variable.
Performed at Jackdaw Songs rehearsal, Van Riper Studio, New York, 1981
The Museum of Modern Art, New York. Committee on Media and Performance Art Funds. © 2018 The Museum of Modern Art, New York

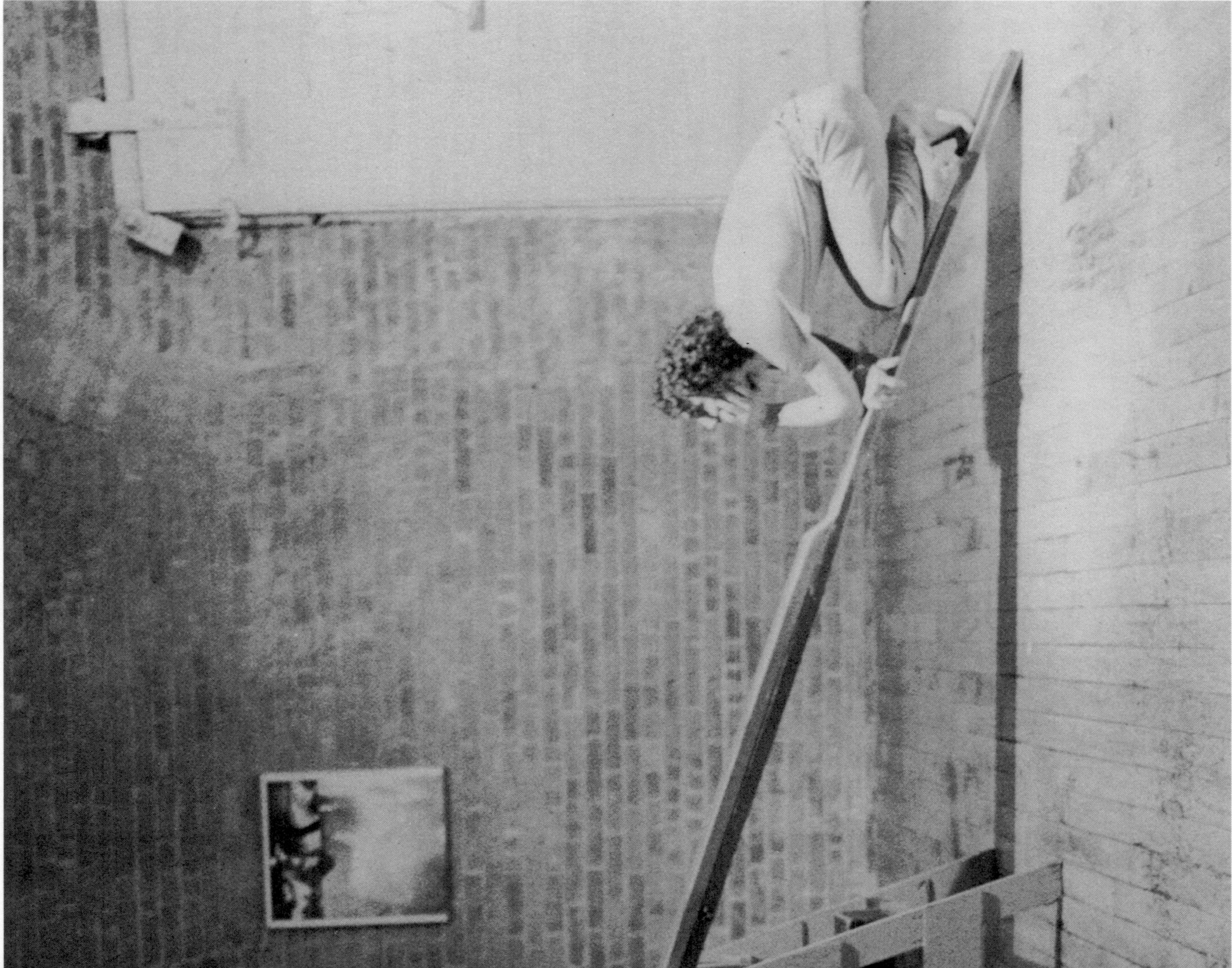

collocato nel campus del California Institute of the Arts di Valencia, a circa trenta miglia a nord di Los Angeles. *Illuminations* assomiglia più a un sublime incantesimo che a una performance vera e propria. Palestine siede a un pianoforte Bösendorfer; suona anche campanelle e bicchieri di cristallo, mormora, geme ed emette altri suoni con un ritmo cerimoniale. Forti invece si muove in cerchio, girando attorno allo spazio risonante dell'auditorium. Il canto e l'accompagnamento musicale di Palestine sono come una magia, e a questo si aggiunge anche la voce di Simone. L'impressione è che sia la cantilena di uno stregone, che si stia per assistere a un piccolo incantesimo.

Simone canta:

Mi guardo attorno e vedo benevolenza
E guardo dentro di me e vedo benevolenza
Ma le zone buie restano lì
Per cambiare il corso degli eventi, per cambiare il corso degli eventi

E volammo sulla terra o voleremo via
Volammo sulla terra o voleremo via
E una canzone per scegliere dove andare
È una canzone di meraviglia
Una canzone di meraviglia
Una canzone piena di meraviglia

E l'estate senza fine avanza ininterrottamente
E per sempre in senso orario viene tessuta e ritessuta
E per sempre in senso anti-orario viene tessuta e ritessuta
E l'inverno senza fine avanza ininterrottamente

E volammo sulla terra o voleremo via

Le sue canzoni "hippie gospel" hanno una funzione cerimoniale. Sono associate a movenze rituali – correre e muoversi lungo il perimetro di un otto, ad esempio – o performate come assoli sul palco. Fanno parte di una certa tradizione di storia orale. Simone è il canale tra passato e presente. Mentre è in trance, canta e rivela verità in forma di musica. Le canzoni risultano familiari perché lei le rende tali e perché il gospel, secondo Simone, risveglia lo spirito *hippie* che è in noi.

Ologrammi immortalano Simone Forti nei suoi momenti migliori, e isolano i suoi movimenti – saltare, strisciare, rannicchiarsi – traducendoli in pure forme di rappresentazione. Lloyd G. Cross, fisico e fondatore della San Francisco Holography School, nel 1972 sviluppa il primo "ologramma integrale".

Angeles. *Illuminations* is something more of an incantation of quiet magnitude than it is a performance. Palestine is on Bösendorfer piano, he also plays small bells and crystal glasses, he howls and moans and makes other sounds with ceremonial breath while Forti moves in circles, looping and circling the resonant space of The Temple. Palestine's musical accompaniment and his chanting are like a conjuring and Simone's voice is also there; it is very witchy, it casts a faint spell.

Simone sings,

I look around me and I see goodwill
And I look inside me and I see goodwill
But the spots of blindness they linger still
To tilt the wheel to tilt the wheel

And did we fly to earth or will we fly away
Did we fly to earth or will we fly away
And a song of choosing where to go
Is a song of wonder
A song of wonder
Full song of wonder

And the endless summer rolls on and on
And forever clockwise it's spun and spun
And forever counter it's spun and spun
And the endless winter rolls on and on

And did we fly to earth or will we fly away

The hippie gospel songs have a ceremonial function. They are combined with ritual-like behaviors—running and moving along the perimeter of a figure eight, for instance—or performed solo on a stage. They are part of a tradition of oral history. Simone is the conduit between past and present. In a trance, she sings and imparts lyrical truths. They are familiar because she makes them so and because the gospel according to Simone awakens the hippie spirit that is always there.

Holograms capture Simone Forti at her best and isolate her jumping, crawling, and huddling into pure forms of representation. Lloyd G. Cross, physicist and founder of the San Francisco Holography School, develops the "integral hologram" in 1972. The result is a three-dimensional picture that appears to move. It is 1976 and Simone Forti performs with a hologram entitled *Angel* (1976) at Judson Memorial Church in New York as part of the program *3 Evenings on a Revolving*

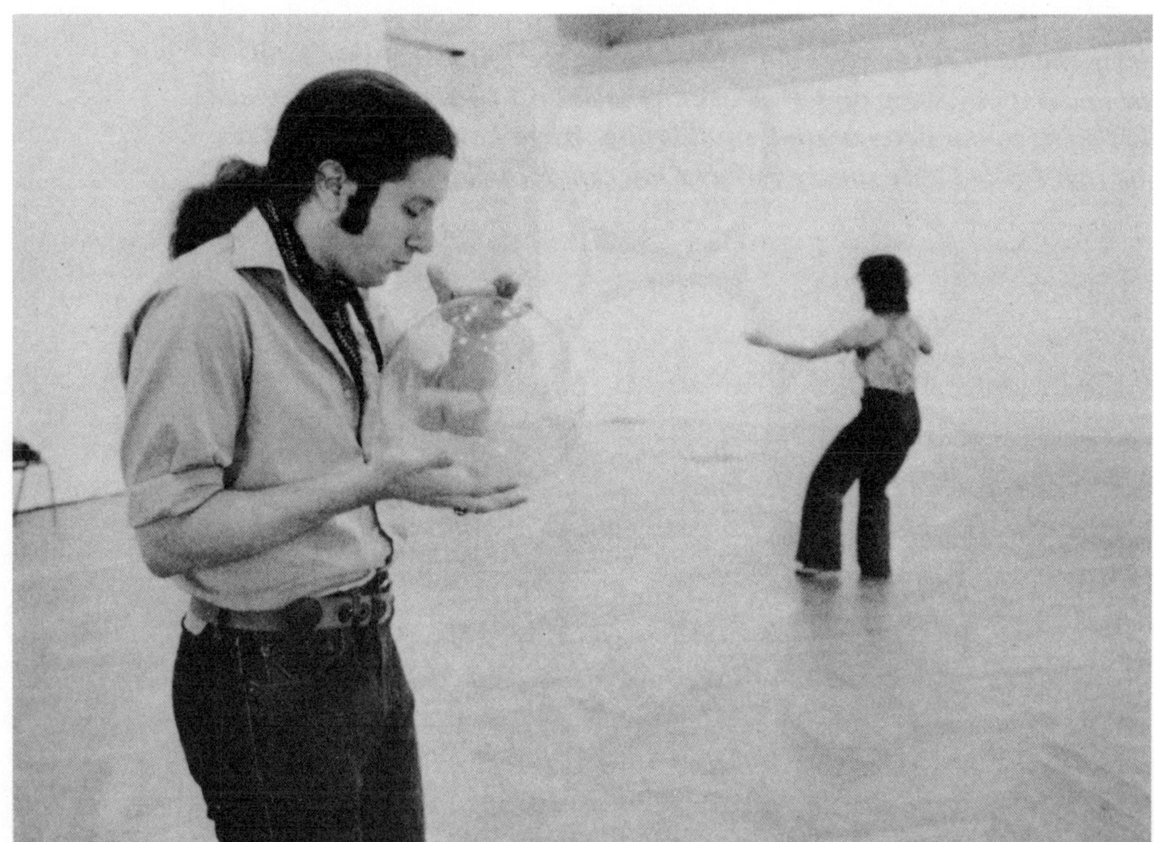

Illuminations, work session at Musée Galliera, Paris, 1973. Photo: Christophe Kuhn

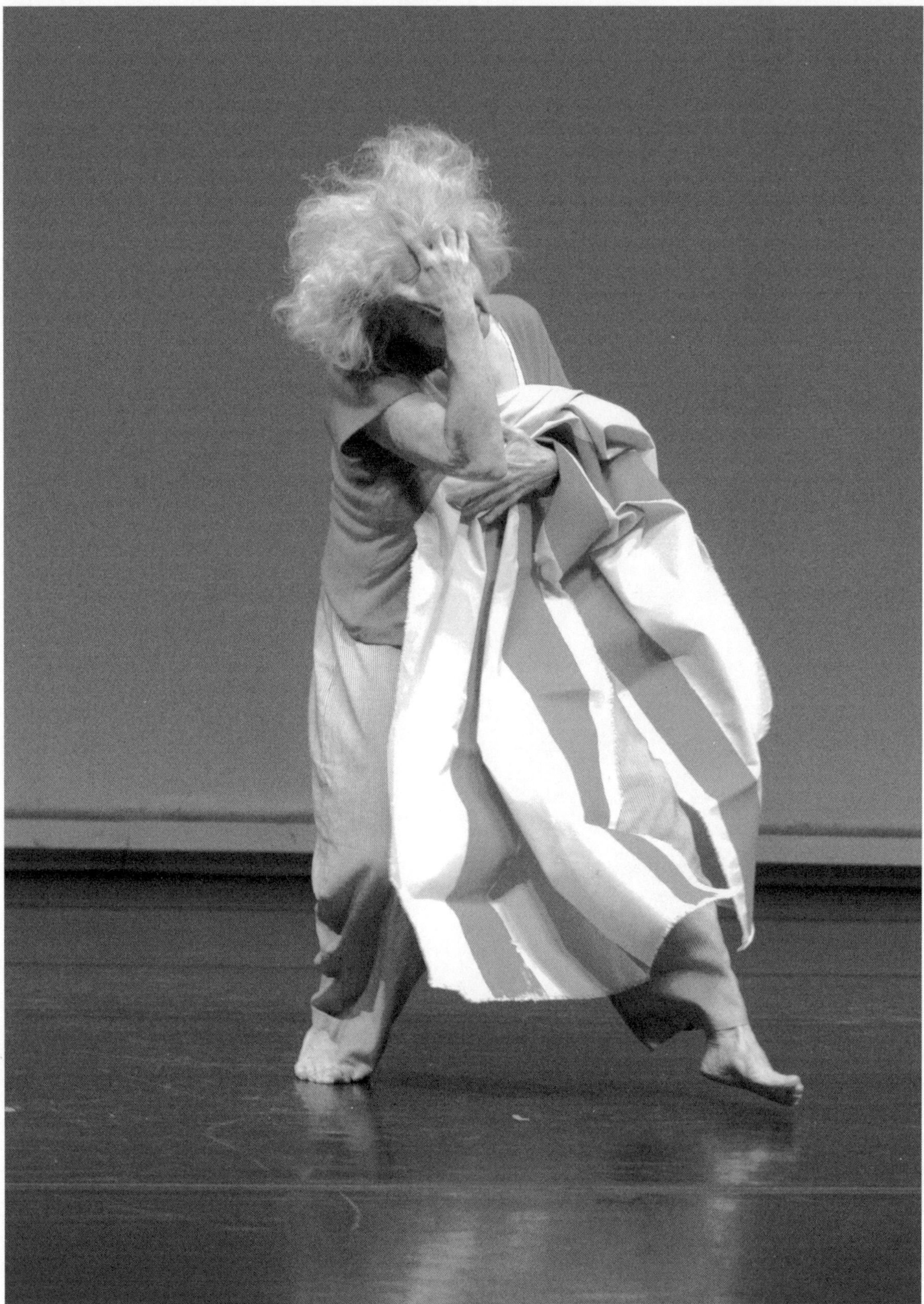

News Animation, performed at The J. Paul Getty Museum, Los Angeles, 2004.
Photo: © Carol Petersen

Il risultato è un'immagine tridimensionale che sembra muoversi. È il 1976 e Simone Forti esegue una performance con un ologramma intitolato *Angel* (1976) alla Judson Memorial Church di New York come parte del programma *3 Evenings on a Revolving Stage*. *Angel* isola un segmento di movimento e rappresenta Simone nello spettro cromatico visibile; l'ologramma è illuminato dall'interno grazie alla luce di una candela e posto in equilibrio su dei mattoni. È come un eterno ritorno, un movimento registrato in loop, una sbavatura temporale. Il suo corpo è sospeso in equilibro tra spinte in avanti e all'indietro. Sembra un fantasma o un'apparizione. L'ologramma è capace di catturare la sola ballerina, separata dal contesto; film e video, invece, non sono in grado di esercitare un'operazione simile quando documentano corpi in movimento.

Stage. *Angel* isolates a phrase of motion and renders Simone in the visible color spectrum; it is illuminated from within by candlelight and balanced on bricks. It is an infinite return, a circuitous loop of captured movement, a smearing of time. Her body is suspended and balanced in forward and backward momentum. She appears as a ghost or apparition might. The hologram apprehends the dancer in isolation. Neither film nor video exercise such restraint with regard to the documentation of bodies in motion.

Simone thinks she's into a kind of numerology.

As part of a workshop on May 10, 2015, Simone wants to know if our words have access to what we know in our bones. Deborah J. Salisbury is in attendance, among others,

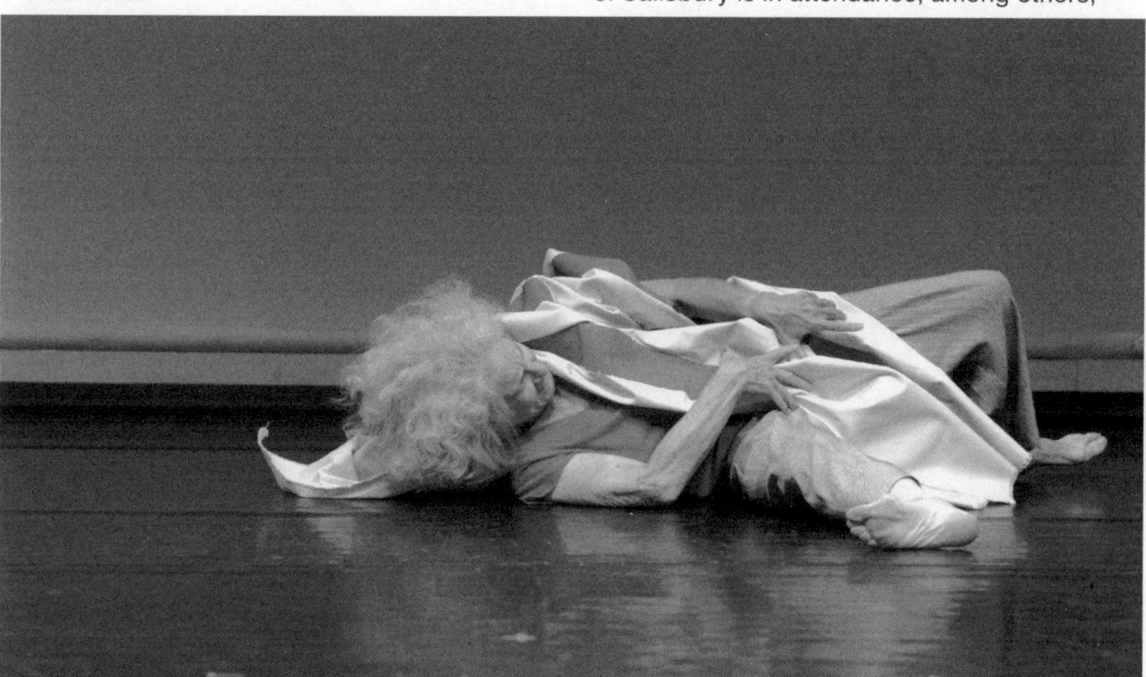

Simone sente di essere attratta da una sorta di numerologia.

Il 10 maggio 2015, durante un workshop, Simone desidera sapere se le nostre parole hanno accesso a ciò che noi sentiamo nel profondo. Fra i vari partecipanti ci sono Deborah J. Salisbury, Barbara T. Smith e Sally Stein. È il giorno della festa della mamma. Alcuni esercizi di improvvisazione facilitano il legame tra i partecipanti. Corpi rispondono a corpi, e via dicendo. In certe occasioni, riflessioni personali incoraggiano conversazioni sul processo cinetico. Stein è in lutto per la morte del marito Allan Sekula e racconta a Salisbury la sua esperienza,

including Barbara T. Smith and Sally Stein. It is the Mother's Day holiday. A series of exercises in improvisation facilitate intersubjective bonding between participants. Bodies respond to bodies and so on and so forth. There are occasions for streams of consciousness to prompt conversations about the kinetic process. Stein mourns the loss of her late husband Allan Sekula and tells Salisbury about her experience of his deteriorating health and his death nearly two years prior. Salisbury recognizes the grief and loneliness of her interlocutor and connects, even though she does not know of Sekula, his impact on the world, or the

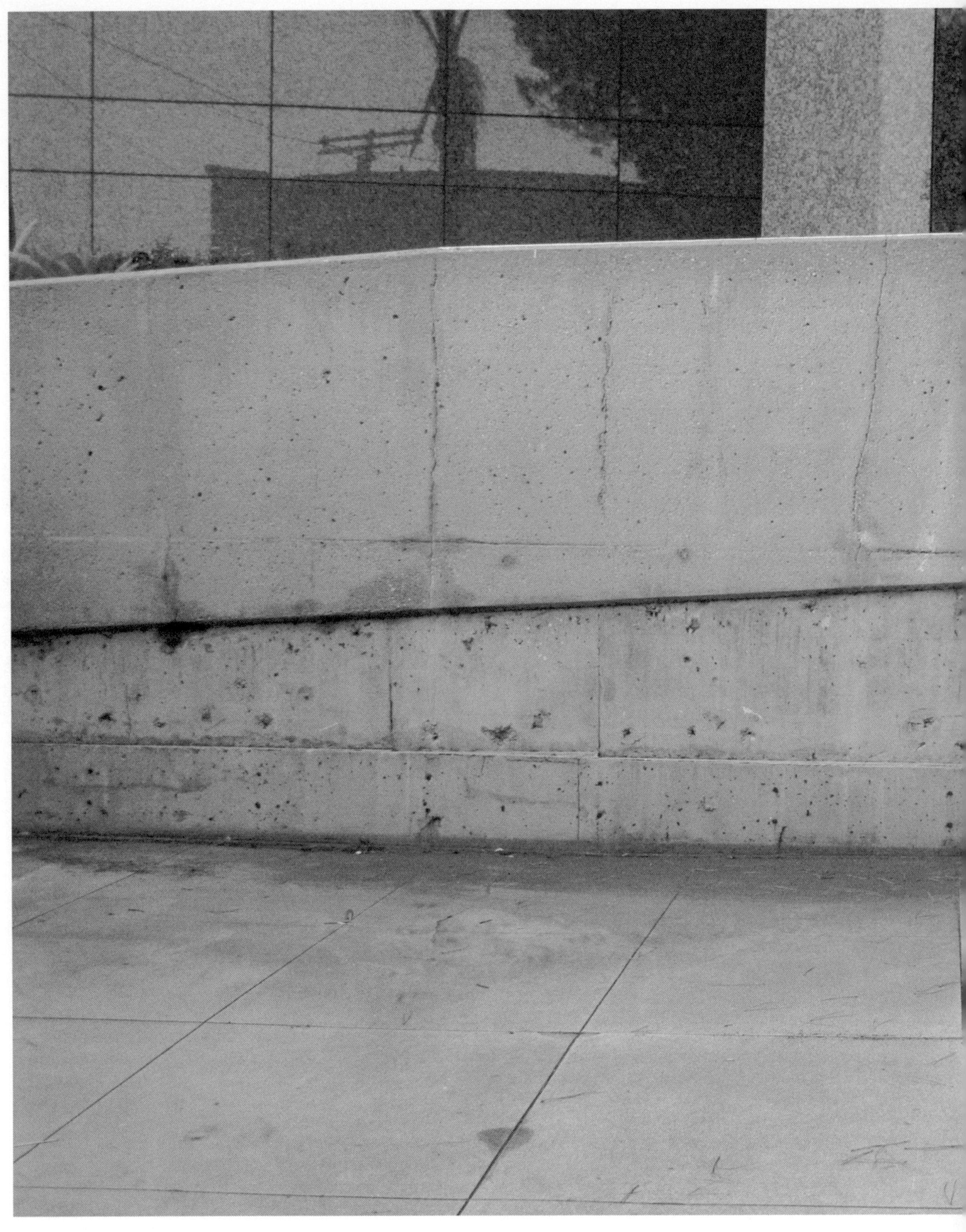

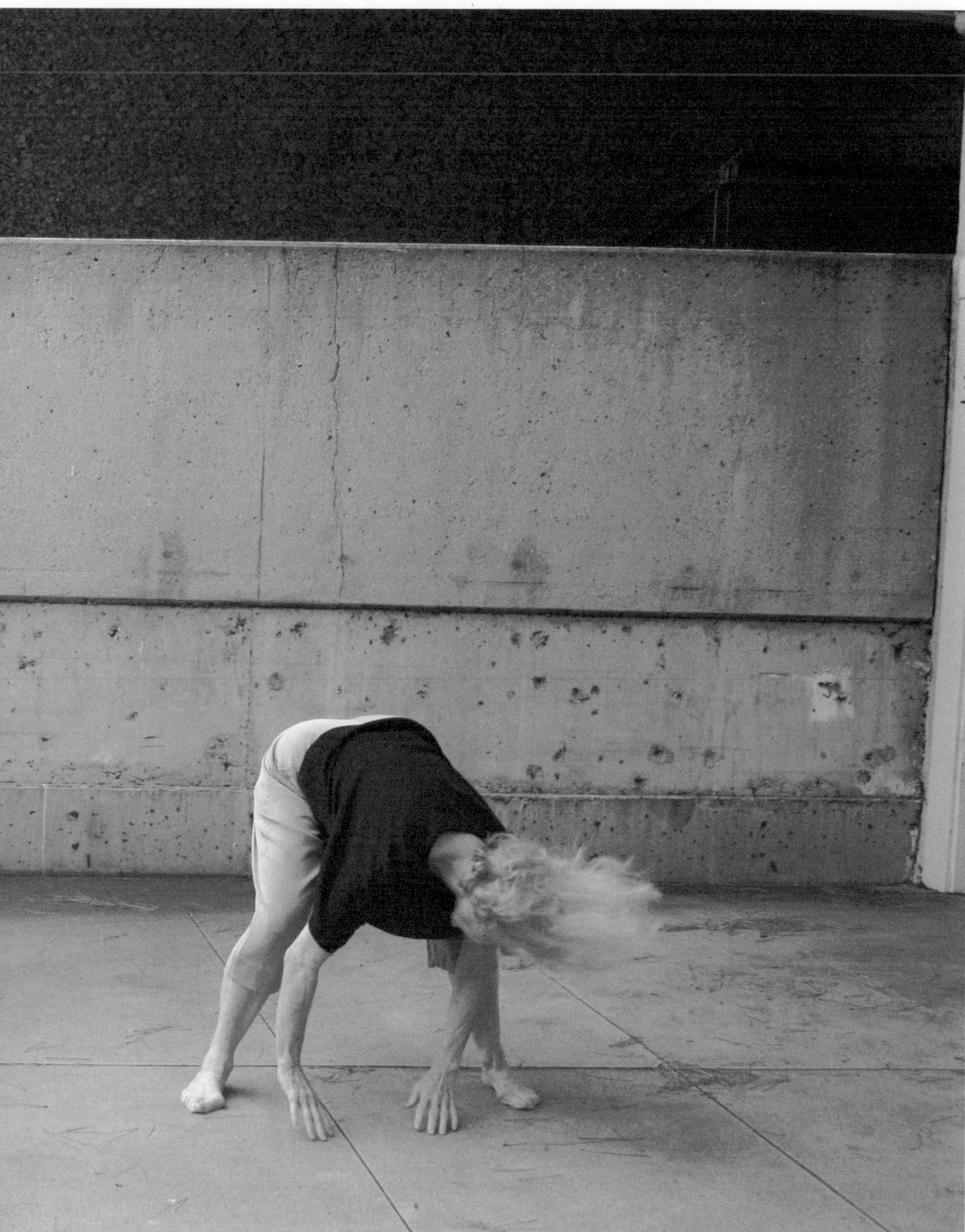

Sleepwalkers, 1968, performed at Simone Forti Studio, Los Angeles, 2010.
Photo: Jason Underhill

il graduale deterioramento della salute del marito e la sua morte, avvenuta quasi due mesi prima. Salisbury comprende il dolore e il senso di solitudine della sua interlocutrice; prova empatia per lei, nonostante non abbia conosciuto Sekula o l'influenza che esercitava nel mondo, né abbia sperimentato il vuoto tremendo generato dalla sua assenza. È il mese di novembre del 1999 e Sekula sta nuotando accanto alla casa di Bill Gates, ma non si ferma a bussare. Sporge la testa fuori dall'acqua. Strizza l'occhio destro, le narici sono ancora sott'acqua. Indossa una cuffia da nuoto rosso granata, gli occhialini posati sulla fronte. C'è una fotografia che documenta Sekula in quel momento; fa parte di una sequenza di tre immagini. È un affettuoso ritratto dell'artista in un momento di vulnerabilità. È l'interesse di Simone nell'intelligenza corporea a suggerire questa storia; Salisbury intravvede un mondo che le è estraneo.

Le notizie hanno un impatto emotivo sul corpo. Assimilare i titoli di prima pagina dei giornali è come sottoporre il proprio corpo al peso del mondo. Il giornale è un materiale di cui si serve Simone. Nella serie *News Animations*, le spalle si caricano del fardello della guerra, dei crimini contro l'umanità, dell'ennesima invasione straniera, di sparatorie nelle scuole, della brutalità della polizia e di arresti ingiustificati. Ma vengono performate anche notizie più leggere, storie di vita vissuta, insieme a seducenti pubblicità, per generare un contrasto. Simone anima queste notizie contemporaneamente, l'una accanto all'altra, così come appaiono nelle pagine dei quotidiani, giustapposte in modo improbabile. Simone lascia che le notizie dettino i movimenti del corpo, si serve del movimento per comprendere ciò che accade nel mondo. L'atto di leggere il giornale s'imprime sul suo corpo; è così che l'artista assimila gli accadimenti. Simone chiama quest'attività "Logomotion" o "Moving the Telling".

Una bambina tiene in mano un animale morente ed è destinata a una vita di mani tremanti. Il fato le ha riservato l'abbraccio di un animale mentre passa dalla vita alla morte. Forse è solo folklore, ma nei miti si nascondono verità. L'abbraccio di un animale può assumere forme diverse. Nella sua pratica coreografica, Simone abita il movimento degli animali, soprattutto quelli tenuti nelle gabbie allo zoo. L'artista instaura con loro uno stretto contatto, e vi si identifica. Realizza i suoi "zoo mantras" in risposta ai fenicotteri e agli orsi polari, ad esempio. Si tratta della performance *Sleepwalkers/Zoo Mantras* (1968), che è anche il punto di partenza per la serie degli *Animal Movement Works*. E adesso Simone trema, sta tremando, e i tremori si

tremendous void that appears in his absence. It's November 1999 and Sekula swims past the house of Bill Gates, but he does not stop to knock. Instead, Sekula pops his head out of the water. His right eye squints, his nostrils are still submerged. He is wearing a maroon swim cap and his swim goggles are perched on his forehead. There is a photograph that documents Sekula in this state; it is part of a sequence of three published images. It's an endearing portrait of the artist at a moment of critical vulnerability. Simone's interest in body intelligence prompts this story; Salisbury catches a glimpse into a world that is foreign to her.

The daily news takes an emotional toll on the body. To absorb the day's headlines is to subject the body to the weight of the world. The newspaper is a material for Simone Forti. In her series of *News Animations*, shoulders bear the burden of war, crimes against humanity, another foreign invasion, school shooters, police brutality, and unwarranted arrests. But there are more lighthearted, personal interest stories, or glamorous advertisements that provide contrast. Simone animates them together, side by side, as they appear in unlikely juxtaposition in the newspaper pages. Simone allows for the news to dictate the movement of the body, she understands things in the world through movement. Reading the newspaper is an activity that imparts itself upon her body, she absorbs the events of the world in this way. Simone also calls this activity "Logomotion" and "Moving the Telling."

A child holds an animal as it dies and is stricken with a life of trembling hands. The embrace of an animal while it transitions from life to death is met by this fate. It is perhaps folkloric but there are truths within myths. The embrace of an animal takes many forms. As a choreographic practice, Simone inhabits the movement of animals, particularly those animals in cages at the zoo. She communes with them, indentifies with them, too. She makes zoo mantras in response to the flamingos and polar bears, for instance. This is *Sleepwalkers/Zoo Mantras* (1968), but it is also the basis of her series of *Animal Movement Works*. And now Simone trembles, she is trembling, and trembling imparts itself on her body. The neurodegenerative shake makes her evermore present. Her body is a material encounter that trembles. This is called Parkinson's disease.

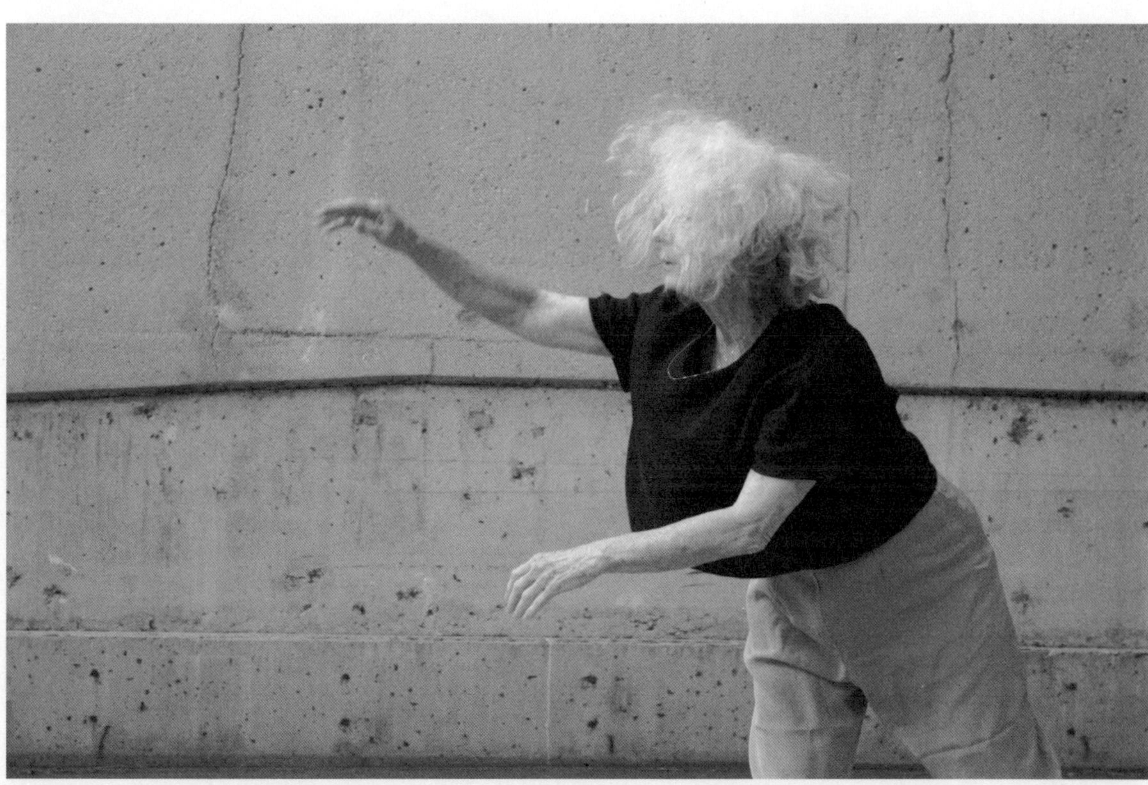

Sleepwalkers, 1968, performed at Simone Forti Studio, Los Angeles, 2010.
Photo: Jason Underhill

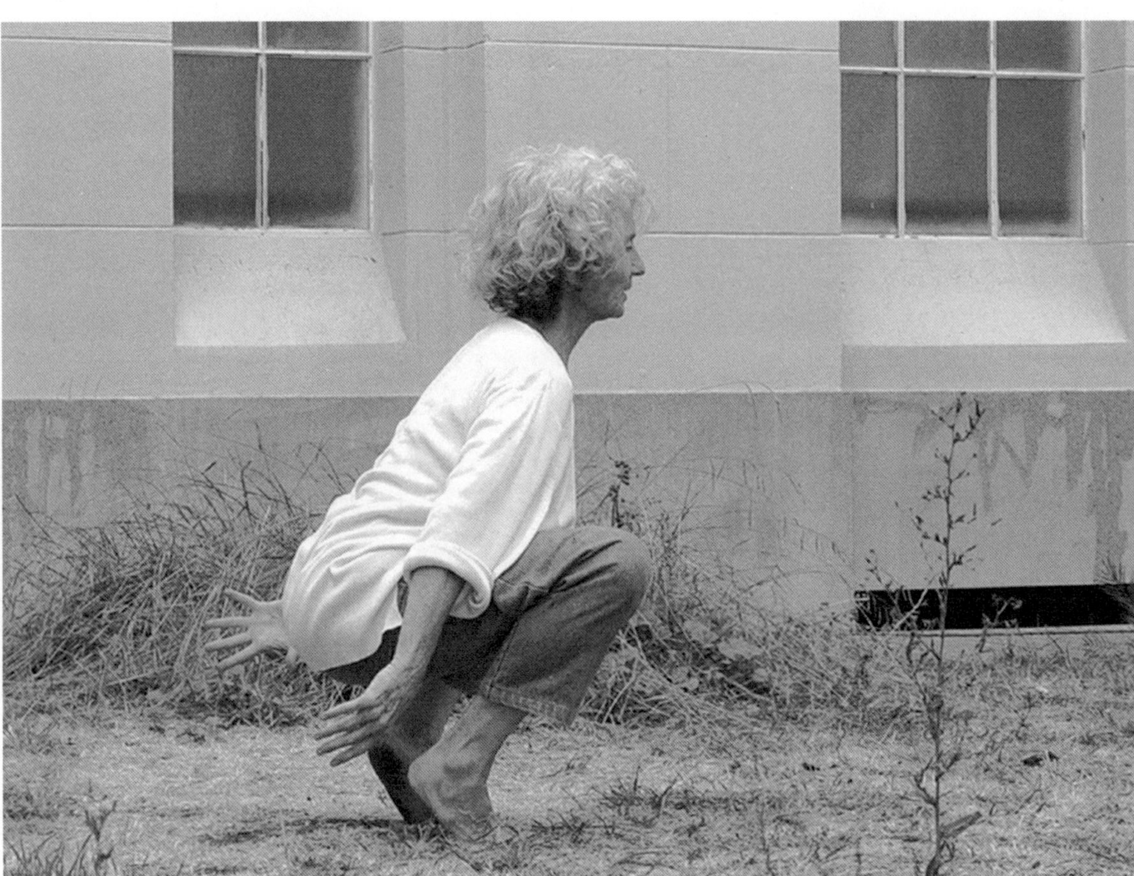

Duck, performed at Beyond Baroque Literary/Arts Center, Los Angeles, 2005.
Photo: Sarah Swenson

trasmettono a tutto il suo corpo. Il tremore neuro-degenerativo la rende presente più che mai. Il suo corpo è un incontro con una materia che trema. Si chiama malattia di Parkinson. David Antin, quando pensava alla sua morte, affermava in modo sprezzante: "Se arriva, arriva".[5] Anche Simone è sprezzante quando è in cattività. Straordinaria è la sua abilità nell'eseguire la danza degli animali e diventare uno di essi. È "guidata dalla risposta delle [sue] sensazioni corporee", e questo non scoraggia il suo impulso a fare performance.[6]

Oggi Simone dice: "Mi preparo a lasciarci la pelle", ma senza mostrarlo.

In response to his eventual death, David Antin says defiantly, "if it comes on it comes on."[5] Simone is also defiant in captivity. Her ability to perform and to become the dance of animals is unwavering. She is "led by the feedback from [her] body sensations," and this does not deter her compulsion to perform.[6]

Simone says in passing, "I'm getting ready to check out," but she doesn't show it.

1 Robert Morris, "Notes on Simone Forti", in *Simone Forti: Thinking with the Body*, a cura di Sabine Breitwieser, catalogo della mostra (*Simone Forti. Thinking with the Body. A Retrospective in Motion*, Salisburgo: Museum der Moderne Salzburg, 2014), Hirmer Verlag, Monaco 2014, p. 45.
2 Simone Forti, "The Dance Constructions", in *Simone Forti: Thinking with the Body*, p. 80.
3 Simone Forti, *Simone Forti: Thinking with the Body*, p. 94.
4 Julia Bryan-Wilson, "Simone Forti Goes to the Zoo", *October*, n. 152, primavera 2015, p. 38.
5 David Antin, "writing in the dark", *Golden Handcuffs Review*, n. 19, inverno 2014-15, p. 49.
6 Simone Forti, *Simone Forti: Thinking with the Body*, p. 160.
1 Robert Morris, "Notes on Simone Forti," *Simone Forti: Thinking with the Body*, ed. Sabine Breitwieser, ext. cat. *Simone Forti. Thinking with the Body. A Retrospective in Motion*, Salzburg: Museum der Moderne Salzburg, 2014 (Munich: Hirmer Verlag, 2014), 45.
2 Simone Forti, "The Dance Constructions," *Simone Forti: Thinking with the Body*, 80.
3 Simone Forti, *Simone Forti: Thinking with the Body*, 94.
4 Julia Bryan-Wilson, "Simone Forti Goes to the Zoo," *October*, no. 152 (Spring 2015): 38.
5 David Antin, "writing in the dark," *Golden Handcuffs Review*, no. 19 (Winter 2014–15): 49.
6 Simone Forti, *Simone Forti: Thinking with the Body*, 160.

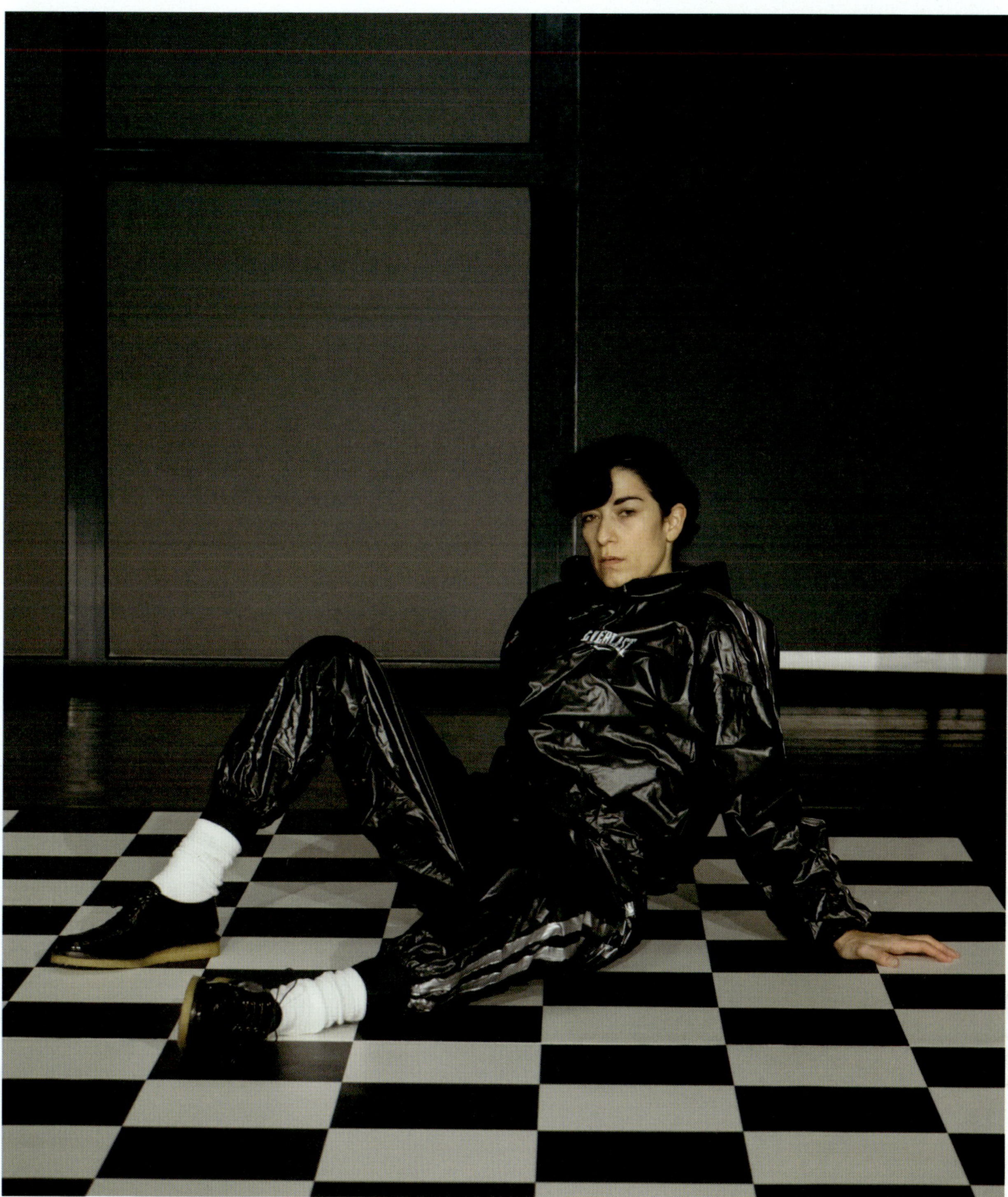

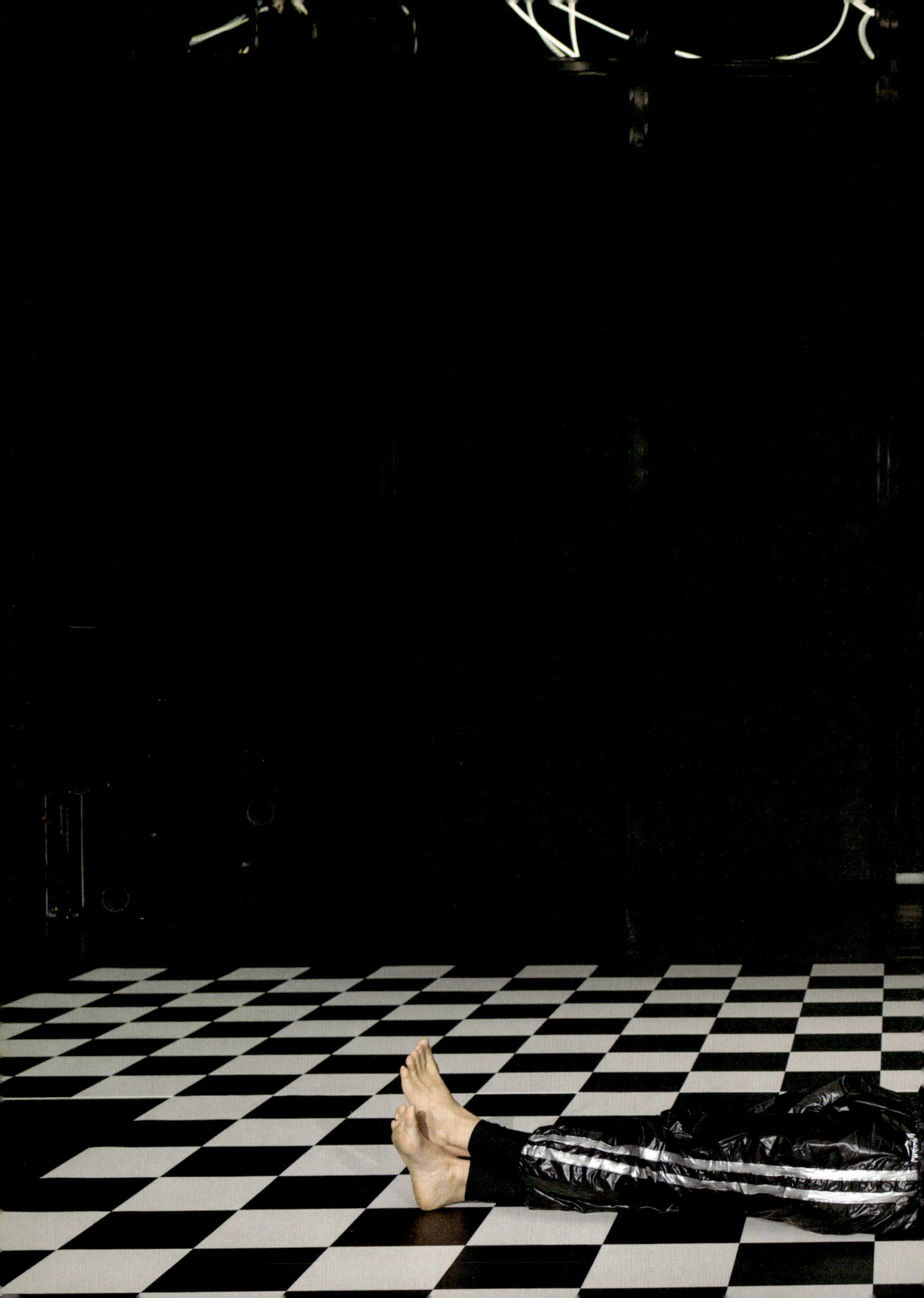

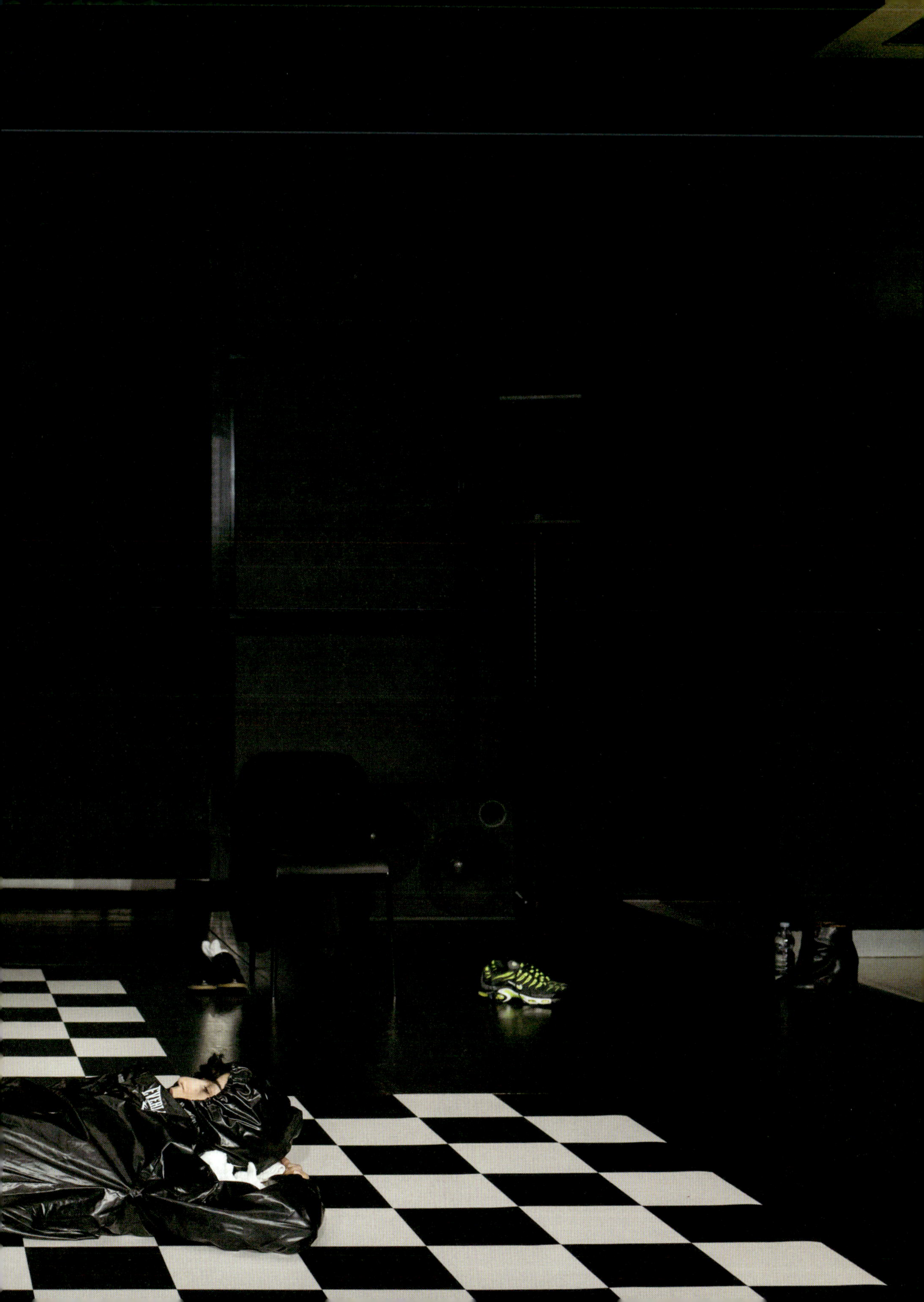

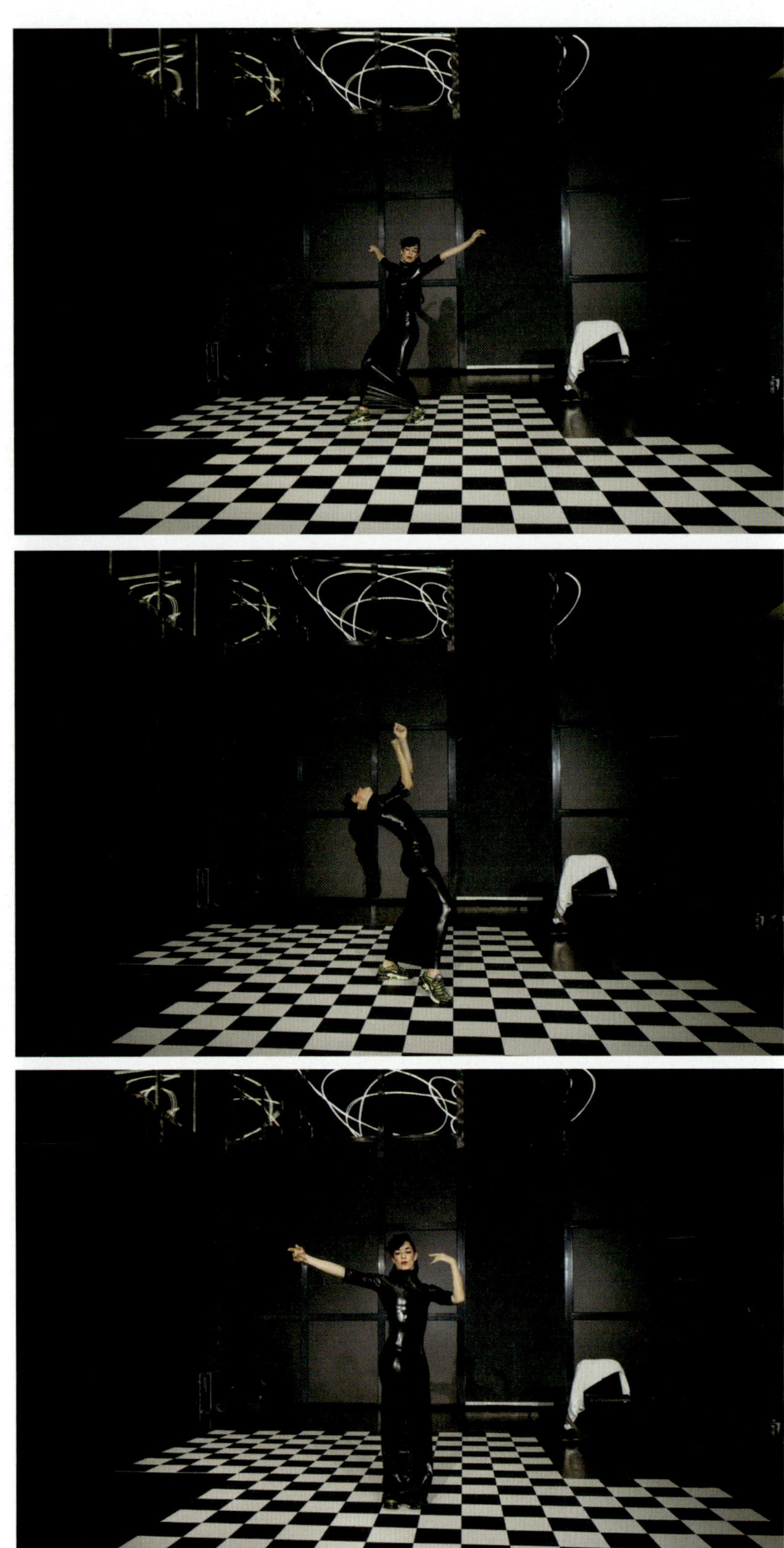

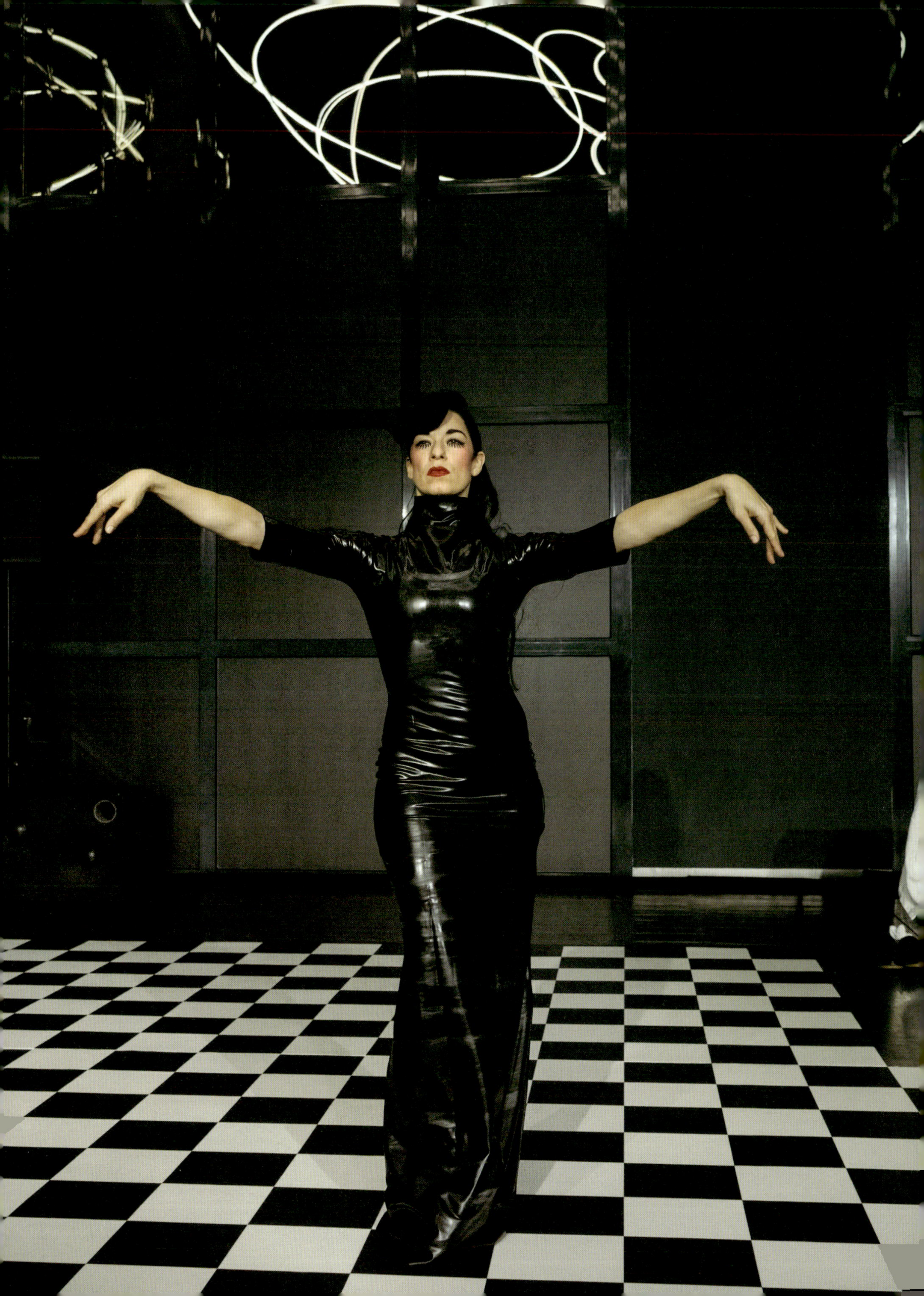

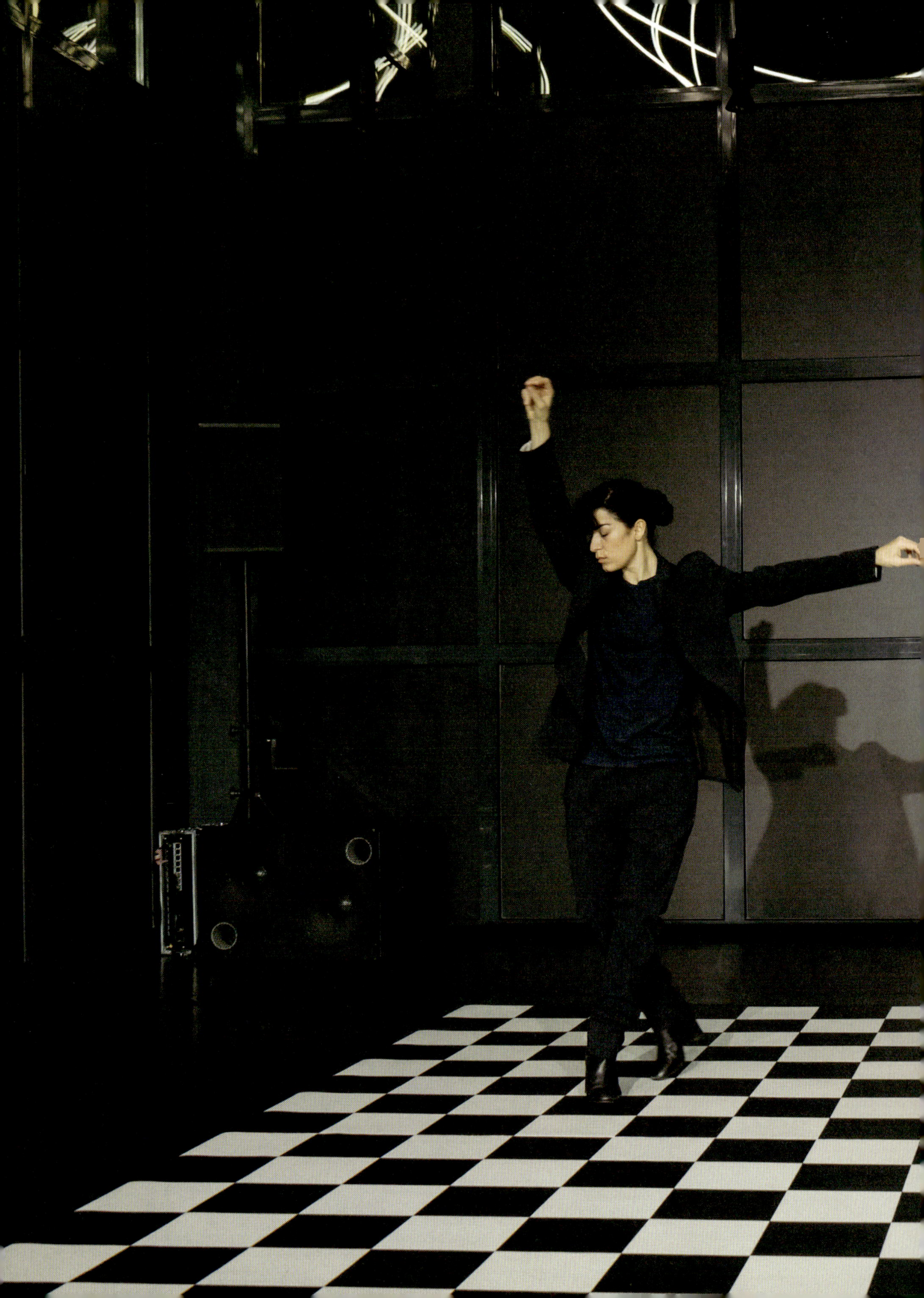

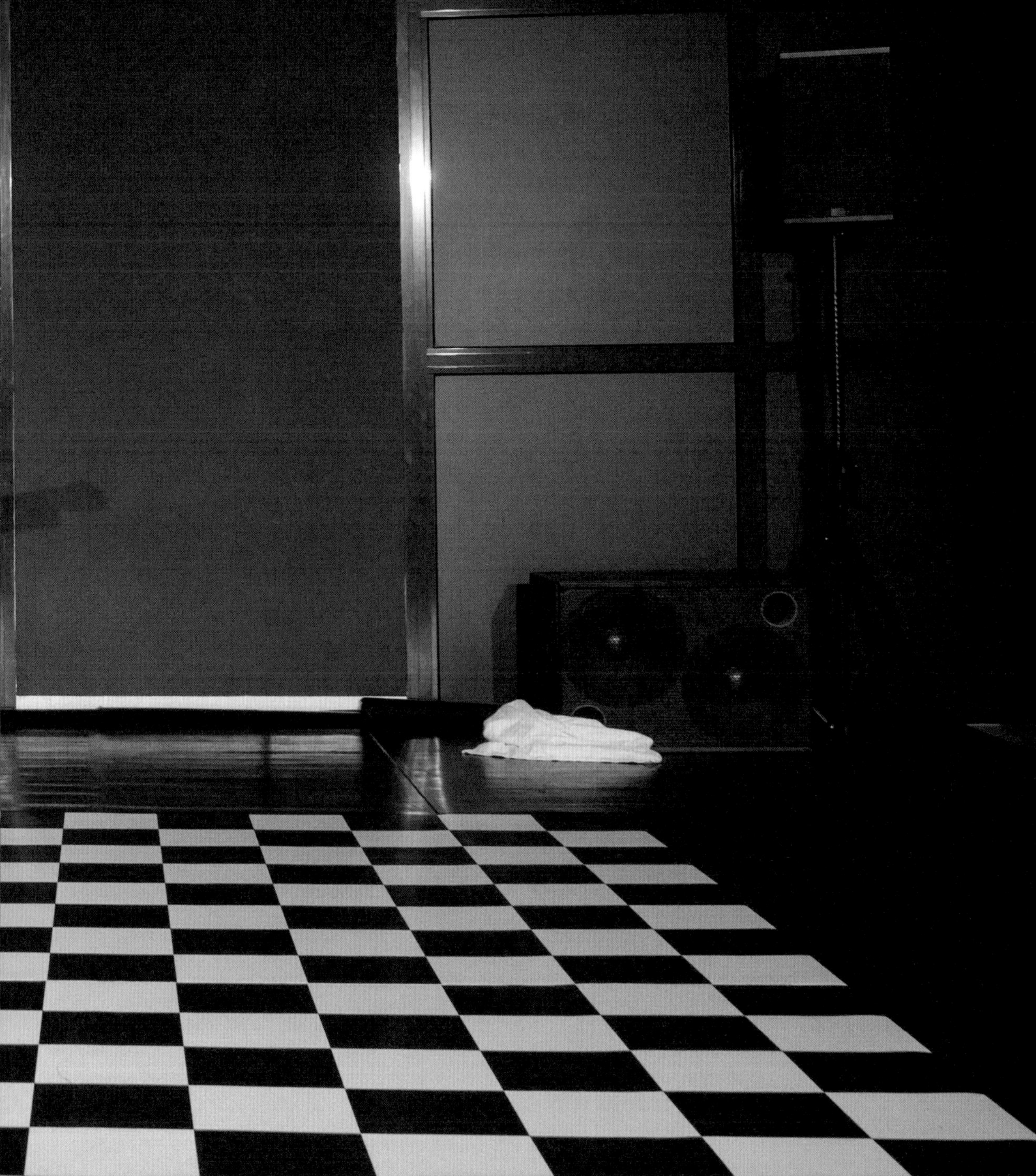

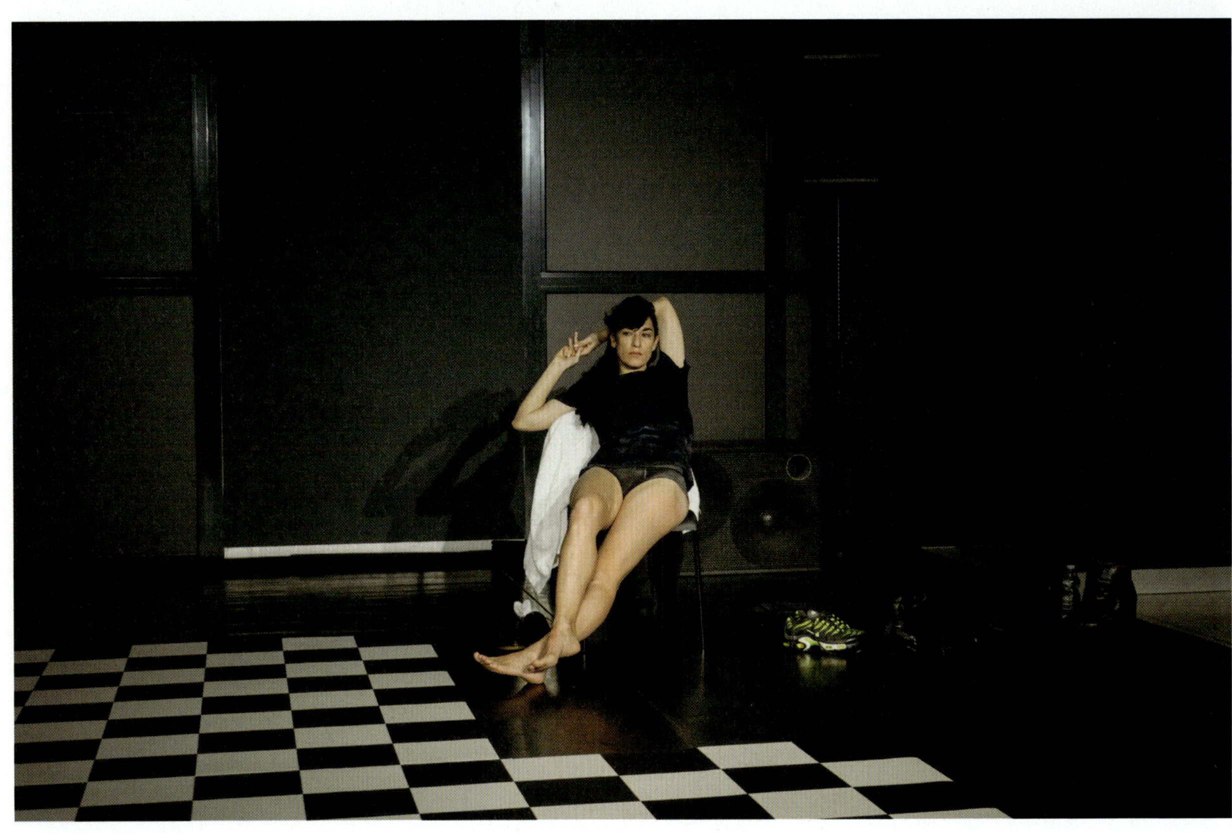

P. 41–48
Alexandra Bachzetsis
PRIVATE: Wear a mask when you talk to me, 2016
Performed at Museo del Novecento, Sala Fontana, Milan
November 29–30, 2017

Photo: © Masiar Pasquali

HENDRIK
FOLKERTS

Il lavoro dell'artista greco-svizzera Alexandra Bachzetsis, a metà tra coreografia, arte visiva e teatro, prende forma e si sviluppa a partire dalle molteplici eredità che plasmano tali pratiche. Agendo in modo simile ad altri artisti con cui ha un'affinità generazionale o di pensiero, Bachzetsis evoca nel suo lavoro una moltitudine di iconografie appartenenti alla storia dell'arte, alla coreografia e alla performance, adeguando queste storie al momento presente. Collocando il corpo umano in una posizione di mezzo tra ambiti disciplinari e storie dell'arte, Bachzetsis ne fa al tempo stesso medium, processo e sostanza.

I linguaggi performativi nel lavoro di Bachzetsis, a partire dai primi anni Duemila, presentano una natura principalmente intersezionale. L'artista trae e ricombina materiali da varie fonti, come la musica pop, il cinema e la televisione, la moda, la pubblicità, i videoclip online, la storia dell'arte e della fotografia, la letteratura, l'architettura, lo sport e la pornografia, esaminando questi sistemi di rappresentazione che, nel loro insieme, compongono il tessuto della cultura contemporanea. Il suo approccio decostruttivo, spesso fortemente ironico, trova un contesto storico-artistico nelle tradizioni della Pop Art e della Pictures Generation, in particolare nel ricorrere a metodi di appropriazione, ironia e ripetizione/riproduzione per analizzare le immagini – nella loro valenza mediatica e rappresentativa e nelle loro connotazioni di genere – e le dinamiche di circolazione delle stesse. Bachzetsis però, anziché concentrarsi sulla sola nozione di rappresentazione, esplora il modo in cui nella cultura contemporanea le immagini vengono assimilate dal corpo per divenire conoscenza o comportamento. Per la sua capacità di svelare e mettere a nudo le radici della patriarchia, il corpo è un punto di convergenza per Bachzetsis, così come un luogo di digestione e un terreno su cui estromettere e far crollare classificazioni di genere normative e misogine; è così che il suo lavoro è ancorato a quella tradizione di arte performativa che include voci fondamentali (o piuttosto, corpi articolati) come quelle di Ulrike Rosenbach, VALIE EXPORT, Hannah Wilke, Carolee Schneemann, Lynda Benglis e Joan Jonas, per citarne alcune.

Le modalità con cui i gesti e i movimenti si manifestano nelle varie tradizioni di danza è un motivo centrale nel lavoro di Bachzetsis. I codici e le tecniche incorporati all'interno di specifiche (sub)culture come il *voguing*, la pole dance, l'R&B, la *club dance* ecc. vengono inscenati accanto a quelli relativi a tradizioni più affermate, come il balletto o

Working in and between choreography, visual art and theater, the work of Swiss-Greek artist Alexandra Bachzetsis builds on the variety of lineages with which these practices are imbued. Similar to other artists with whom Bachzetsis has a generational or discursive affinity, she conjures a multitude of iconographies situated in the histories of art, choreography and performance, and aligns those visual and embodied histories within the present moment. For Bachzetsis, the human body becomes at once medium, process and substance, as she locates it "in-between" disciplinary spaces and art histories.

The performative languages in Bachzetsis's work since the early 2000s are fundamentally intersectional. Collaging and borrowing from diverse sources including popular music, cinema and television, fashion, advertising, online video clips, the history of art and photography, literature, architecture, sport, and pornography, Bachzetsis scrutinizes these systems of representation that together form the fabric of contemporary culture. Her deconstructive and often highly ironic approach finds an art historical context within the tradition of Pop Art as well as the Pictures Generation, in the way the representative, gendered and mediatized quality of images and their circulation are investigated through methods of appropriation, irony, and repetition/reproduction. However, rather than exclusively emphasizing representation, Bachzetsis explores how images in contemporary culture are incorporated to become embodied knowledge and behavior. Frequently laying bare the foundations of patriarchy, the body is a point of convergence for Bachzetsis, as well as a site of digestion and the grounds on which to expel and collapse gender-normativity and misogyny, anchoring her work in the performance tradition in visual art that included such foundational voices (or rather, articulated bodies) as Ulrike Rosenbach, VALIE EXPORT, Hannah Wilke, Carolee Schneemann, Lynda Benglis and Joan Jonas, among others.

The ways in which movements and gestures manifest in various traditions of dance is a central motif in Bachzetsis's work. The codes and techniques embedded in specific (sub) cultures, such as vogueing, pole dancing, R&B, club dance, etc., are performed alongside more established traditions, e.g. ballet or the task-based choreography of postmodern dance, and incorporated into non-dance movement

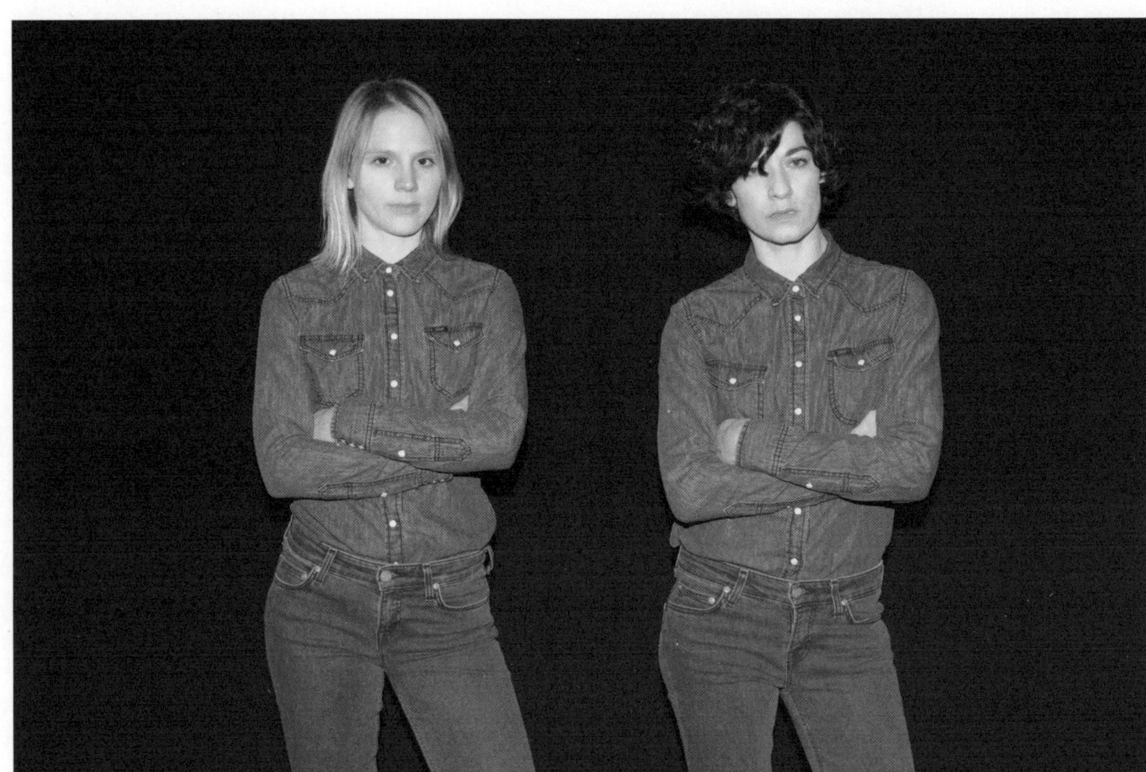

A Piece Danced Alone, Zurich, 2011.
Photo: © Melanie Hofmann

la coreografia "task-based" della danza postmoderna, e a loro volta integrati in un vocabolario di movimenti estranei alla danza – dallo sport alle pose delle modelle. Quelli che appaiono come brevi momenti di virtuosismo vengono interrotti rapidamente, segnalando, nelle performance dell'artista, la presenza ricorrente di un'attitudine anti-spettacolare e anti-virtuosistica – il che rivela il ruolo fondamentale che giocano le pratiche di Trisha Brown, Yvonne Rainer, Simone Forti e Anna Halprin per tutta una generazione di artisti-coreografi di cui Bachzetsis fa parte. Tale fenomeno di *transfer* di storia coreografica è attivato anche su una scala minore, nel sistema di trasmissione che contraddistingue gran parte delle collaborazioni tra Bachzetsis e i suoi performer. Nelle sue opere, infatti, le composizioni coreografiche sono spesso sviluppate in stretto dialogo con i performer, e i gesti e movimenti sono trasferiti da un corpo all'altro durante le prove, in accordo con una pratica comune nella danza per cui la conoscenza gestuale e corporea viene trasmessa attraverso la sequenza osservazione-ripetizione-esecuzione. Il lavoro *A Piece Danced Alone* (2011) prende questa filosofia come punto di partenza, trasmettendo la partitura di una performance individuale da un performer all'altro, in un incessante atto di ripetizione, fallimento e *mirroring*. Per Bachzetsis il corpo è tanto spazio della memoria quanto sito di proiezione, come rivelano la relazione tra artista e performer e gli svariati riferimenti che si materializzano nel suo lavoro.

PRIVATE: Wear a mask when you talk to me (2016) è la performance presentata nell'ambito di *Time after Time, Space after Space*. L'assolo, realizzato dall'artista stessa, è stato sviluppato in parallelo a un *ensemble* per vari performer, dal titolo *Private Song*, che deriva da una commissione per documenta 14 a Kassel e Atene. Sia *PRIVATE* che la sua evoluzione *Private Song* si affidano a un vocabolario condiviso, con elementi che ricorrono in entrambi i lavori.

PRIVATE, la versione solista, è scandita da momenti di esitazione, silenzio e immobilità che fungono da spazi di transizione. Ed è qui che Bachzetsis prolunga una posa o un gesto, si adagia su una sedia o si cambia d'abito. L'intero apparato della performance, come spesso succede nei suoi lavori, è in bella vista: dai cavi delle casse ai cambi di costume. In ogni scena l'artista esegue un movimento o una coreografia diversi, mentre le interruzioni segnano un momento di crollo, di esaurimento: un'implosione

vocabularies from sports to fashion modeling. What appear as brief moments of virtuosity are quickly disrupted, marking the recurrent presence of non-spectacle and the anti-virtuosic in Bachzetsis's performances—expressions of how constitutive the choreographic practices of Trisha Brown, Yvonne Rainer, Simone Forti, and Anna Halprin have been for the generation of artist-choreographers of which Bachzetsis is a part. This transference of choreographic history is further enacted on a smaller scale, in the system of transmission that underpins much of the collaboration between Bachzetsis and her performers. The choreographic arrangements in her pieces are often developed in close dialogue with the performers, and gestures and movements are transferred from one body to another in the space of rehearsal, in keeping with a common practice in dance where embodied knowledge is passed on through a sequence of observation, repetition, and enactment. Bachzetsis's work *A Piece Danced Alone* (2011) takes that philosophy as a point of departure, passing on a score for a solo performance from one performer to another, an endless act of repetition, failure, and mirroring. For Bachzetsis, the body is as much a space of memory as it is a site of projection, *vis-à-vis* the relationship between the artist and her performers and the manifold references that materialize in her work.

Bachzetsis's most recent piece, *PRIVATE: Wear a mask when you talk to me* (2016), was performed as part of *Time after Time, Space after Space*. The solo work, featuring the artist herself, was developed in parallel to an ensemble piece for multiple performers, entitled *Private Song*, which resulted from a commission for documenta 14 in Athens and Kassel. Both *PRIVATE* and its successor, *Private Song*, rely on a shared vocabulary, as elements from either work manifest in the other.

PRIVATE, the solo version, is marked by moments of delay, silence, and stillness that function as transitional spaces in which Bachzetsis extends a pose or a gesture, sits casually on a chair or changes wardrobe—as often in her work, the full apparatus of performance is exposed, from the cables of the speakers to the costume changes. In each of the scenes, Bachzetsis embodies a different movement or choreography, while the cuts mark a moment of collapse; an implosion of what was performed prior or will be staged afterwards. In the first scene, as the audience walks into the space,

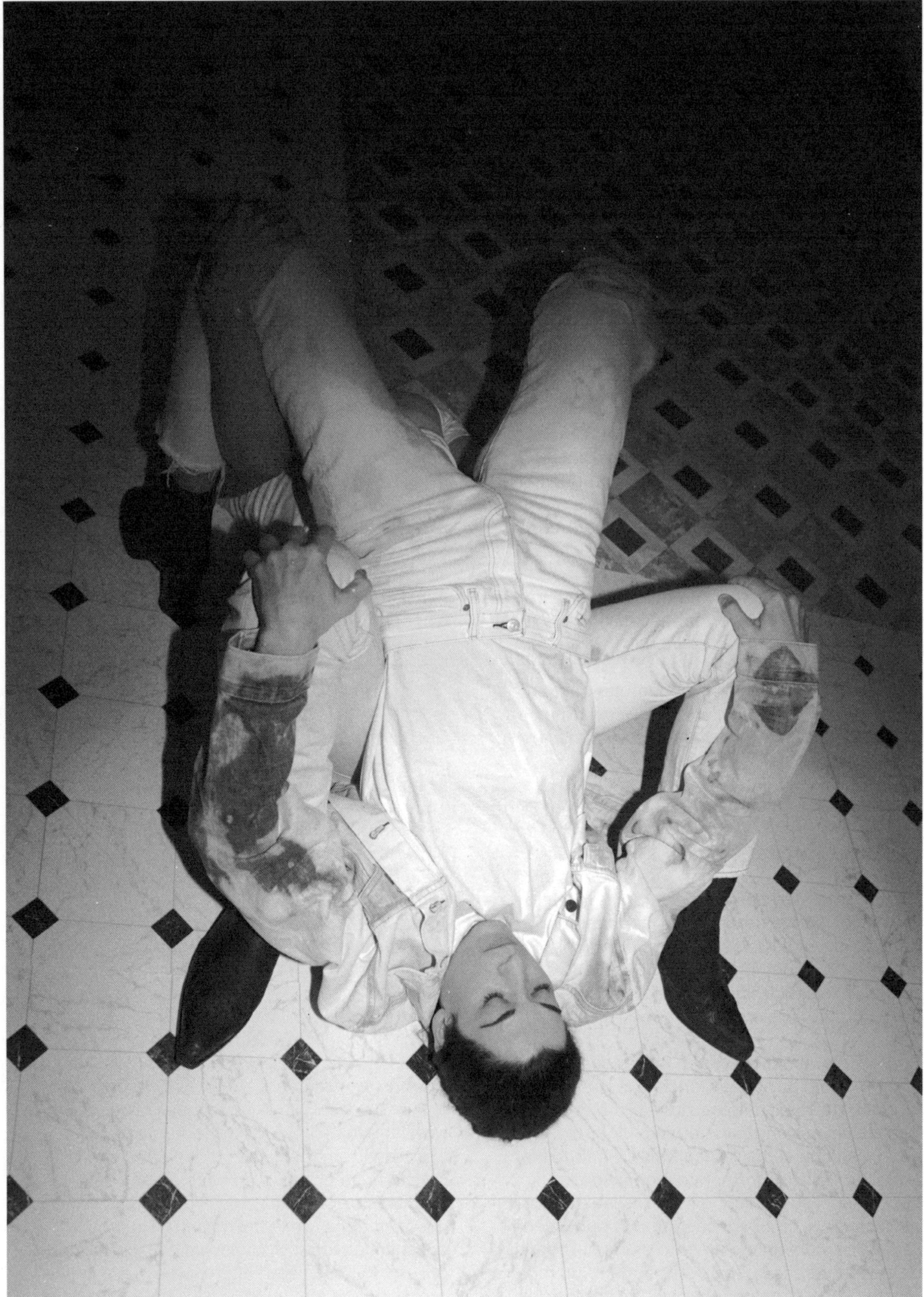

Private Song, Athens, 2017.
Photo: © Otobong Nkanga

di ciò che è stato eseguito precedentemente o di ciò che verrà inscenato in un secondo momento. Nella prima scena, quando entra il pubblico, Bachzetsis siede su uno sgabello e si imbelletta il volto con spessi strati di trucco, mentre ascolta animate canzoni pop. I suoi abiti larghi mascherano un vestito di latex lucido e attillatissimo che viene svelato nella scena successiva, in cui una coreografia burlesque in piena regola fa seguito a una serie di piccoli gesti e posizioni. Lentamente, l'artista introduce movimenti tratti dal football e dallo yoga all'interno di un movimento sessualizzato che esegue al ritmo di una pulsante colonna sonora. Quando la musica cessa, il pornografico svela immediatamente il suo carattere meccanico, anche se l'aspetto sensuale è ancora accentuato dallo sguardo allusivo dell'artista pur senza l'imprescindibile accompagnamento musicale. E infine la scena giunge a un'implosione quando Bachzetsis chiede a un membro del pubblico di aprire la cerniera del suo vestito: la performance, così, si evolve in una lunga sequenza durante la quale l'artista rimuove il trucco, si cambia di vestito ed esegue dei sottili gesti.

Questo momento di crollo ed esaurimento, l'improvviso spostamento dall'erotico a ciò che viene percepito come banale e triviale, avviene in molti lavori precedenti di Bachzetsis. In *Gold* (2004), ad esempio, l'artista mette in contrapposizione tra loro una coreografia ispirata all'hip-hop e all'R&B e un inquietante sottofondo di musica classica, generando una palese scissione tra musica e movimento. Quando la performance passa da movimenti intensi e molto erotici a gesti impacciati e spezzati, nel momento in cui Bachzetsis comincia a cospargersi di olio per massaggi che dal suo corpo si diffonde sulla pista da ballo, il mix disincantato di potere femminile, reificazione e totale alienazione diventa ancora più evidente. In modo simile, in *Act* (2007) – performance sviluppata e messa in scena in collaborazione con Lies van Borm e Tina Bleuler –, lo striptease robotico eseguito come se le performer fossero allo specchio l'una di fronte all'altra non solo rivela una certa prosaicità nei costumi e nella coreografia, ma lo spettacolo di luci stroboscopiche alla fine della scena cancella ogni illusione di climax erotico. Un piacere visivo di tutt'altro genere, semmai, è concesso nel convulsivo atto finale. Come *PRIVATE*, sia *Gold* che *Act* abbracciano un senso di fallimento. Ai corpi che eseguono la performance, sia quello della stessa Bachzetsis sia quelli dei suoi collaboratori, è affidato il compito di rappresentare il deteriorarsi dei ruoli di genere che si suppone debbano ricoprire, e di popolare

Bachzetsis is sitting on a stool, applying thick layers of makeup while listening to up-beat pop songs. Her baggy clothes mask an extremely tight and shiny latex dress that is unveiled in the next scene, in which a full-blown burlesque choreography follows a series of small gestures and positions. Slowly, the artist introduces movements from yoga and football into the sexualized motion performed to the rhythm of the pulsating sound track. When the music stops, the pornographic quickly reveals itself as mechanical, the sensual aspect still accentuated by Bachzetsis's suggestive gaze yet without the necessary musical accompaniment, and then fully implodes when she asks an audience member to unzip her dress and *PRIVATE* transitions to an extensive interim sequence, during which the artist removes her makeup, changes clothes and performs a series of subtle gestures.

This moment of collapse, the sudden shift from the erotic to the mundane, occurs in many previous works by Bachzetsis. For instance, in *Gold* (2004) Bachzetsis contrasts a hip-hop and R&B-inspired choreography with an eerie classical music soundtrack—a clear separation between movement and music. When the piece progresses from powerful and highly eroticized movement to awkward and broken gestures, as Bachzetsis starts to slip on the massage oil that seeps from her body onto the dance floor, the work's disillusioning fuse of female empowerment, objectification, and utter alienation becomes even more apparent. Similarly, the robotic striptease performed as mirror image in *Act* (2007), developed and staged in collaboration with Lies van Borm and Tina Bleuler, is not only rather prosaic in its costumes and choreography, but the stroboscopic lightshow at the end of the piece takes away any illusion of erotic climax; rather, visual pleasure of an entirely different kind is granted in the epileptic final scene. As with *PRIVATE*, both *Gold* and *Act* embrace a sense of failure. The performing bodies, whether it is Bachzetsis herself or her collaborators, are given agency to inhabit the deterioration of the gender roles they are expected to fulfill, to populate an in-between space where bodies mutate into other versions of themselves.
The eroticism is merely a smoke screen, a decoy to complicate the presupposed visual pleasure, and ultimately point to the inevitable disintegration of the gender-normative body.

The middle sequence of *PRIVATE* commences as the artist reapplies layers of costume—

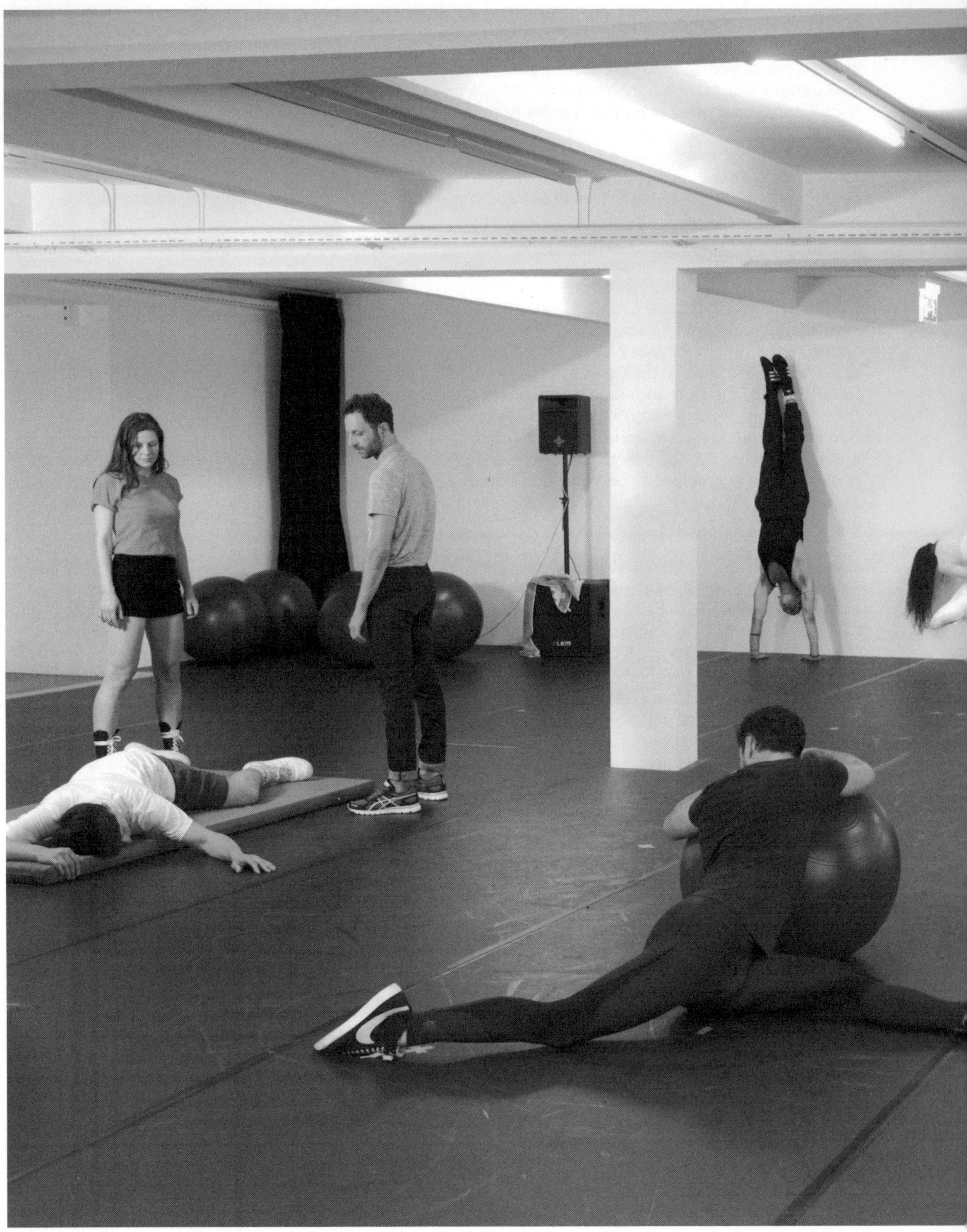

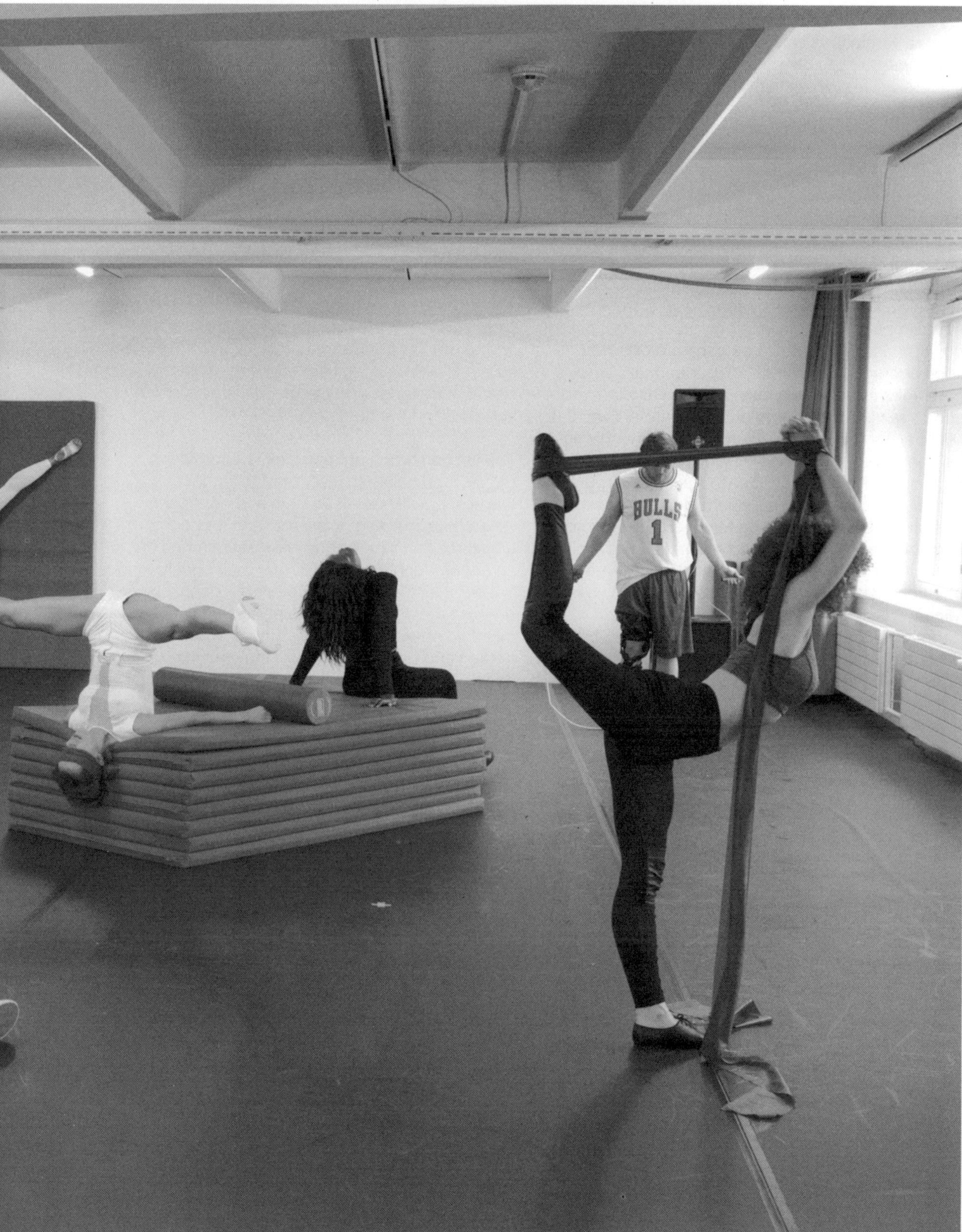

The Stages of Staging, Basel, 2013.
Photo: © Melanie Hofmann

uno spazio "di mezzo" in cui il corpo si tramuta in un'altra versione di se stesso. L'erotismo è soltanto una copertura, un diversivo per complicare il piacere visivo e, in definitiva, mostrare l'inevitabile disfacimento di una nozione di corpo il cui genere è definito secondo canoni normativi.

La sequenza centrale di *PRIVATE* comincia con l'artista che indossa strati di abiti – un completo da uomo sotto una tuta da ginnastica nera e luccicante, antitesi del vestito di latex – per poi eseguire una serie di pose che rivelano una varietà di fonti e riferimenti: posizioni di yoga che si tramutano in posizioni sportive che, a loro volta, si trasformano in pose tratte dalla fotografia di moda, per poi ricominciare di nuovo da capo. Le posizioni sono eseguite lentamente, disponendo il corpo con molta attenzione; i movimenti cominciano ad acquisire velocità al ritmo più concitato di *Beat It* di Michael Jackson, eseguito in una ripetitiva versione con solo basso. Dopo essersi tolta la tuta e la parrucca della prima sequenza (gesto incorporato in una posizione di yoga), Bachzetsis ora rivela una strana somiglianza con Michael Jackson; somiglianza enfatizzata nella coreografia successiva, nella quale l'artista si appropria delle caratteristiche pose della pop star. Quando la musica cessa, Michael Jackson si trasforma in Trisha Brown, denotando ancora una volta un momento di crollo, di caduta, nonché quel parallelismo, tipico nella pratica di Bachzetsis, tra ordinario e virtuosistico.

Le sottili variazioni che Bachzetsis esegue in *PRIVATE* articolano una profonda ambiguità, non solo in relazione alle modalità con cui l'artista scivola dentro e fuori determinati ruoli di genere, ma anche a come noi rappresentiamo i nostri corpi in una cultura in cui la diffusione di immagini ha raggiunto una scala senza precedenti. Piuttosto che considerare il corpo come un luogo della rappresentazione, Bachzetsis propone un'idea di corpo come contenitore, dove i molteplici riferimenti di cui si serve nel suo lavoro sono impersonati ed eseguiti; un luogo in cui questi stessi riferimenti possono essere messi in discussione ma dove, tuttavia, si ripresentano. Queste linee di pensiero convergono nel suo lavoro intitolato *The Stages of Staging* (2013), una delle opere più complesse dell'artista, nella quale l'interno di una palestra si trasforma gradualmente nel set di un videoclip, presumibilmente un trailer per pubblicizzare la performance stessa. La dinamica sociale del cast dei performer – i loro desideri individuali e collettivi – è messa in scena insieme ai movimenti che eseguono: una routine sportiva si trasforma in una danza frenetica, una canzone pop in una confessione personale, la disciplina atletica

a men's suit under a black, shiny tracksuit, the antithesis to the latex dress—and enacts a series of positions that show the wide array of references in her pieces; yoga mutating in sports morphing into fashion photography and back again. The poses are performed slowly, carefully arranging the body, yet pick up in speed as a repetitive bass-only version of Michael Jackson's *Beat It* starts to dictate a more fast-paced rhythm. Removing the tracksuit as well as the hairpiece from the first sequence (an emphasized gesture integrated in a yoga position), Bachzetsis now has an uncanny semblance to Michael Jackson, advanced by the subsequent choreography appropriated from the pop star's signature moves. As the music stops, Michael Jackson transforms into Trisha Brown, highlighting once again a space of collapse and the parallel status of the virtuosic and the quotidian in Bachzetsis's work.

The subtle shifts that Bachzetsis performs in *PRIVATE* articulate a deep ambiguity, not only in terms of how the artist shifts in and out of gendered roles but also how we stage our bodies in a culture, in which images are disseminated on an unprecedented scale. Rather than considering the body as a site of representation, Bachzetsis proposes the body as a vessel, a site where the manifold references she uses in her work are embodied and performed, where they may be disputed but nonetheless recur. These lines of thought converge in her piece aptly titled *The Stages of Staging* (2013), one of the artist's most complex pieces, in which the interior of a gym slowly transforms into a film set for the production of a video clip, presumably a trailer to advertise the performance itself. The social dynamic of the cast— their individual and collective desires—plays out alongside the movements they perform: a sports routine transforms into frantic dancing, a pop song turns into a personal confession, athletic discipline morphs into tightly choreographed interpretations of Madonna's *Vogue* or Donna Summer's *I Feel Love*. As quickly as *The Stages of Staging* can unravel, it comes together again; moments of utter dispersion are brought back to a space of poignant intimacy. In the work, Bachzetsis continuously questions how we perform ourselves, privately and publicly, through coded images and movements, within a social ecology, and which images we need to communicate this.

As in many of Bachzetsis's works, props and technology play an important role in *The Stages of Staging*, in this case the décor of a gym with mats, exercise gear, and stability balls as well as

si tramuta in interpretazioni coreografate di *Vogue* di Madonna o di *I Feel Love* di Donna Summer. Le sequenze di *The Stages of Staging* si disfano rapidamente, e altrettanto velocemente tornano insieme di nuovo; momenti di completa dispersione precedono sequenze in cui si torna a uno spazio estremamente intimo. Qui Bachzetsis si interroga costantemente su come "performiamo" noi stessi, in pubblico e in privato, attraverso immagini e movimenti codificati all'interno di un'ecologia sociale, e si domanda di quali immagini abbiamo bisogno per comunicarlo.

Come in molti dei lavori di Bachzetsis, in *The Stages of Staging* le attrezzature sceniche e tecniche giocano un ruolo importante: in questo caso,

the full range of technology needed for the film and simultaneous projection scenes. The entire apparatus of the performance is displayed, its mechanisms laid bare to demonstrate what the work needs to materialize. Additionally, the props function as prosthetic devices, or extensions of the body. Whether it is the gear used for stretching, pushing up and balancing, or technology used to film and project the performer's image, these elements serve as interlocutors between the bodies on stage and the movement and choreography they perform.

In its entirety, *PRIVATE* is executed on a vinyl floor piece. A physical presence throughout the performance, the vinyl's pattern is reminiscent

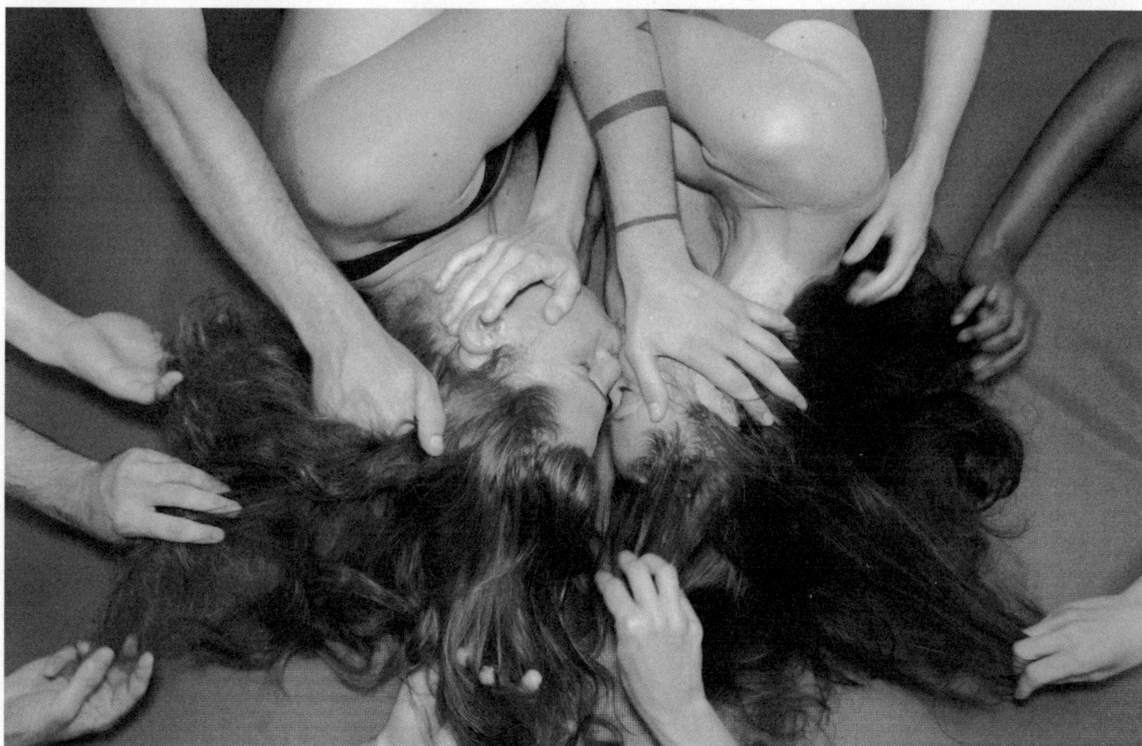

The Stages of Staging, Basel, 2013.
Photo: © Melanie Hofmann

l'arredamento di una palestra dotata di materassini, attrezzi per esercizi e palle di stabilità, e le diverse tecnologie necessarie per il film e le scene proiettate in simultanea. L'intero apparato della performance è messo in mostra – i suoi meccanismi messi a nudo per svelare ciò di cui il lavoro ha bisogno per materializzarsi. Tali arredi di scena, inoltre, funzionano come dispositivi protesici o estensioni del corpo. Che siano l'attrezzo per lo stretching, le flessioni o lo strumento per migliorare l'equilibrio, così come la tecnologia usata per filmare e proiettare l'immagine del performer, tutti questi elementi fungono da interlocutori tra i

of a Greek tavern floor on which the Zeibekiko dance would be staged. Zeibekiko originated in such cities as Constantinople (now Istanbul) and Smyrna (now Izmir) and takes its name from the Zeybeks, a militia populating the Aegean region during the Ottoman Empire from the seventeenth until the twentieth centuries. Although originally a war dance for two soldiers facing each other, it later became an improvised choreography privileged only to men, in which the subject could express his deep sorrow and hardship— a ritualistic enactment of masculinity infused with alcohol and narcotics. Significantly,

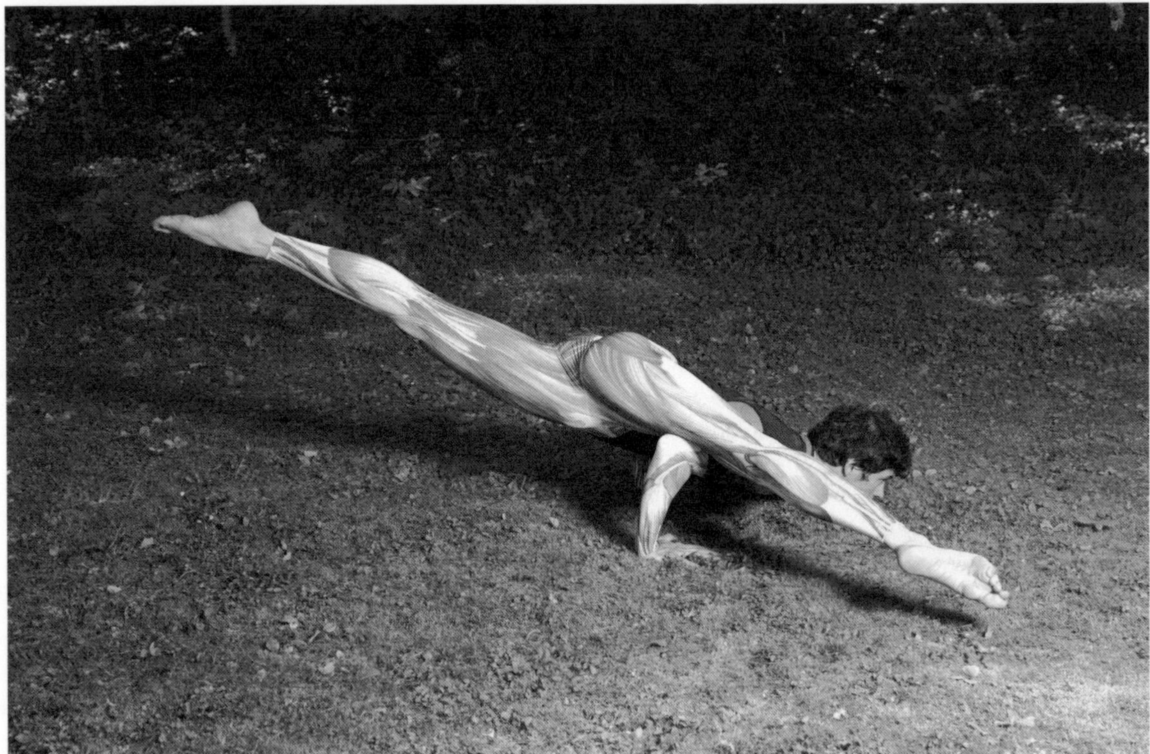

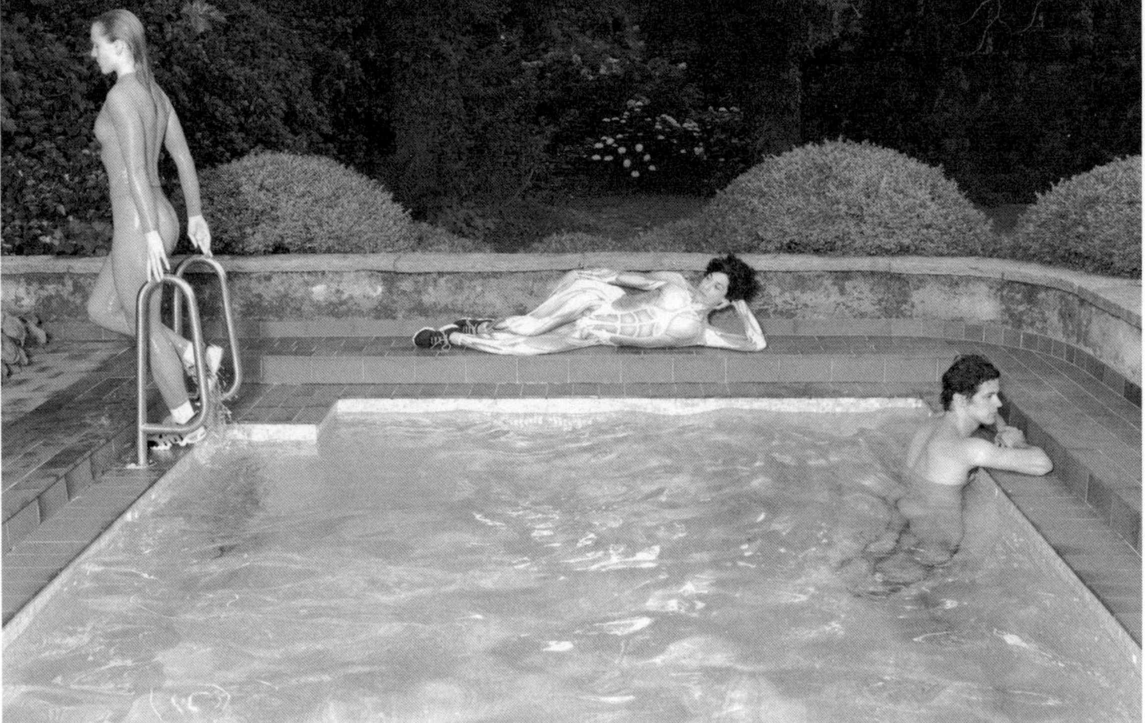

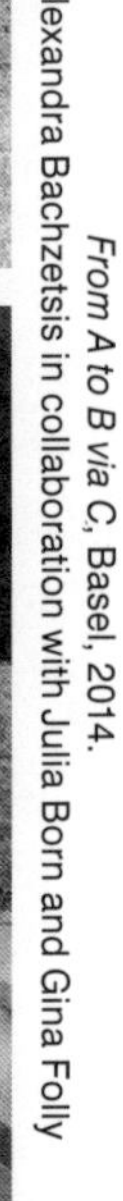

From A to B via C, Basel, 2014.
Photo: Alexandra Bachzetsis in collaboration with Julia Born and Gina Folly

corpi in scena e il movimento e la coreografia che eseguono.

PRIVATE si svolge interamente su una superficie in vinile. Una presenza fisica nel corso di tutta la performance, il motivo del vinile ricorda il pavimento di una taverna greca su cui potrebbe aver luogo una danza zeibekiko. Nato in città come Costantinopoli (ora Istanbul) e Smirne (ora Izmir), lo zeibekiko prende il nome dagli Zeybec, una milizia che popolava la regione egea durante l'Impero Ottomano dal XVII al XX secolo. Nonostante originariamente fosse una danza di guerra eseguita da due soldati che si fronteggiavano l'un l'altro, successivamente divenne una coreografia improvvisata e riservata ai soli uomini, con cui il performer esprimeva il suo dolore e la sua difficoltà – una messa in scena rituale della mascolinità, inebriata da alcol e narcotici. È significativo indicare che il fulcro di *PRIVATE* è costituito da un'ipnotica coreografia zeibekiko, eseguita da Bachzetsis stessa. Nella scena, l'artista entra in uno spazio connotato dal punto di vista di genere, la danza zeibekiko appunto, mascherando il proprio corpo femminile con un completo maschile. Anziché accentuare il dualismo maschile-femminile, il corpo di Bachzetsis porta su di sé tutta l'ambiguità del ruolo che ricopre, a metà tra un volto e una maschera.

La voce e la canzone, così come il linguaggio di cui si servono, sono elementi ricorrenti nei lavori di Bachzetsis, incluso *PRIVATE*, nel quale un pezzo di musica rebetiko viene cantato dall'artista alla fine della performance. Il rebetiko, un genere di musica greca, raggiunse piena popolarità dopo la Catastrofe dell'Asia Minore (1919-1922) e lo scambio forzato di popolazioni che dislocò nella penisola greca oltre un milione di persone che avevano vissuto in Turchia per molte generazioni. In città portuali come Il Pireo e Tessalonica, dove sbarcarono i rifugiati, gli stili e gli strumenti musicali di questi ultimi si mescolarono alle formule musicali locali, più folcloristiche, trasformando così il rebetiko in un genere musicale le cui canzoni – cantate sui palchi delle taverne, nei bordelli e persino nelle prigioni – esprimevano il dolore, la perdita e il dramma della migrazione forzata. Il rebetiko da allora rimase sempre legato al destino e alle vicende dei marginalizzati, e in Grecia fu considerato sovversivo da regimi fascisti e di destra nei decenni successivi. Questo genere musicale estremamente complesso, che parla – e canta – della storia tormentata della Grecia del XX secolo, è storicamente intrecciato allo zeibekiko, e ritorna proprio come accompagnamento alla coreografia di Bachzetsis in *PRIVATE*, scandendo il finale della performance, quando l'artista passa da un discreto

PRIVATE pivots in a mesmerizing Zeibekiko choreography performed by Bachzetsis. In the scene, the artist enters a gendered zone, the Zeibekiko dance, masking her female body with a men's suit. Rather than accentuating the gender binary of male and female, Bachzetsis's body epitomizes the ambiguity of the role, somewhere between a face and a mask.

The voice and song, as well as the language held by those embodied elements, is a recurrent element in Bachzetsis's pieces, including *PRIVATE,* in which Rebetiko music is introduced at the very end of the piece. A genre in Greek music, Rebetiko came to full fruition following the Asia Minor Catastrophe (1919–1922) and the subsequent forced population exchange that displaced over one million Greek people who had been living in Turkey for many generations, to Greece. Arriving in the port cities including Piraeus and Thessaloniki, the musical styles and instruments of the refugees merged with the local, more folkloric attitudes in these cities, making Rebetiko a musical vehicle for the songs of sorrow, loss, and forced migration sung on the stages of taverns, brothels, and even prisons. Rebetiko stayed forever connected to the fates and stories of the marginalized and was considered subversive by right wing and fascist regimes in Greece in the following decades. This highly complex musical genre, which speaks—and sings—to the contested history of Greece in the twentieth century, is historically intertwined with Zeibekiko and returns, appropriately, as an accompaniment to Bachzetsis's choreography in *PRIVATE* in addition to marking the finale of the performance when the artist transitions from a subtle lip sync to an acoustic, fragile rendition of a Rebetiko song.

Bachzetsis's recent piece *From A to B via C* (2014) ends on a similar note. The work centers on Diego Velázquez's *Venus at her Mirror* (1599–1600), reconstructed as a *tableau vivant* in which Bachzetsis appears on a television screen held by a (nude) female performer who sits next to a reclining male performer in a muscle skin suit. The mirror image in the middle of the performance expands on both ends into a ballet recital, a YouTube tutorial on how to attain a perfect dancer's body, and a lush scene where all three bodies are entangled in what can best be described as an octopod choreography. Language manifests at the beginning and the end of *From A to B via C*: an increasingly frantic reading of mindful exercise

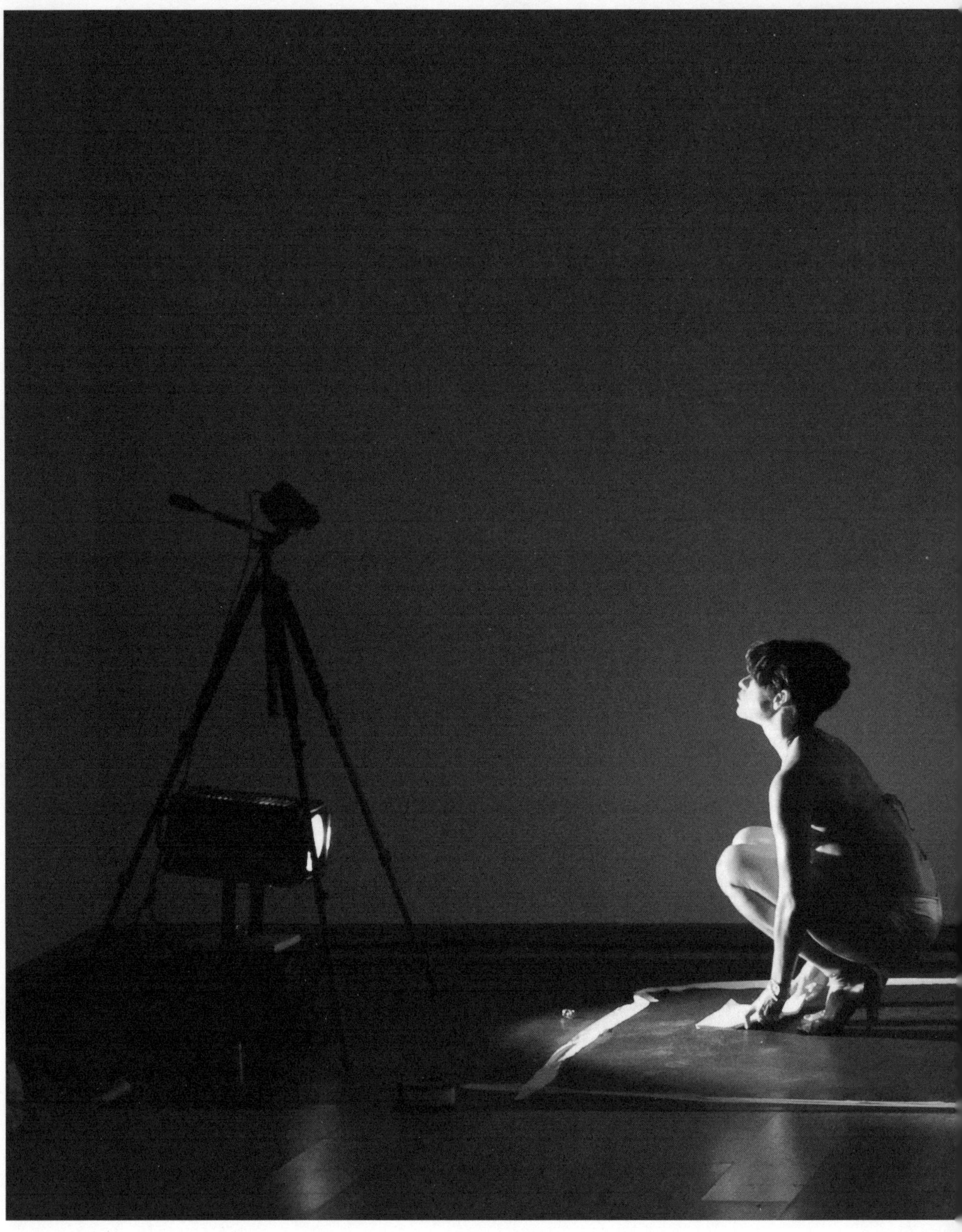

Gold, Danae Festival, Milan, 2010.
Photo: © Lucia Puricelli

playback a una delicata interpretazione acustica di una canzone rebetiko.

La performance *From A to B via C* (2014) termina su una nota simile. Il lavoro ruota attorno al dipinto *Venere e Cupido* di Diego Velázquez (1599-1600), ricostruito come *tableau vivant*: qui Bachzetsis appare su uno schermo televisivo sorretto da una performer (nuda) che siede accanto a un performer uomo disteso sul pavimento con addosso una tuta che riproduce l'anatomia muscolare. Dall'"immagine-specchio" al centro della performance, si passa a un saggio di danza classica, un tutorial YouTube su come ottenere il corpo di un perfetto ballerino e una scena sensuale dove i corpi di tutti e tre i performer si intrecciano in quella che potrebbe essere descritta come una coreografia "tentacolare". Il linguaggio entra in gioco all'inizio e alla fine di *From A to B via C*: nell'attacco, i performer leggono ad alta voce in un ritmo sempre più convulso precise descrizioni di esercizi, drammatizzate dal gesto di gettare fotocopie mentre le parole vengono proferite, concludendo poi con una sdolcinata interpretazione di canzoni pop sentimentali, come *Killing me Softly* di Roberta Flack e *Don't Speak* dei No Doubt, cantate e contemporaneamente illustrate con il linguaggio dei segni. Mentre a definire *From A to B via C* è la fusione di linguaggio e corporeità, in *PRIVATE* il linguaggio è prima esternalizzato come coreografia attraverso i movimenti zeibekiko iniziali (che inevitabilmente rimandano ai drammatici testi della musica rebetiko), per poi manifestarsi pienamente come testo cantato dalla stessa Bachzetsis.

In *Gold* la battuta finale è espressa soprattutto per mezzo del linguaggio. Bachzetsis esegue una coreografia "twerk-and-shake" di fronte a una videocamera che sta registrando in tempo reale; a intervalli regolari, afferra da una pila un foglio di carta e lo accartoccia. A metà performance, Bachzetsis spegne la videocamera e nella stanza viene proiettata un'immagine della coreografia appena eseguita. Ora, però, i movimenti dell'artista si accompagnano alle note di *Work It!* di Missy Elliott e di *My Neck, My Back (Lick It)* di Khia. I fogli di carta adagiati su pile rivelano sullo schermo le scritte in essi contenute, ovvero i testi delle canzoni della colonna sonora. In questo caso, movimento, musica e linguaggio confluiscono l'uno nell'altro, ma solo se visti attraverso la lente della videocamera e se proiettati su uno schermo, riproducendo così il piacere visivo provocato dalle immagini mediatiche, il cui solo scopo è quello di farci desiderare, bramare e dunque comprare.

instructions, dramatized by the gesture of throwing photocopies as the words are uttered, and at the conclusion, a soft-sung rendition of affective pop songs including Roberta Flack's *Killing me Softly* and No Doubt's *Don't Speak*, simultaneously sung and enunciated as sign language by the performers. Whereas *From A to B via C* is encapsulated by the conflation of embodiment and language, in *PRIVATE* language is first externalized as choreography through the initial Zeibekiko gestures—inevitably linked to the dramatic lyrics of Rebetiko music—and then fully materializes as text that is sung by Bachzetsis.

In comparison, *Gold* delivers its punch line mainly through language. The live twerk-and-shake choreography is performed in front of a recording video camera and intermittently Bachzetsis grabs a piece of paper from a pile and crumbles it. In the middle of the performance, Bachzetsis turns off the camera and a projected image of the performance that just occurred is screened in the room. However, the movement of Bachzetsis's body is now accompanied by the beats of Missy Elliott's *Work It!* and Khia's *My Neck, My Back (Lick It)*. The pieces of paper, lying around in piles around the space, are revealed as having on them the lyrics of the songs being played. In this instance, movement, music and language become congruous, but only seen through the lens of the camera and projected on a screen, drawing out the visual pleasure that media images inspire with the aim to make us desire, crave, and buy.

The complex interplay between language, the body and how both are delivered through media, returns in *The Stages of Staging*. In this work, the cast's "personal confessions," are actually lyrics to pop songs—much of the language articulated by the cast of performers also returns in written form, as improvised autocues. Although the words spoken are intimate, and sometimes fragile, the speech by the performers is filmed and screened simultaneously in the multi-angular landscape of the work, giving the language an artificial and rehearsed quality only redeemed by the physical and choreographic outbursts that precede or follow from it.

Perhaps the body is to be salvaged from all the forces wanting to control it. Whether the constant flow of images producing commodification, violence, and artificial desire

La complessa interazione tra corpo e linguaggio, e il modo in cui entrambi vengono rappresentati dai media, torna in *The Stages of Staging*. In questo lavoro, le "confessioni personali" dei performer non sono altro, in realtà, che parole tratte da canzoni pop; gran parte del linguaggio articolato dai ballerini, inoltre, ritorna anche in forma scritta, come gobbi improvvisati sul palcoscenico. Sebbene le parole pronunciate siano spesso intime e personali, a volte delicate, i discorsi dei performer sono filmati e proiettati simultaneamente nell'ambiente poliedrico della performance, dando così al linguaggio una qualità artificiale, da testo provato e riprovato, riscattata soltanto dagli scatti fisici e coreografici che lo seguono o lo precedono.

Il corpo, forse, va messo al riparo da tutte le forze che desiderano controllarlo: che sia il flusso costante di immagini capace di innescare meccanismi di mercificazione, violenza e desiderio artificiale, o un certo tipo di linguaggio pervasivo, che costringe il corpo entro determinate definizioni e categorie. Attraverso un lavoro sviluppato nell'arco di oltre due decenni, Bachzetsis ha creato un vasto paesaggio i cui svariati elementi ritraggono nel loro insieme il tessuto della cultura mediatica contemporanea. Adottando specifiche strategie per trattare tali riferimenti – appropriazione, *pastiche*, ironia, ripetizione, gesti quotidiani, critica dello spettacolo, teoria queer e femminista, e così via – l'artista costruisce un ibrido di storie dell'arte, della coreografia e della performance della seconda metà del XX secolo. Ma c'è sempre una costante nel suo lavoro: una dedizione all'idea di corpo come luogo di conflitto, dove i nostri desideri, e quelli che proiettiamo su di esso, entrano in collisione gli uni con gli altri. Bachzetsis prepara e mette in scena una crisi, un crollo continui: ed è precisamente qui, nello spazio dove caduta e fallimento offrono una liberazione, che noi siamo in grado di osservare cosa i nostri corpi possono diventare.

or pervasive language, forcing the body to define itself. In an œuvre that spans almost two decades, Bachzetsis has created a vast landscape of elements that together shape the fabric of contemporary culture and mass media. She employs specific strategies to approach such references—appropriation, pastiche, irony, repetition, every-day movement, critique of spectacle, feminist and queer theory, and so forth—building on the hybrid histories of art, choreography and performance in the second half of the twentieth century. Yet one element is constant: a commitment to the body as a site of conflict, where our own desires and those projected on it collide. Bachzetsis sets the stage for a continuous collapse, and it is precisely here, in the space where failure and breakdown offer liberation, that we see what our bodies can become.

Nota: L'autore ringrazia Mary Coyne per la sua attenta e precisa revisione.
Note: The author would like to thank Mary Coyne for her precise and thoughtful editing.

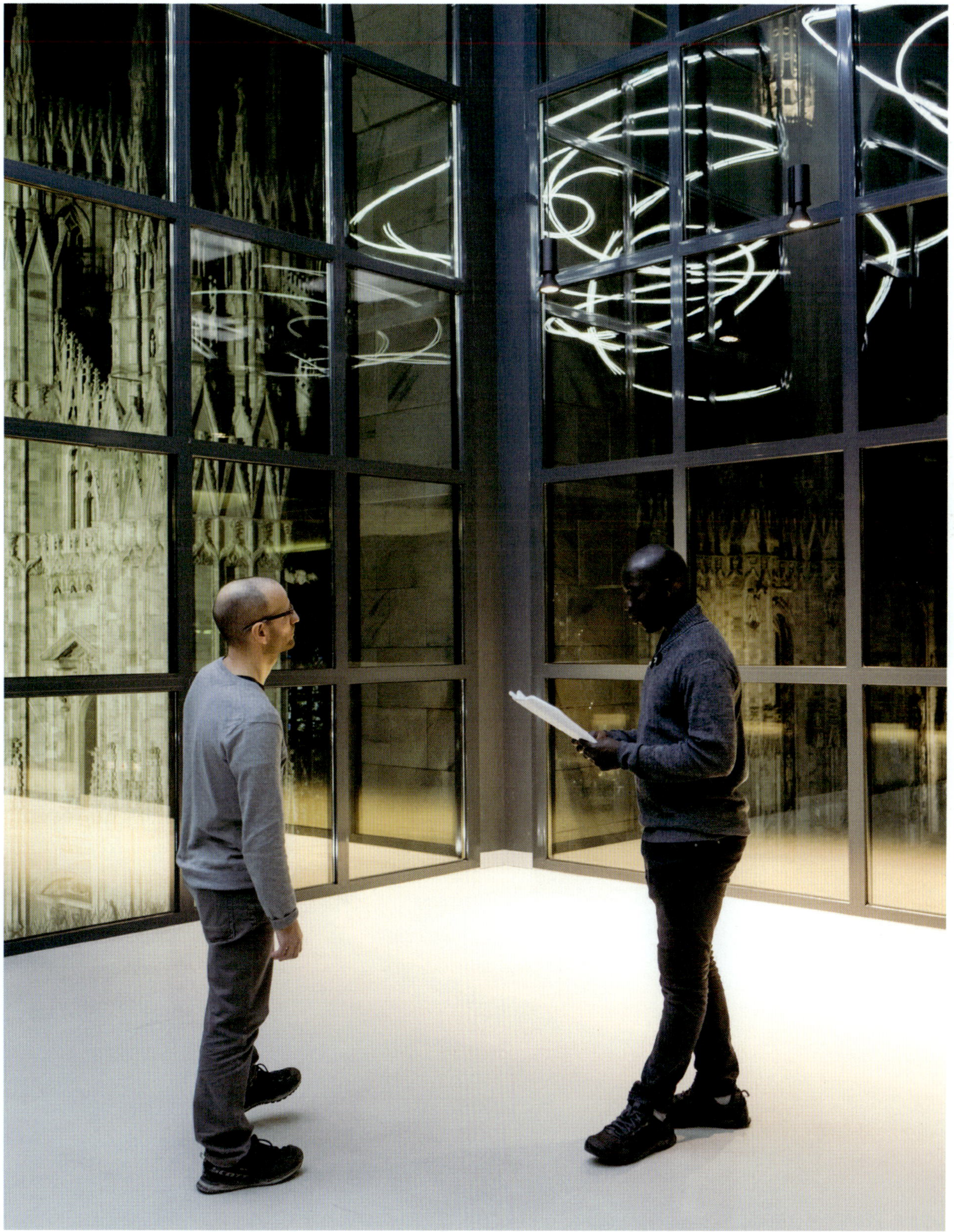

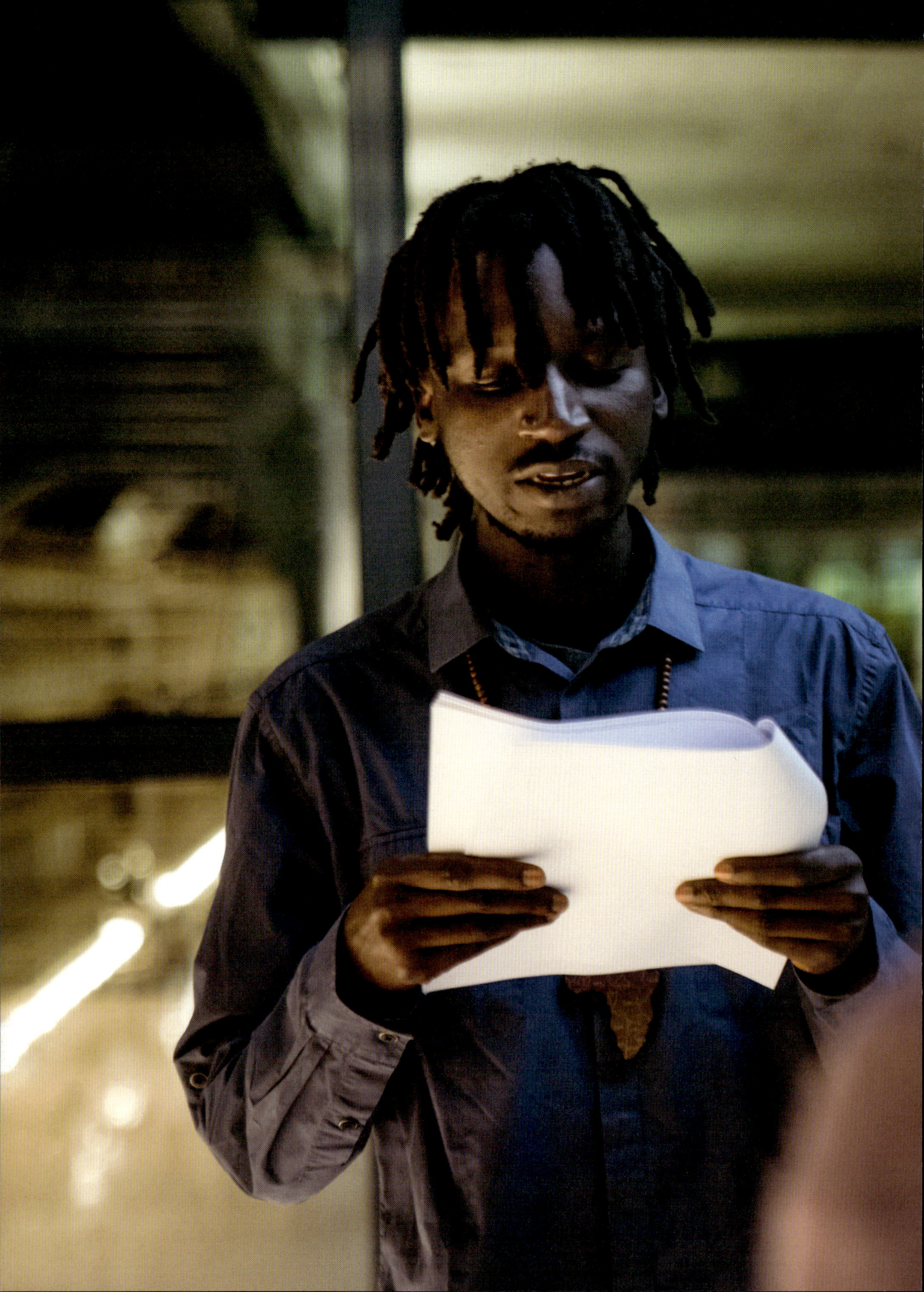

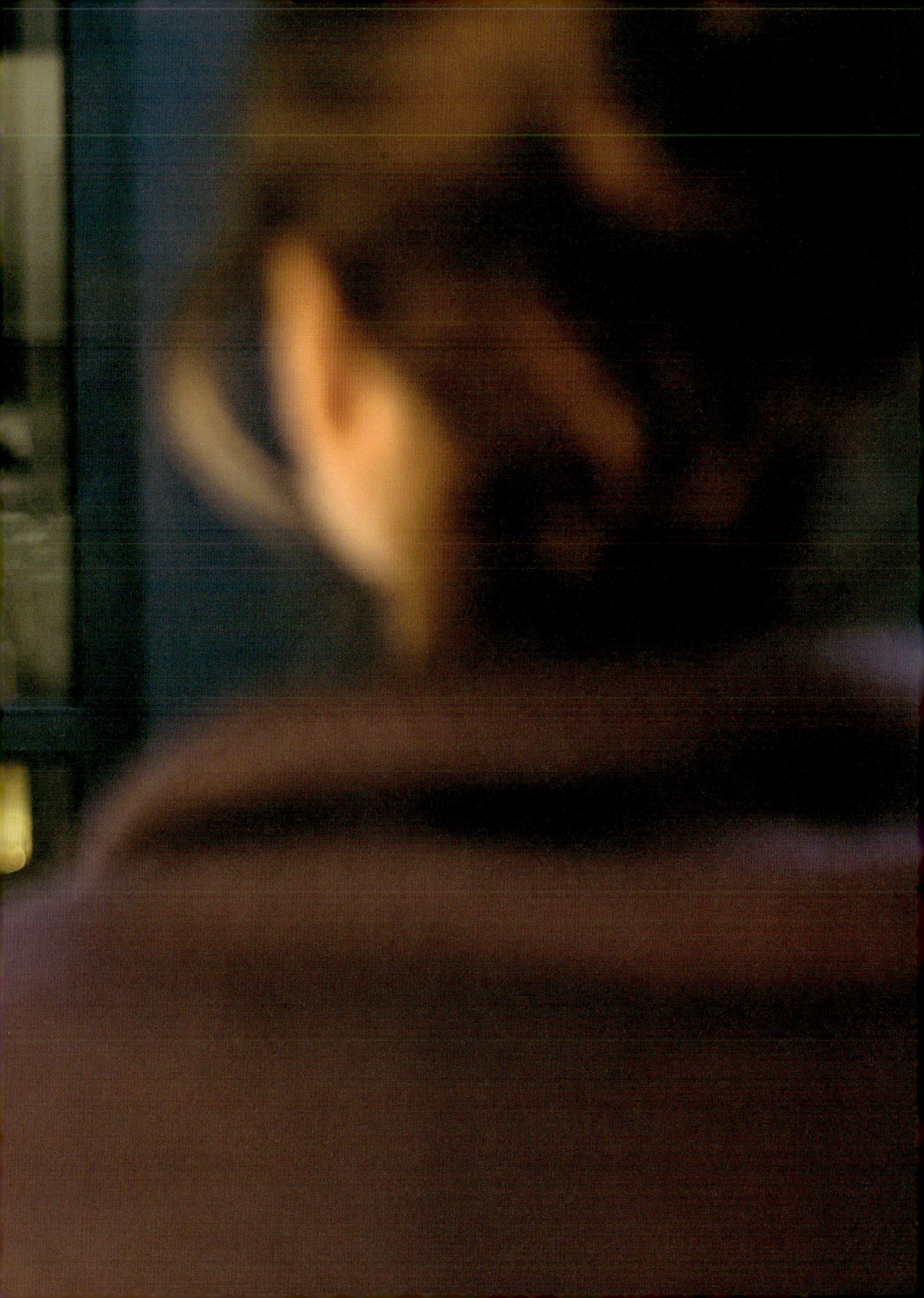

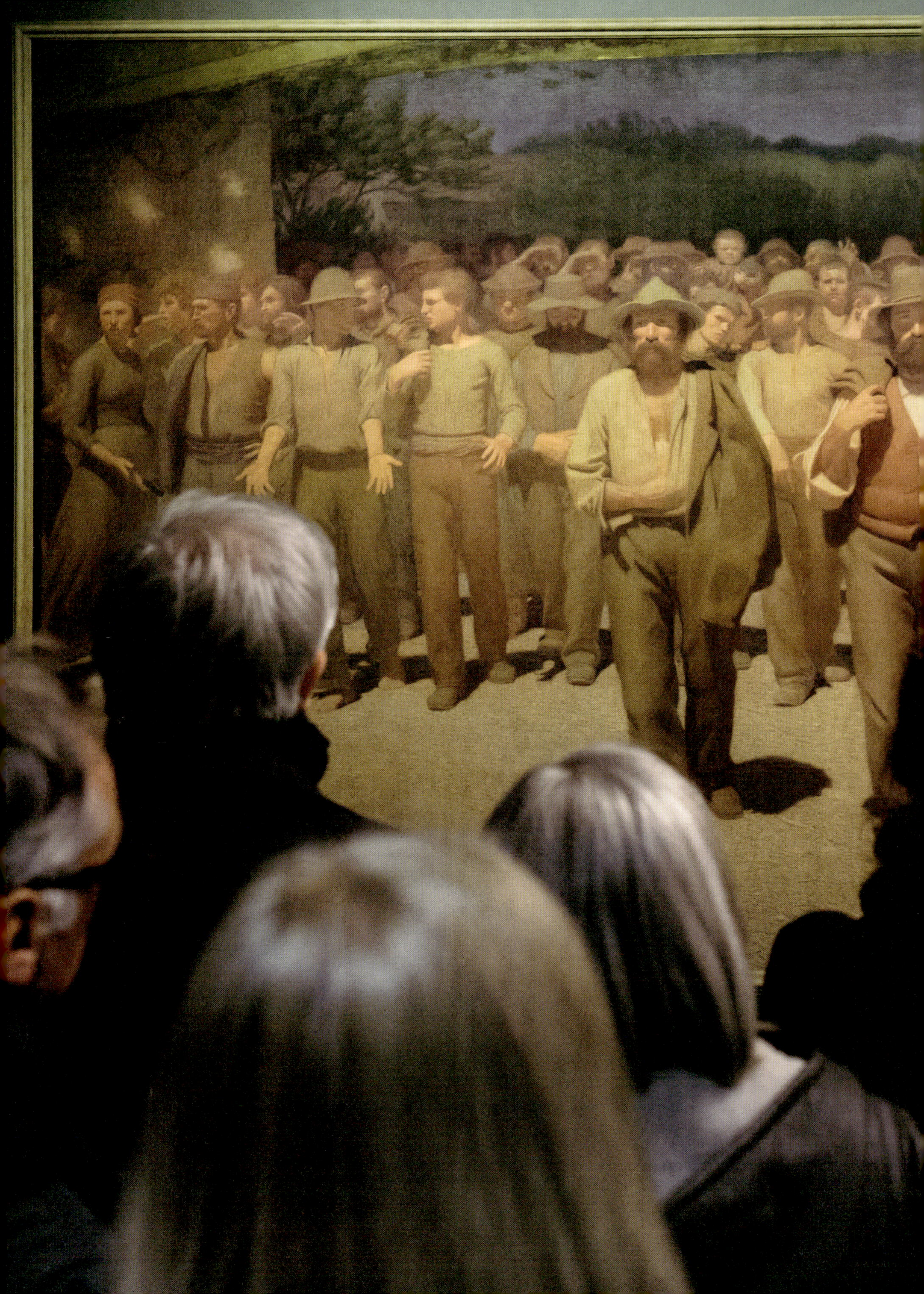

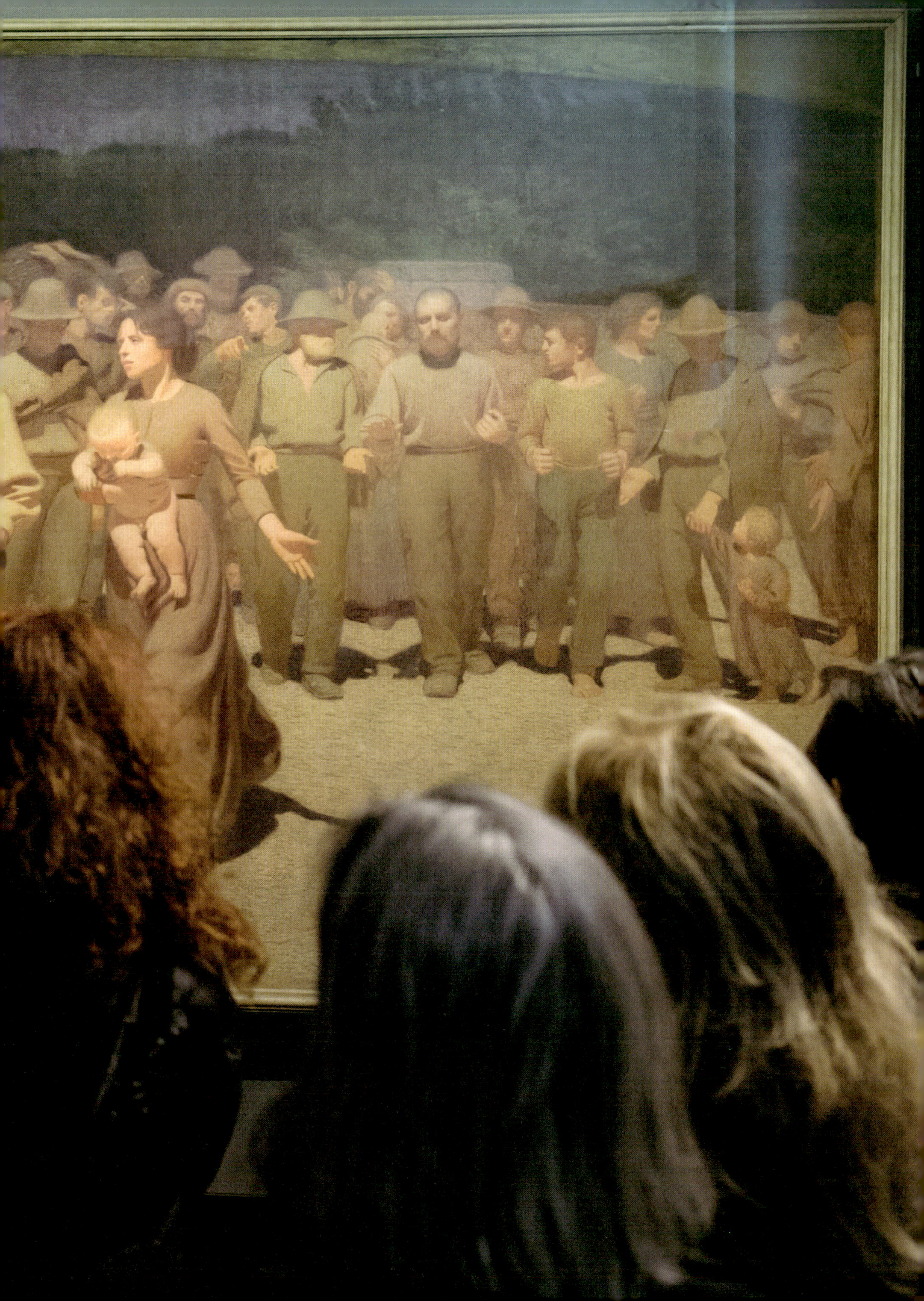

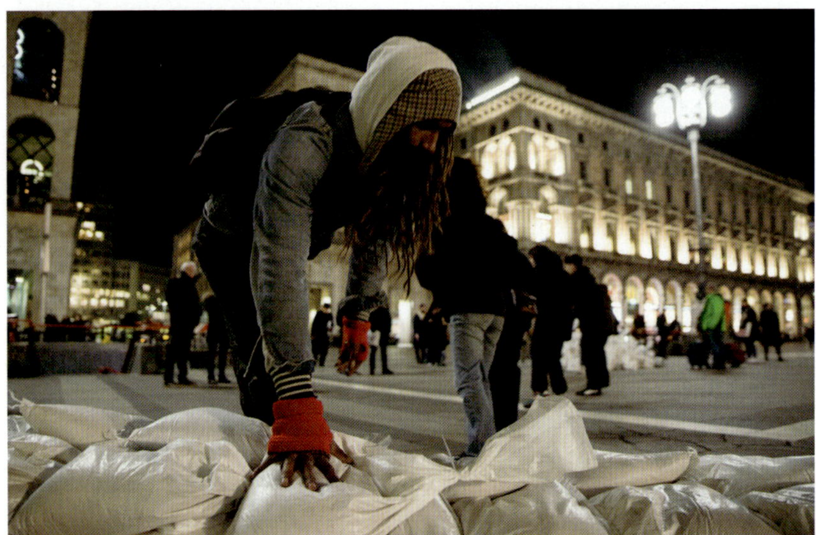

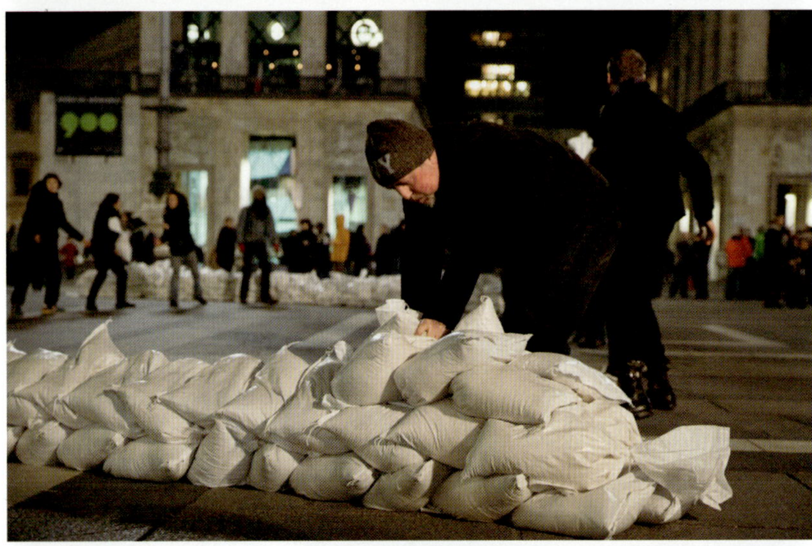

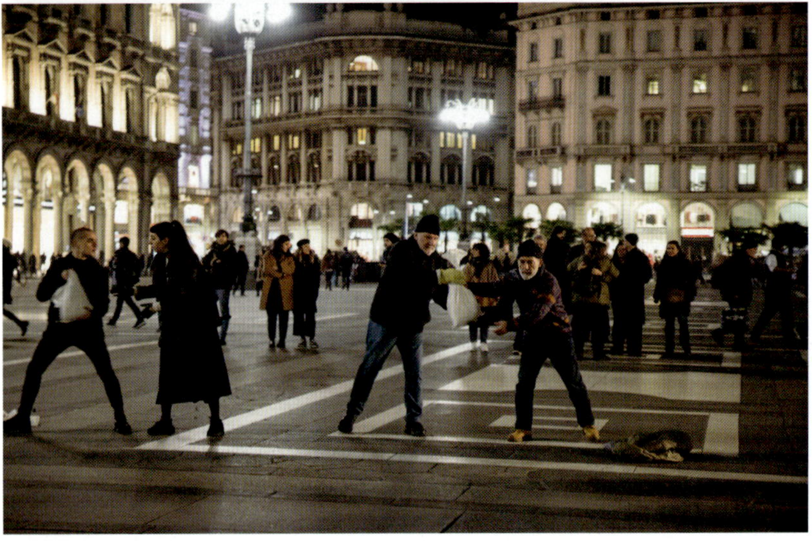

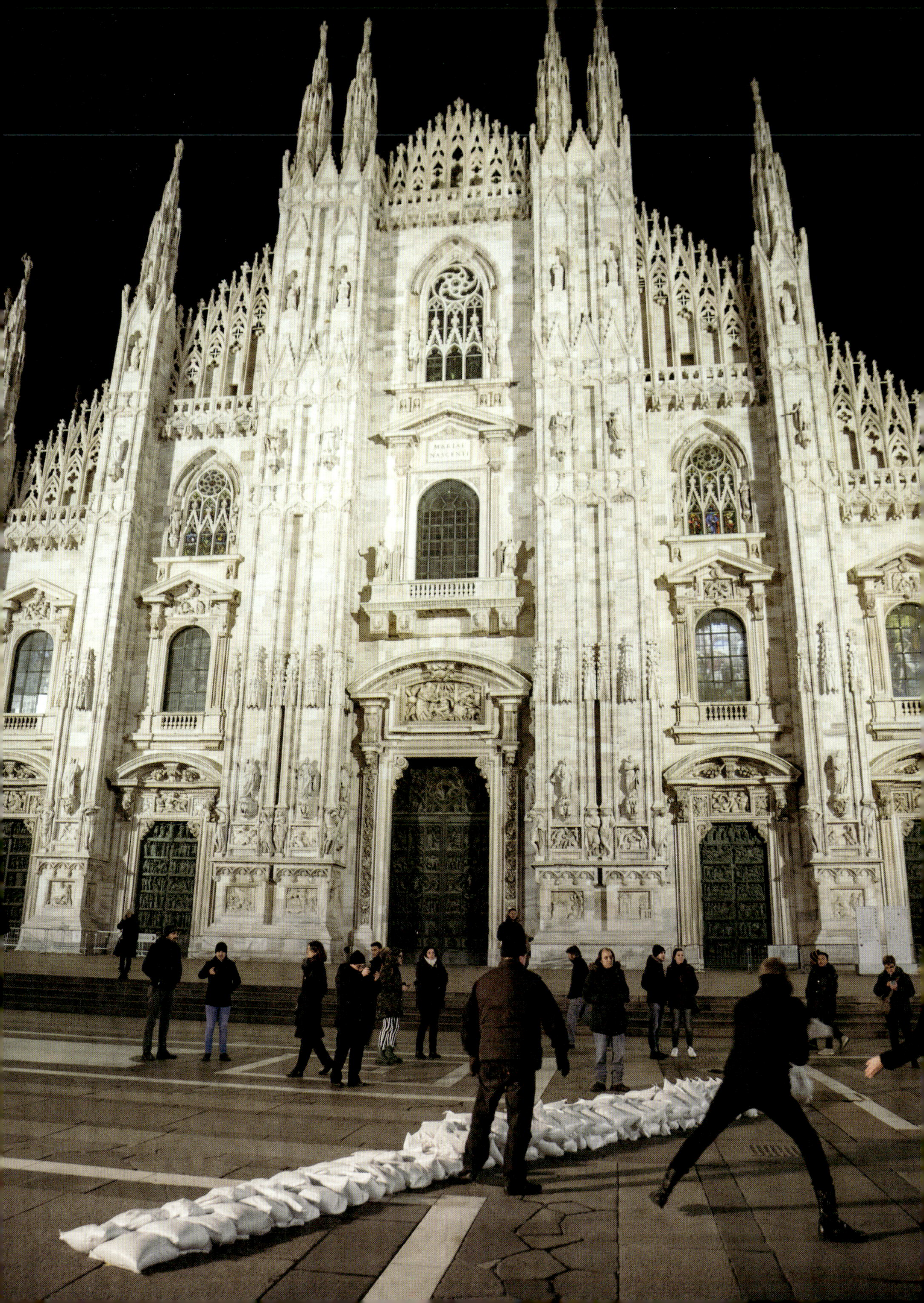

MARIAE
NASCENTI

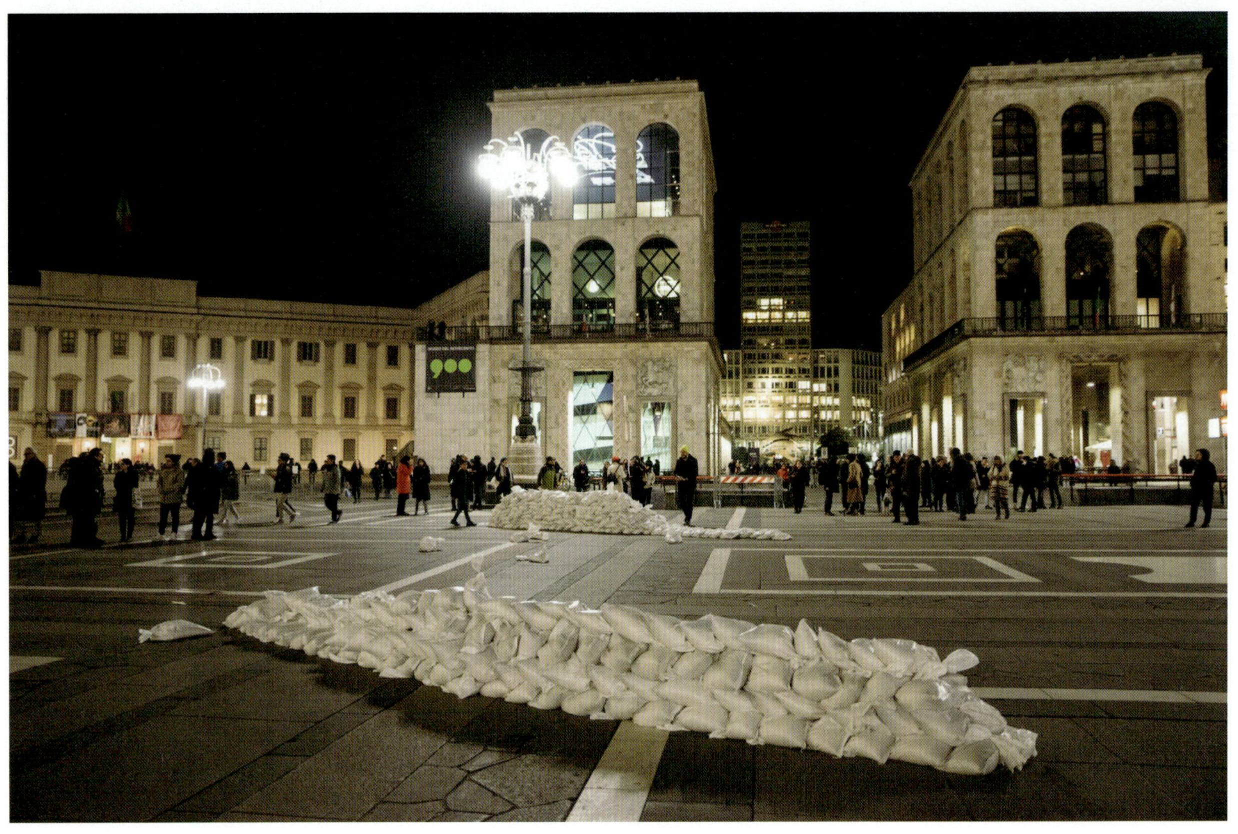

Adelita Husni-Bey
Frangente/Breaker

P. 65–67
Sull'Esilio, 2018

P. 68–69
Cementarmato, 2018

P. 70–72
Azione per una Catena Umana, 2011

Performed at Museo del Novecento, Sala Fontana, and Piazza Duomo, Milan
January 17–18, 2018

Photo: © Masiar Pasquali

Frangente/Breaker, titolo complessivo di una performance in tre atti di Adelita Husni-Bey, ha avuto luogo al Museo del Novecento il 18 e il 19 gennaio del 2018. Nel primo atto, *Cementarmato* (2018), Husni-Bey ha riunito i visitatori per formare un coro, ispirandosi a un esercizio di riscaldamento tratto dal Teatro dell'Oppresso di Augusto Boal, di cui il regista teatrale si serviva per stimolare nell'attore la capacità di osservare e ascoltare. Di fronte a opere come *Cementarmato* (1960) di Giuseppe Uncini, che consiste in una lastra di cemento armato, e *Il Quarto Stato* (1898-1902) di Giuseppe Pellizza da Volpedo – un dipinto raffigurante una folla di lavoratori in sciopero che si muovono verso lo spettatore –, nella performance di Husni-Bey si chiedeva ai visitatori di osservare in silenzio, chiudere gli occhi e poi descrivere quello che avevano visto. E così, dato che ogni partecipante parlava simultaneamente generando una polifonia di prospettive diverse sullo stesso lavoro, si formava un coro. Nel secondo atto, *Sull'Esilio* (2018), i visitatori venivano accompagnati in Sala Fontana dove tre coppie si muovevano lentamente nello spazio, ciascuna composta da una persona recentemente migrata in Italia che leggeva una selezione di testi attorno al tema dell'esilio e da un interlocutore italiano madrelingua che la correggeva e supportava nella lettura. L'atto finale, *Azione per una Catena Umana* (2011), visibile dalla Sala Fontana, ha avuto luogo in Piazza Duomo. Otto persone si sono raccolte rapidamente nella piazza per formare una catena umana, e passandosi dei sacchi di sabbia hanno eretto una barricata. A costruzione quasi completata, un secondo gruppo ha gradualmente cominciato a smantellare la barricata per costruirne una nuova a breve distanza, innescando così un processo circolare, in cui un gruppo rubava all'altro fino allo sfinimento.

HELGA CHRISTOFFERSEN: In *Frangente/Breaker* hai costruito varie relazioni tra individui e/o gruppi all'interno di situazioni che implicavano un vero e proprio confine vissuto o costruito e mettevano i visitatori e i partecipanti della performance a confronto con un'esperienza sia di collettività sia di alterità. Se si pensa a questi tre lavori come a una totalità, io credo che offrano un modello performativo su cui, per tipologia di approccio e interessi, si fonda tutta la tua pratica. Mi chiedo per quali ragioni tu abbia riunito insieme queste tre singole azioni sotto uno stesso titolo.

ADELITA HUSNI-BEY: Trovo il confronto con ciò che è diverso incredibilmente produttivo;

Frangente/Breaker is the collective title of a three-act performance by Adelita Husni-Bey that took place at the Museo del Novecento on January 18 and 19, 2018. In the first act, *Cementarmato* (2018), Husni-Bey brought visitors together as a choir, based on a warm up exercise from Augusto Boal's Theater of the Oppressed that he used to stimulate actors' capacity to observe and listen. Faced with works such as Giuseppe Uncini's *Cementarmato* (1960), a slab of reinforced concrete, and Giuseppe Pellizza da Volpedo's *Il Quarto Stato* (1898–1902), a painting depicting a crowd of striking workers moving towards the viewer, visitors in Husni-Bey's work were asked to observe in silence, close their eyes and then describe what they had seen. Speaking at once as a polyphony of perspectives on the same work, a choir formed. In the second act, *Sull'Esilio* (2018), visitors were led into the Sala Fontana where three couples slowly moved around the space. Each couple was composed of a recently migrated person who read out a selection of texts on the subject of exile, and a mother tongue interlocutor who corrected and assisted their partner's efforts. The final act, *Azione per una Catena Umana* (2011), visible from the exhibition space housing act two, took place on the central square in front of the Duomo in Milan. Directly engaging the public, a flash mob of eight people formed a human chain passing sandbags down the line to make a barricade at the end. Nearing completion, a second group approached and started gradually dismantling the barricade in order to build their own close by. Once the original barricade was depleted and a new one built, the two groups entered a circular exchange, stealing from each other until the point of exhaustion.

HELGA CHRISTOFFERSEN: In *Frangente/Breaker* you set up different relationships between individuals and/or groups in situations that involve an actual lived or constructed border, and confront visitors and performance participants with experiences of both collectivity and otherness. Thinking about these three works as a whole, they offer a performative model for interests and approaches that I think very much underpins your practice as a whole. I wonder about your motivation for bringing these three individual actions together under one title.

ADELITA HUSNI-BEY: Confrontation with otherness is hugely productive, it is really the space where we get to look at ourselves the closest.

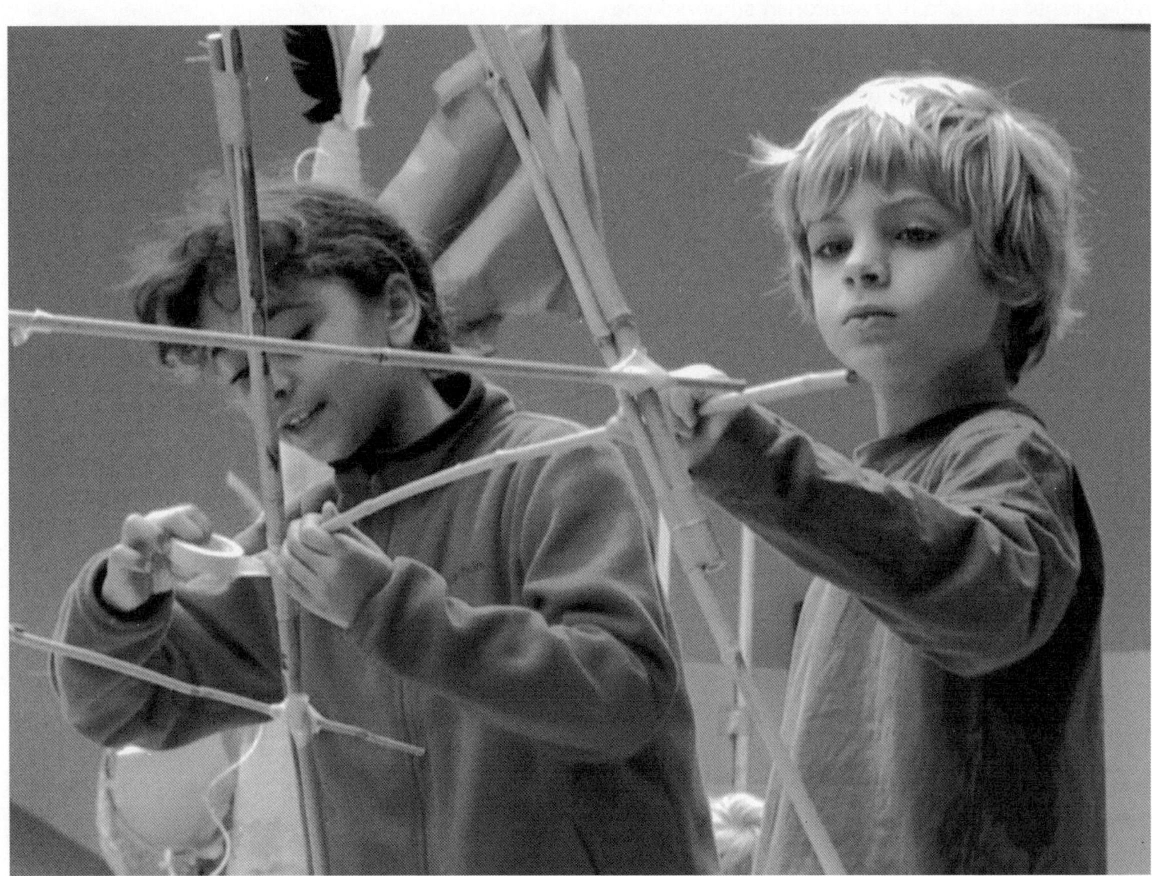

Postcards from the desert island, 2011, film still.
Courtesy the artist and Laveronica arte contemporanea, Modica

sento sia un luogo dal quale si possa osservare noi stessi più da vicino. Ma credo anche che lo spazio espositivo spesso attivi e rappresenti una tipologia di confronto prudente, attenuata. È un confronto che è già stato sottoposto a una "prova": quello che ho voluto fare è testarne nuovamente i limiti. A dimostrarlo è la decisione di collocare uno degli atti della performance in uno spazio pubblico. È questo vacillare oltre le frontiere, le barriere, oltre ciò che è visibile e ciò che non lo è a renderci consapevoli di ciò che è altro da noi, proprio come è accaduto nel terzo atto, quando una persona del pubblico si è precipitata verso la catena umana per cercare di unirsi ad essa. Questo ha spezzato l'aura di sicurezza, lo schermo della rappresentazione, e i performer hanno dovuto negoziare una risposta. L'allarme era davvero "reale"? In *Frangente/Breaker* non troverai una versione della diversità che possa spaventarti; forse, semmai, la performance riafferma il fatto che la cura, e la capacità di ascoltare, portano con sé un certo disagio. Cosa ne pensi di questo "addolcimento" della performance in uno spazio espositivo, in contrasto alla sua forza in uno spazio pubblico?

HC: Capisco quando dici che dividere il lavoro in tre atti era necessario per riflettere sulla nozione di altro; e questo succede grazie alla possibilità di scavalcare un confine e uscire da uno spazio la cui natura pedagogica e informativa si palesa nel fatto di guidare e mostrare ai visitatori come muoversi e agire. Neppure uno spazio pubblico, certamente, è libero da queste convenzioni. Penso piuttosto che lo spazio espositivo offra la possibilità di rinegoziare la propria relazione con altri corpi e azioni sulla base di una logica di movimenti, gesti e linguaggio leggermente diversa. A mio parere ti sei servita di questi tre atti performativi per connettere questi spazi diversi, e per guardare alle possibilità e ai limiti di questi incontri, messi in scena per interrogarsi su come la differenza sia esperita a livello corporeo. Nel tuo lavoro, spesso costruisci situazioni collettive e metti insieme persone che, per un momento, sono legate le une alle altre da un interrogativo o da una ragione comune. Eppure, allo stesso tempo, pare che tu voglia sempre assicurarti che i partecipanti siano messi a confronto anche con cose che li separano – o che almeno si ritrovino in una situazione in cui possano mettere in questione la loro posizione. Da qualche parte all'interno di questa dinamica di confronto colloco il tuo interesse nel potere di una voce collettiva. Forse il primo atto rappresenta un buon esempio?

Yet I feel the exhibition space is often one that displays a safe, muted version of confrontation. It's a rehearsed confrontation, and I wanted to test the limits of that rehearsal. Situating one of the acts of the performance in public space spoke to this. It's the teetering over frontiers, over barriers, visible and not so visible, that makes us aware of otherness, like the moment when a member of the public ran towards the human chain in the third act and tried to join in. That ruptured the safety, the screen of representation, and the performers had to negotiate an answer— was the alarm actually "real"? In *Frangente/Breaker* you will not find a version of otherness that can scare you here, but maybe a reaffirmation of the fact that care, and the capacity to listen come with unease. How do you think about the mutedness of performance in an exhibition context versus its force in the public space?

HC: I understand that breaking the work up in three acts was necessary in order to actually think about otherness in that potential of stepping over a boundary, and moving outside a space that is coded with a certain pedagogical and instructional nature of guiding and showing visitors how to move and act. Of course public space is not freed from those conventions either, but I do think that the space of the exhibition offers a possibility to renegotiate one's own relationship to other bodies and actions with one's attention focused according to a slightly different logic of movement, gesture, and language. As I see it, you were using these three performative acts to connect these different spaces and look at the ability and limitation of staged encounters to question how otherness is experienced on the level of your own body. In your work you often set up collective situations, and bring people together who, for a moment, are bound by a common question or cause. Yet simultaneously it seems you always make sure that participants are confronted with the things that sets them apart as well—or at least are put in a situation where they might question their own position. And somewhere in that confrontation I locate your interest in the power of a collective voice. Maybe act one is a good example?

AH-B: Act one involved the audience in the performative action directly. The action of joining an unintentional and unplanned choir with strangers, is both startling, embarrassing and uncomfortable but also a close image of how we negotiate existing nearby and with each other every day; in the sense that this unease, this

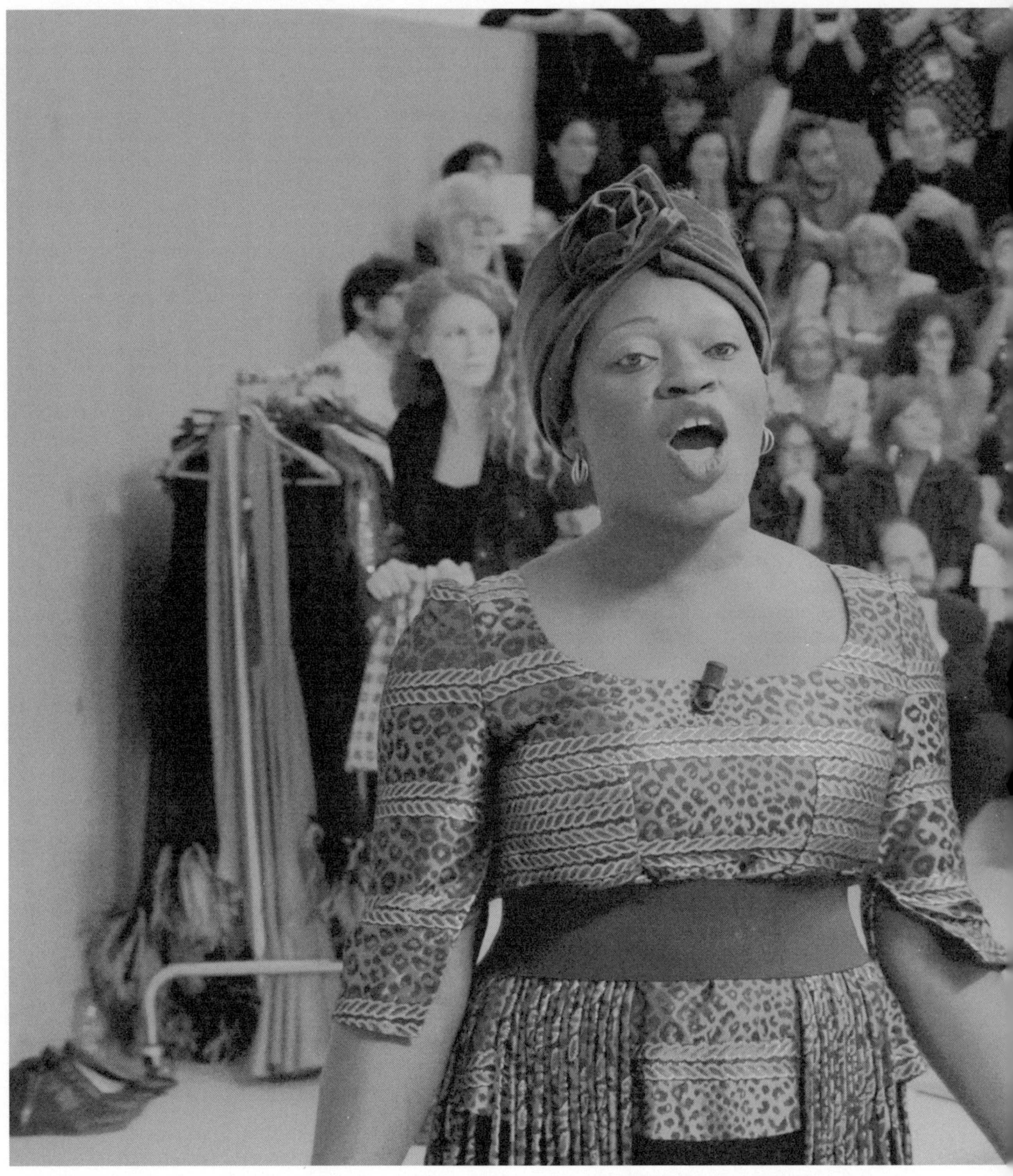

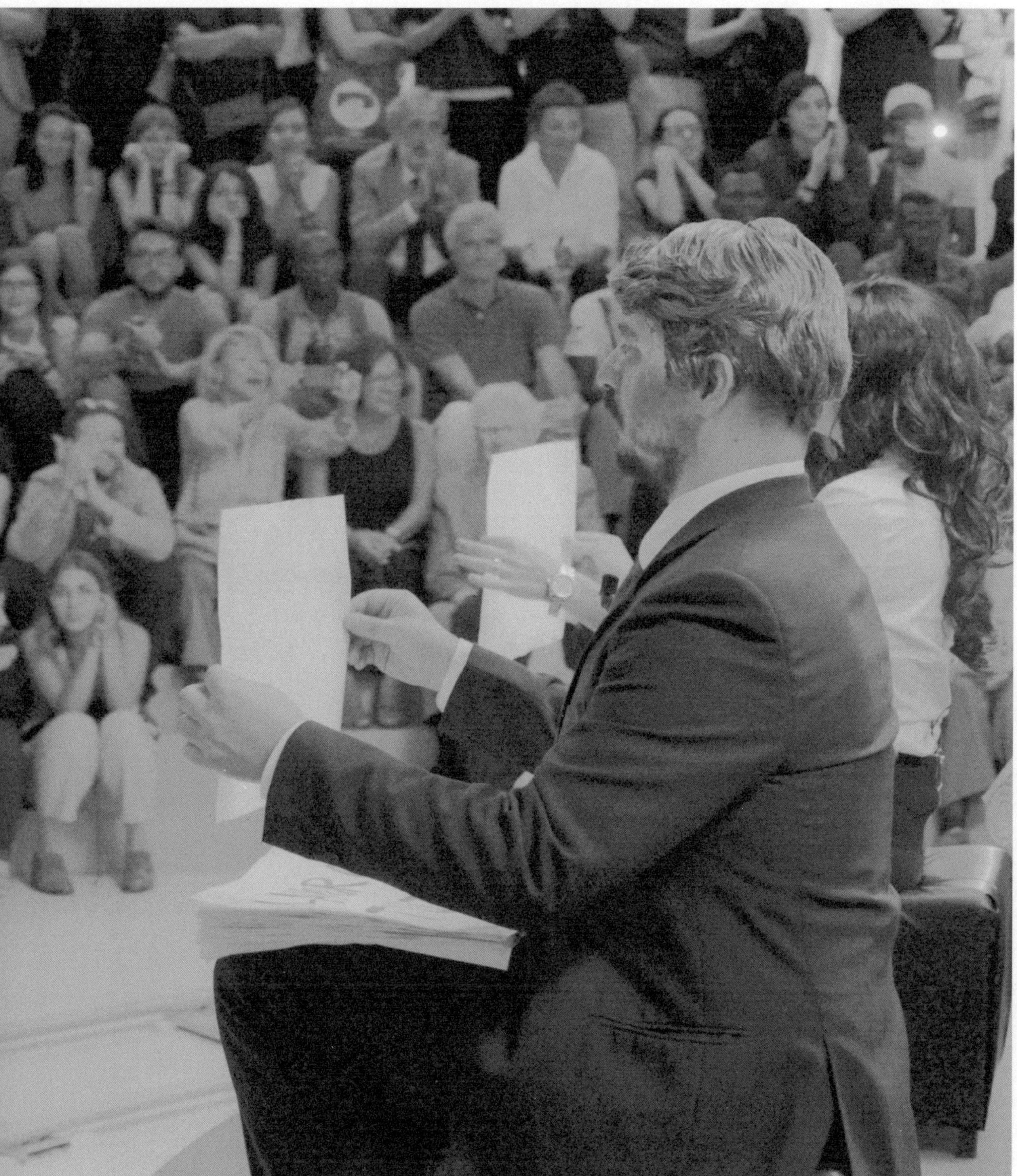

La Luna in Folle, film still, live performance on rotating stage, MAXXI, Rome, 2016. Courtesy the artist and Laveronica arte contemporanea, Modica

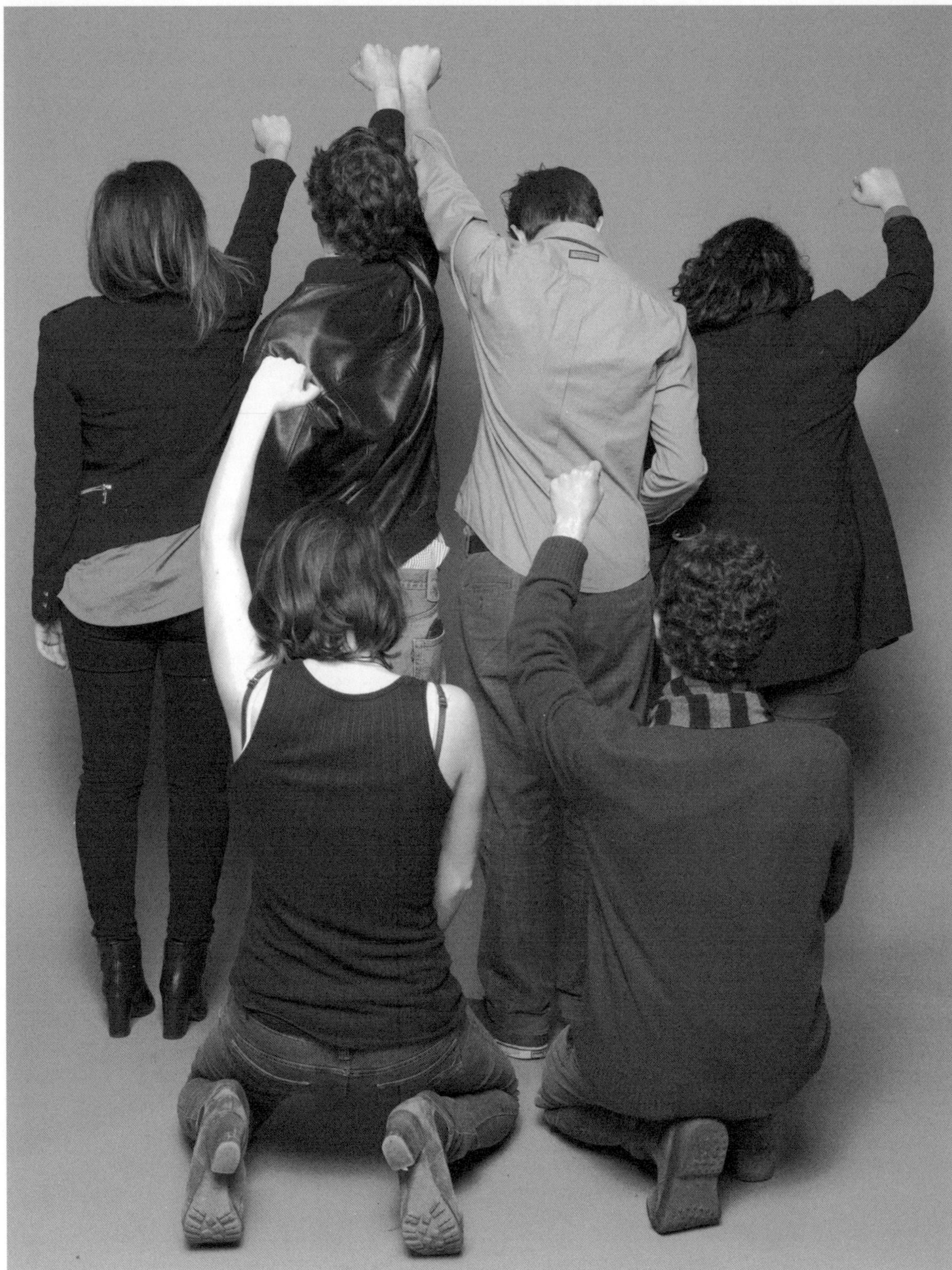

Attivisti dalla serie Agency – giochi di potere, 2014, C-print, 110 × 147 cm.
Courtesy the artist and Laveronica arte contemporanea, Modica

AH-B: Il primo atto coinvolgeva il pubblico direttamente nell'azione performativa. Il fatto di unirsi a un coro involontario e non pianificato insieme a degli sconosciuti, da un lato provoca spavento, imbarazzo, disagio, dall'altro genera un'immagine intima che rispecchia come negoziamo la nostra esistenza con chi ci è vicino, gli uni con gli altri, quotidianamente. Nel senso che questo disagio, generato dall'incontro con l'altro, per quanto oggettivamente prudente e attenuato [nello spazio della performance], resta sempre un luogo di "intrecci", dove si è pelle a pelle, stretti ad altri individui, ma senza interpellarli direttamente, senza "parlare *con* loro", semmai "parlando *insieme* a loro", proprio come in un coro. Da tempo mi interessa l'aspetto aptico della pedagogia (l'uso della voce e del movimento) come modalità per superare l'interazione verbale diretta: il primo atto è stato un tentativo di mettere questo in pratica. L'apprendimento avviene proprio nel momento in cui realizzi, ad occhi chiusi, che anche se tutti osservano lo stesso oggetto, qualcuno può avere pensieri completamente differenti dall'altro. Quando il coro diventa una polifonia di voci e prospettive, ti accorgi che il coro è ovunque e onnipresente. A costruire una realtà condivisa è sempre la polifonia di prospettive private, e ciò avviene silenziosamente senza che essa venga mai sentita all'unisono, ad alta voce. Volevo comprendere come il corpo apprenda diversamente quando non si serve dello strumento del linguaggio, e anche come ascoltare l'altro pronunciare la sua verità – mentre stai esprimendo la tua – possa alterare radicalmente la nostra percezione.

HC: Credo che la questione dell'appartenenza emerga in diversi tuoi lavori – l'accesso, lo sforzo o la soglia che l'appartenenza produce, così come il rischio di non-appartenere e il reale confronto con questa possibilità. Mi domando che ruolo giochi per te il potere esercitato da qualcuno su un altro, per ragioni di conoscenza, privilegio, lingua o cultura, tutti elementi presenti nel secondo atto, e come tu coinvolga direttamente gli spettatori in tali dinamiche di potere.

AH-B: Il secondo atto ha avuto luogo in una celebre stanza del Museo del Novecento chiamata Sala Fontana, dall'artista italiano Lucio Fontana cui è dedicata. Le finestre della sala, che vanno dal pavimento al soffitto, si affacciano su quell'enorme edificio gotico che è il Duomo – ci sono voluti seicento anni per costruirlo. È molto austero, triste e appuntito, un oggetto colossale che simboleggia il potere e la ricchezza, mistificata e manifesta. Il secondo atto gioca proprio con tale contesto. Il visitatore assiste a un gesto di

encounter with otherness, however objectively safe and muted, is still a place of "tangles," where you feel up against someone else's skin without ever really "speaking *to*," but instead "speaking *with*"—just like a choir. I've been interested in the haptics of pedagogy (the use of voice and movement) for a while now as a way to step out of direct verbal interaction and act one was an attempt at putting this work into practice. The learning really comes from the moment you close your eyes and realize that even though you've been staring at exactly the same object, someone next to you can think such wildly different thoughts about it. When the choir becomes a polyphony of voices and perspectives, you realize it is ubiquitous. It is the private polyphony of perspectives that always silently constructs a shared reality, but is never heard in unison, aloud. I wanted to understand how the body learns differently when it doesn't use the tool of speech, but also how listening to the other speak their truth—while speaking your own—alters your perception radically.

HC: The question of belonging comes up in several of your works—the access, effort or threshold that belonging sets up, as well as the risk of non-belonging and the very real confrontation with that potential. I wonder what role the power that someone has over another plays for you, either because of knowledge, privilege, language or culture, which are all elements that are very present in act two. And also how you directly implicate viewers in such power dynamics.

AH-B: Act two took place in a famous room in the Museo del Novecento called Sala Fontana, after the Italian artist Lucio Fontana. Its floor to ceiling windows are directly in front of the Duomo, which is this huge gothic thing—it took something like six hundred years to build. It's very austere, grey and spiky, it is a mammoth object of power, of wealth, stealth and whiteness. So act two really plays with that context. You stand witness to the act of someone being "corrected," that correction, akin to what you might immediately perceive as an act of integration, is about the differential agency and power those positions leave you with: the one who corrects and the other who stands corrected. It can be uncomfortable to watch. It's about the use/misuse, some of the softness of belonging. So in some senses, you, the viewer, are being spoken to, as someone who is asked if they belong in one camp—the mother tongue—or the non-mother tongue—or maybe somewhere between. How do you question your

"correzione", e questa correzione, che si potrebbe percepire come un atto di integrazione, rimanda all'azione e alla posizione di potere rappresentate da chi corregge e da colui che viene corretto. Guardare la scena può provocare disagio. L'atto ha a che fare con le idee di uso e abuso di quel potere, e con una certa fluidità della nozione di appartenenza. In un certo senso tu, spettatore, vieni interpellato, come se qualcuno ti chiedesse se appartieni a un gruppo – quello dei madrelingua – o all'altro – i non-madrelingua – o se ti collochi da qualche parte in una posizione di mezzo. In che modo metti in discussione la tua identità e la relazione con la lingua madre?
Adrian Piper ha scritto un passo meraviglioso su questo in un saggio intitolato "Passing for White, Passing for Black"[1] (1991), in cui descrive il malessere, gli scivolamenti di identità e di appartenenza in termini di razza.
Recentemente leggevo il discorso di apertura dell'anno accademico al Bryn Mawr College di Ursula Le Guin[2] (1986), nel quale la scrittrice definisce le differenze tra lingua "madre" e lingua "padre" in termini femministi. La lingua padre è quella del discorso ufficiale, di una stanca retorica politica, mentre la lingua madre si caratterizza per una certa sensualità e proprio in opposizione a tale ufficialità. Seguendo il ragionamento dell'autrice, a me sembra che paradossalmente sia la lingua dell'altro – in questo caso la persona migrata da poco – a rappresentare la lingua madre, la lingua che sovverte il discorso ufficiale. È la lingua che distorce, simula il bisogno di imparare la lingua padre, e che la apprende per sopravvivere, anche se conosce così tante altre lingue che il padre non riesce neanche a immaginare.

HC: È interessante che tu pensi al linguaggio in questo senso, come a un campo di battaglia tra due lingue. Poiché il linguaggio è da un lato qualcosa di estremamente privato e interiore, ma ovviamente è intimamente plasmato dalla nostra realtà politica, pubblica e collettiva. Nel terzo atto, affronti il tema del conflitto e persino della violenza come risultato del confronto tra varie linee di confine, sia nel senso di negare l'accesso che nell'analisi dei modi con cui una coscienza collettiva altera le percezioni individuali del pericolo e il nostro senso di urgenza e azione.

AH-B: Nel terzo atto volevo lavorare su qualcosa che fosse fuori, allo scoperto, davanti a persone che non sapevano che questa fosse una performance. Come dicevamo prima, volevo testare questo limite. Molte persone del pubblico, in realtà, hanno iniziato a chiedere se si trattasse di

own identity and relation to the mother-tongue? Adrian Piper writes beautifully about this in an essay called "Passing for White, Passing for Black" (1991), where she describes the unease, the slippages of identity and belonging in terms of race.[1] I was recently reading novelist Ursula Le Guin's Bryn Mawr's Commencement Address in 1986,[2] where she describes the differences between the "father" and "mother" tongue in feminist terms. The father tongue is the one of official discourse, of tired political rhetoric, while the mother tongue is invested in something both libidinal and in opposition to this officiousness. It feels to me, following her reasoning, like the language of the other—in this case the recently migrated person—is in fact, paradoxically, the mother tongue, the feminine tongue, the tongue that subverts official discourse. It is the tongue that distorts, that feigns the need to learn the father-tongue, which learns the father-tongue to survive, while it knows so many other languages the father fails to even see.

HC: It's interesting how you think about language in this sense, as a battleground between two tongues. Language on the one hand being something very private and internal, but of course it is intimately shaped by our political, collective and public reality. In act three you address conflict and even violence as a result of confronting borderlines, both in the sense of denial of access, but also in the ways that a collective consciousness alters individual perceptions of danger and our sense of urgency and action.

AH-B: In act three I wanted to work towards something exposed, outside, in front of people who did not know that this was a performance. As we discussed earlier, I wanted to test that limit. Many started asking if it was a military drill. Suddenly the pile of sandbags could signify war, flood, the delivering of essential goods, and alarm. Outside the shelter of the museum, outside the muted confrontation of the art space the reactions weren't confined to a rehearsal. This is because military presence in the streets has become normalized, and otherness criminalized across much of Europe and the US—I am thinking especially about the prolonged State of Emergency in France but also the infantilizing Terror Threat Levels in the UK or Trump's Muslim ban. This climate of constant code red seemed reflected by the way passersby reacted to what was happening. The prolonged state of alert, brought about by such impositions, has, for example, led to the interruption of the *habeas*

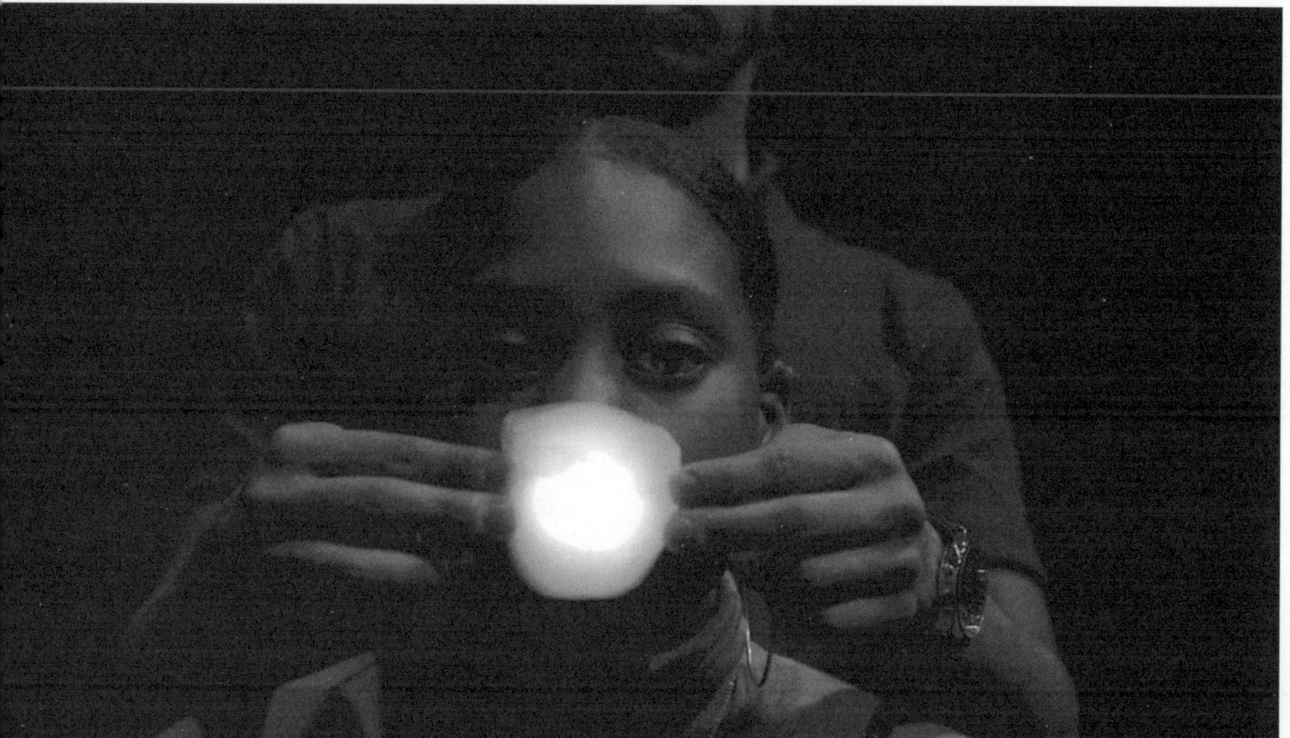

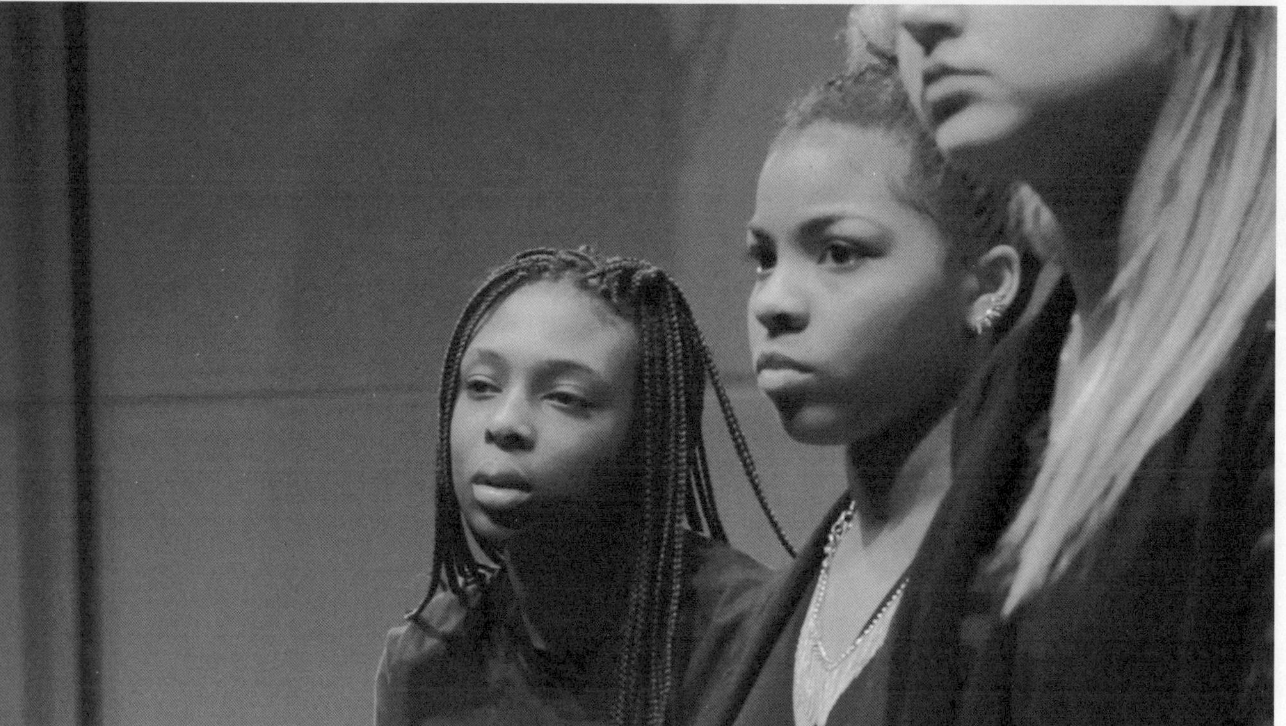

The Reading / La Seduta, 2017, film still.
2265, 2015, film still.
Courtesy the artist and Laveronica arte contemporanea, Modica

A HOUSE IS BURNING

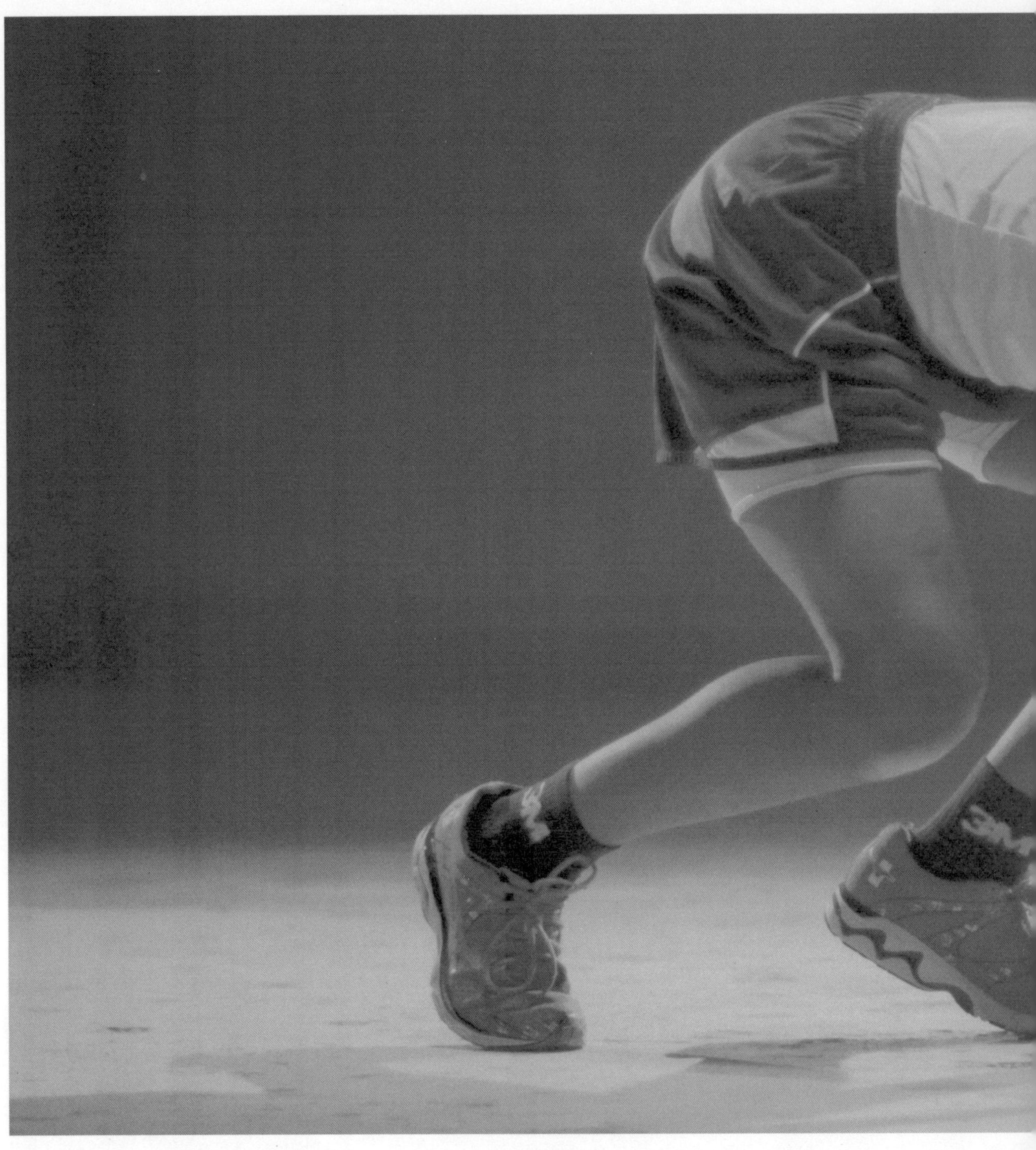

HELGA CHRISTOFFERSEN

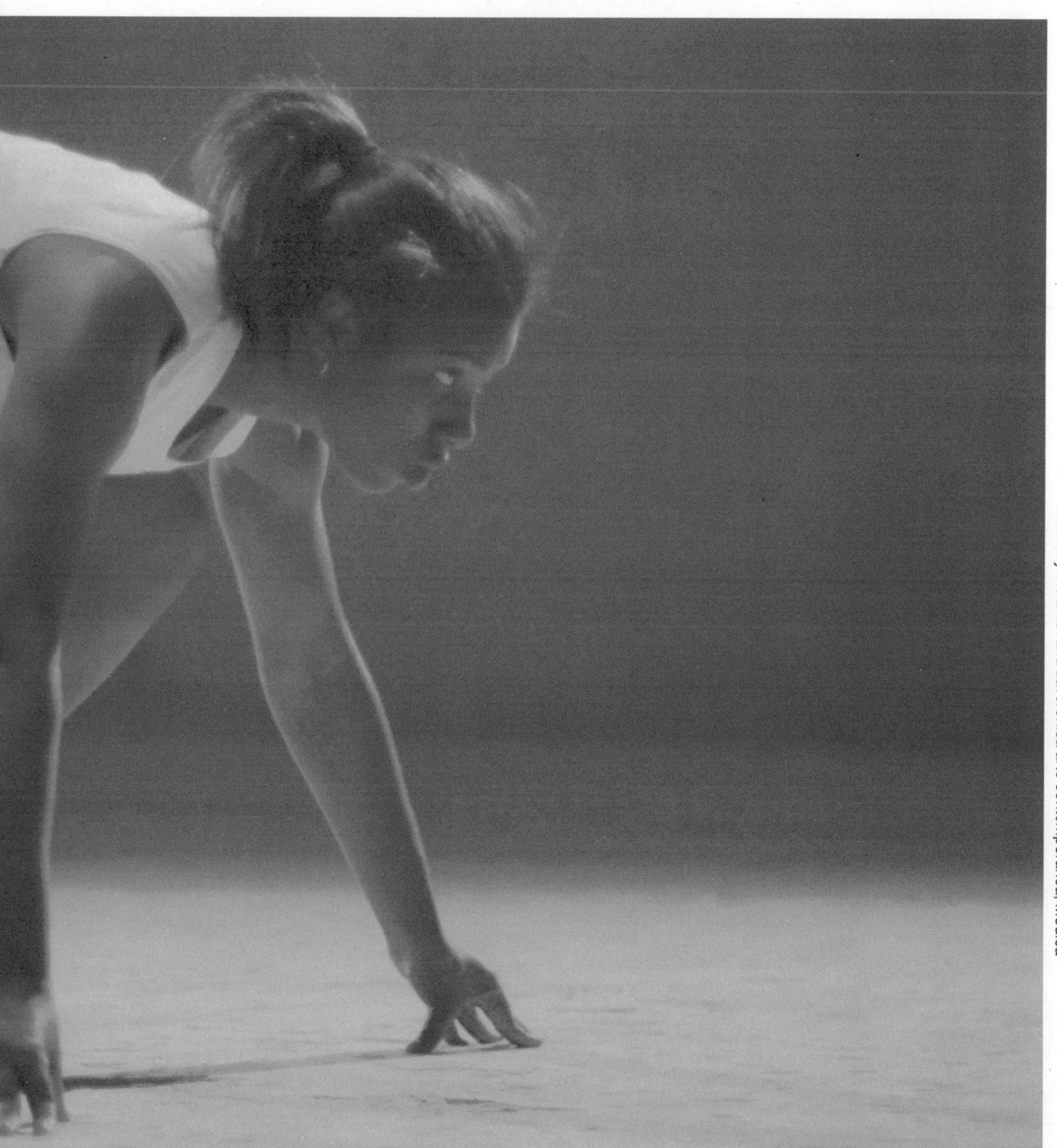

After the Finish Line, 2015, film still.
Courtesy the artist and Laveronica arte contemporanea, Modica

un addestramento militare. D'un tratto una pila di sacchi di sabbia poteva significare guerra, inondazione, consegna di beni di prima necessità, allarme. Fuori dal "rifugio" del museo, fuori da quel confronto attenuato dallo spazio espositivo, le reazioni non erano più relegate entro i confini della rappresentazione. Questo perché la presenza militare nelle strade è diventata la normalità, e la diversità è stata criminalizzata in molte aree d'Europa e degli Stati Uniti. Penso soprattutto al prolungato stato di emergenza in Francia, ma anche ai *Terror Threat Levels* in Gran Bretagna, o al bando ai musulmani di Trump. Questo clima di costante codice rosso sembrava trovare pieno riscontro nel modo in cui i passanti facevano esperienza di ciò che stava accadendo. Il continuo allarme, stimolato da queste imposizioni ha portato ad esempio alla sospensione dell'*habeas corpus* – ovvero a un'interruzione parziale o totale dei nostri diritti individuali – in Francia tramite la proclamazione dello stato di emergenza. Storicamente non è la prima volta che questo accade ed esistono tanti modi per sopravvivere a questa privazione. Ma questa sopravvivenza è intimamente legata ai privilegi di cui godiamo in precedenza. Non è quindi la sospensione dei diritti ad essere l'unico problema, ma il problema è diventato la nostra capacità di ignorare la brutalità della sospensione stessa, e per questo mi ha molto colpito il momento in cui una persona del pubblico, vedendo la catena umana che si passava i sacchi di sabbia lungo la linea, si è precipitata verso di essa. È quella persona che vede la casa bruciare e si precipita per controllare che nessuno sia intrappolato dentro.

HC: Mi viene da dire che sei interessata tanto ai modelli pedagogici e alle potenzialità della pedagogia come mezzo collettivo per metabolizzare e trasformare la nozione di "altro", quanto alla ricerca di quel momento in cui strategie o metodologie predefinite si disintegrano per poi essere ripensate. In un certo senso, forse, è come investire nel costruire qualcosa con l'intima speranza che parte di questo processo si riveli un fallimento. Questa riflessione sul tuo interesse per la pedagogia la si può considerare valida in riferimento alla relazione tra i tre atti della performance, e alla tua pratica in generale?

AH-B: Penso che il fatto di servirsi della pedagogia, e in particolare di un tipo di pedagogia fondata sull'anarco-collettivismo, richieda precisamente questo. Nel terzo atto, di fatto, il muro tende a crollare ripetutamente e nonostante ciò io esorto i performer a continuare, lasciando che il muro si sgretoli. Questo tipo di metodologia richiede che

corpus—that is the partial or total interruption of our individual rights in France through an implementation of the State of Emergency. This suspension is not necessarily new and there are many ways of surviving it. But survival is closely linked to the privileges we have in the first place. The danger, therefore, lies not in the suspension of rights, as much as in our ability to ignore the brutality of the suspension itself. That's why the moment when a member of the public saw the chain of sandbags being passed down the line and ran towards it is so important. That's the kind of person that will see a house burning down and run towards it to check if anyone is stuck inside.

HC: It makes me think that as much as your interest in pedagogical models and, really, the potential of the space of pedagogy as a means to collectively digest and transform notions of otherness, you are also looking for that moment where set strategies or methodologies come apart and are rethought. In a sense, that could be seen as an investment in building something up with the inherent hope that part of this process is a failure. Is that a valid thought on your interest in pedagogy as it pertains to the relationship between the three acts, and to your practice overall?

AH-B: I feel that using pedagogy, and a type of pedagogy grounded in anarco-collectivism requires precisely that. In fact the wall in that performance often collapses and I exhort the performers to continue, to let the wall crumble. This kind of methodology requires an attention to forming no blueprint, and letting the situation unfold according to the dynamics present, according to everyone's capacity and willingness to analyze them in real time. All the acts require active participation and decision-making by the performers: act one because the facilitators who instruct the public get to dictate how to form the choir, when it starts and ends, who to call and why. Act two because the couples freely interact and discuss the text unscripted. Act three because the performers have to negotiate the speed of the sacks coming down the chain, what to do if someone steps out, what to do if someone steps in. Those decisions are pedagogical moments in and of themselves because they are "active" points of agency within a framework. They are moments when decisions don't only affect one person but a larger group or a partner. I called the three acts *Frangente*, which in Italian means both the solid area where waves break and the wave itself. The word can also mean

(On) *Difficult terms*, 2013, MP3 audio, 40 min., series of 15 photographs, b/w digital print and acrylic ink on archive paper, 30 × 40 cm. Courtesy the artist and Laveronica arte contemporanea, Modica

non si progetti nulla in anticipo, lasciando che l'azione si realizzi sulla base delle dinamiche presenti, sulla base delle capacità e delle intenzioni di ciascun partecipante di analizzare tali dinamiche in tempo reale. Tutti e tre gli atti richiedono una partecipazione attiva e la presa di decisioni da parte dei performer. Così avviene nel primo atto, dove le guide che danno istruzioni al pubblico decidono come formare il coro, quando farlo iniziare e finire, chi interpellare e perché. Nel secondo atto, le coppie interagiscono liberamente e discutono il testo improvvisando. Nel terzo atto i performer devono negoziare la velocità con cui passarsi i sacchi, cosa fare se uno abbandona la catena o se qualcuno vi si unisce. Queste decisioni sono momenti pedagogici in sé e per sé poiché sono elementi "attivi" dell'azione all'interno di una determinata struttura. Sono momenti in cui le decisioni non solo condizionano una persona, ma un gruppo più ampio o un compagno. Ho chiamato questi tre atti *Frangente*, che in italiano significa sia la zona solida dove le onde si infrangono che l'onda stessa. Il termine può indicare anche una situazione difficile nell'ambito di un conflitto e credo che le tre performance agiscano proprio su quel confine e attraverso quel confine, essendo sia la superficie colpita dalle onde sia le onde stesse, il flusso e il riflusso, l'avanzata e la ritirata, lo scontro.

Mentre penso a questo, mi viene in mente una poesia in due parti della scrittrice americana Jackie Wang, dal titolo *I Found my Soul at the Bottom of the Pool*.[3] Nella prima parte Jackie Wang enumera – apparentemente senza fine – le cose che si trovano sul fondo di una piscina: fra queste, "un banchetto sparso su un tavolo di una sala da pranzo", "la pelle", "il mio manoscritto", "secoli di specchi strangolati" o la piscina stessa, perché la piscina è "tautologica". Penso al mio metodo di lavoro un po' così, come a una struttura, una piscina nella quale i partecipanti costruiscono significati attraverso quel che trovano al suo interno; una piscina costruita sulle solide fondamenta di una struttura che vuole affrontare e mettere in questione i temi dell'essere bianco, dell'appartenenza, del privilegio e della costruzione di un clima di allarme. Li invito a tuffarsi dentro – per poi nuotare fino al fondo.

a difficult situation in a conflict and I feel the three performances act on that, on that border, through that border, being both the wave and the surface the wave hits. Being the ebb and flow across the border, the advance and retreat, the confrontation.

As I'm thinking about this I am reminded of the two-part poem by American poet Jackie Wang called *I Found my Soul at the Bottom of the Pool*.[3] In part one Jackie, seemingly endlessly, enumerates the things they find at the bottom of the pool. These range from "a feast spread out on a dining-room table" to "skin," "my manuscript," "centuries of strangled mirrors" or the pool itself, the pool is "tautological." I think of my working method a little bit like that, a framework, a pool where participants construct meaning through what they find within the pool, based on the solid edges of a framework that wants to confront whiteness, belonging, privilege and the manufacturing of alarm. I invite them to dive in—and then we swim to the bottom.

1 Il testo è stato originariamente scritto per *Harper's Magazine*, poi pubblicato in *Transitions* (1992) e ripubblicato in Adrian Piper, *Out of Order, Out of Sight, Volume I: Selected Writings in Meta-Art 1968-1992*, MIT Press, Cambridge, Mass. 1996.
2 Il testo è poi apparso nella raccolta di saggi *Dancing at the Edge of the World: Thoughts on Words, Women, Places*, Groove Press, New York 1989, p. 147-160.
3 Jackie Wang, "Alien Daughters Walk Into the Sun", *The Brooklin Rail*, 11 novembre 2013, https://brooklynrail.org/2013/11/fiction/alien-daughters-walk-into-the-sun [in data 25 maggio 2018].

1 Originally commissioned by *Harper's Magazine*. First published in *Transitions* (1992) and reprinted in Adrian Piper, *Out of Order, Out of Sight, Volume I: Selected Writings in Meta-Art, 1968–1992* (Cambridge, Mass.: MIT Press, 1996).
2 Published in the collection of essays *Dancing at the Edge of the World: Thoughts on Words, Women, Places* (New York: Groove Press, 1989), 147–160.
3 Jackie Wang, "Alien Daughters Walk Into the Sun," *The Brooklin Rail* (November 11, 2013), https://brooklynrail.org/2013/11/fiction/alien-daughters-walk-into-the-sun [accessed May 25, 2018].

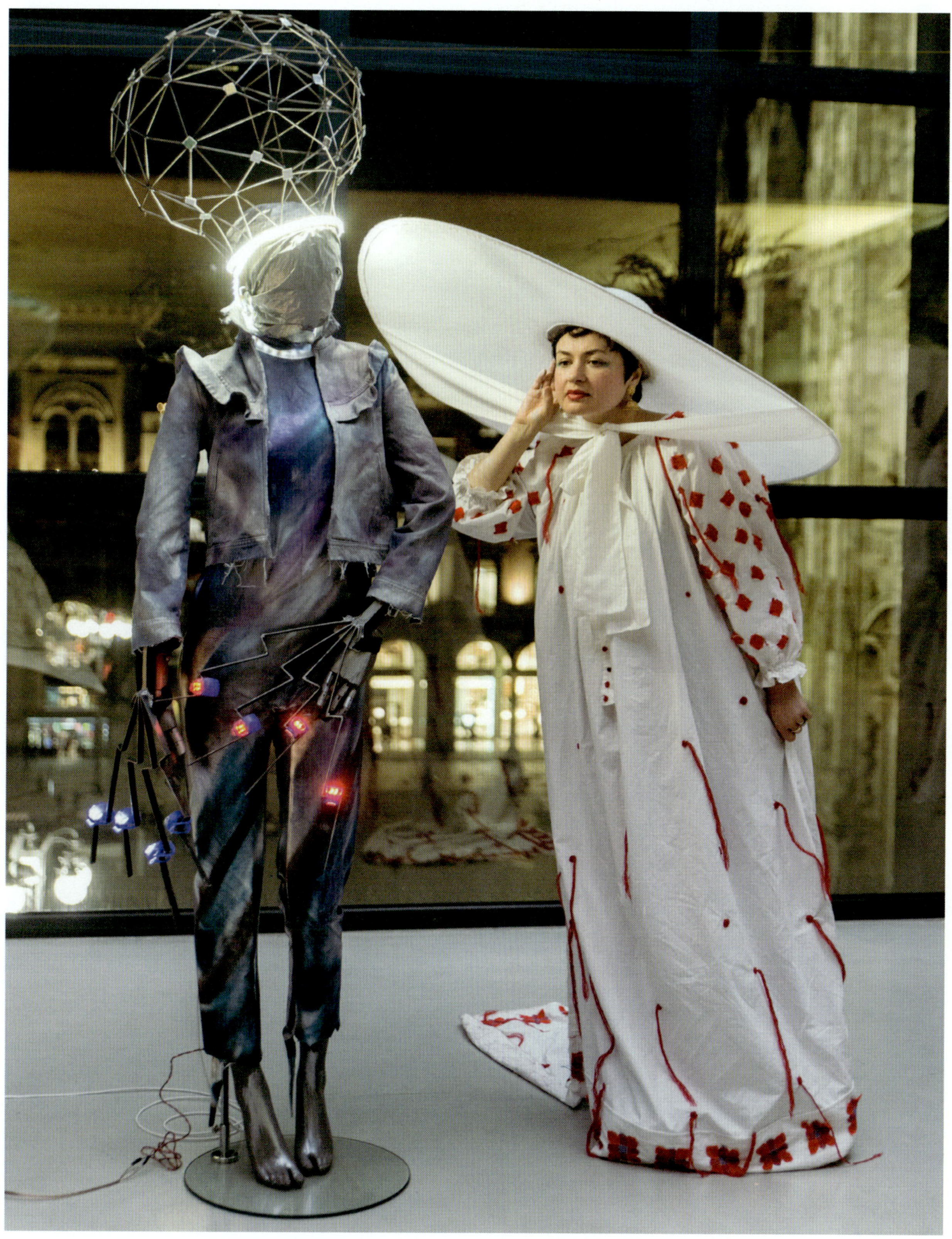

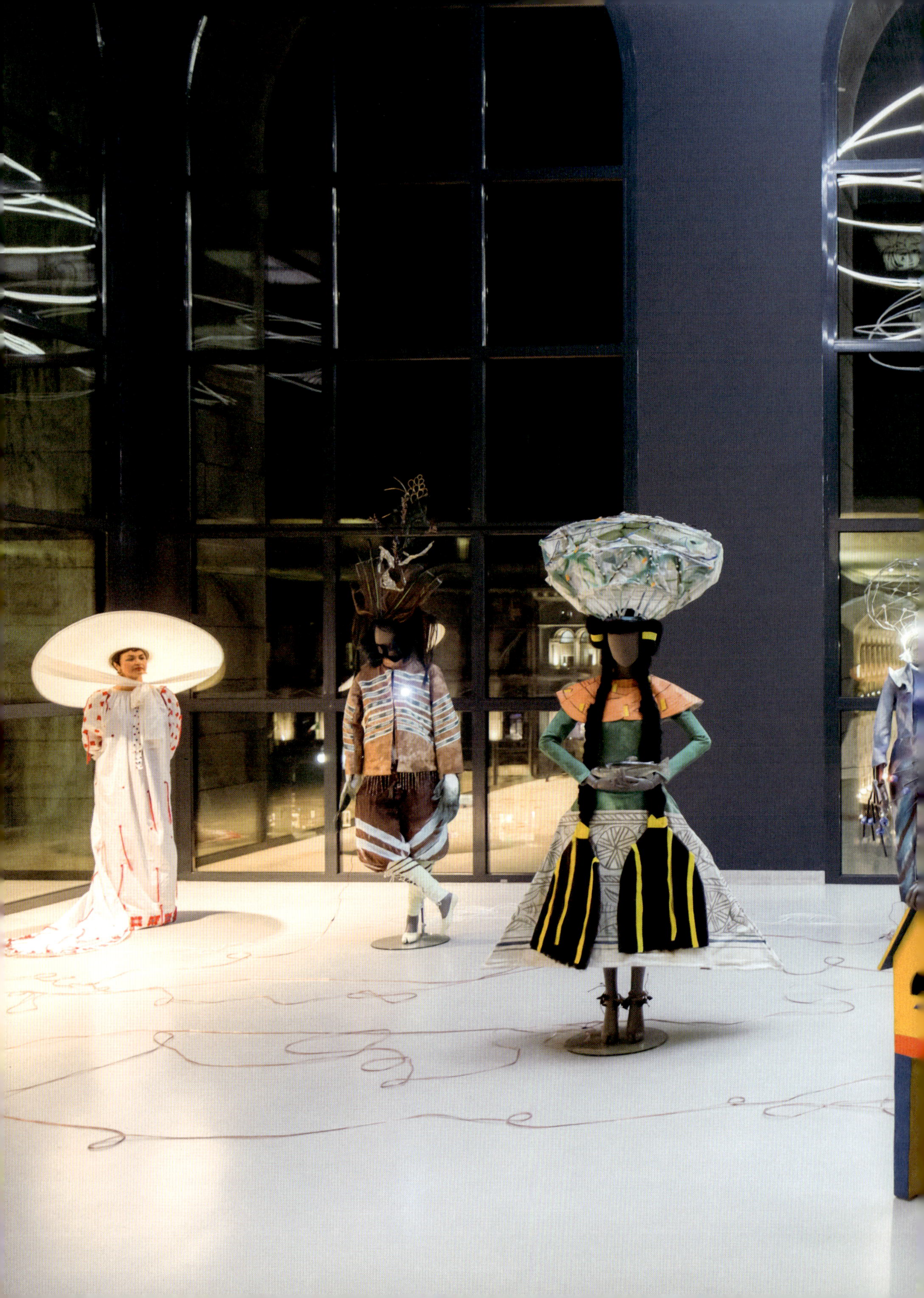

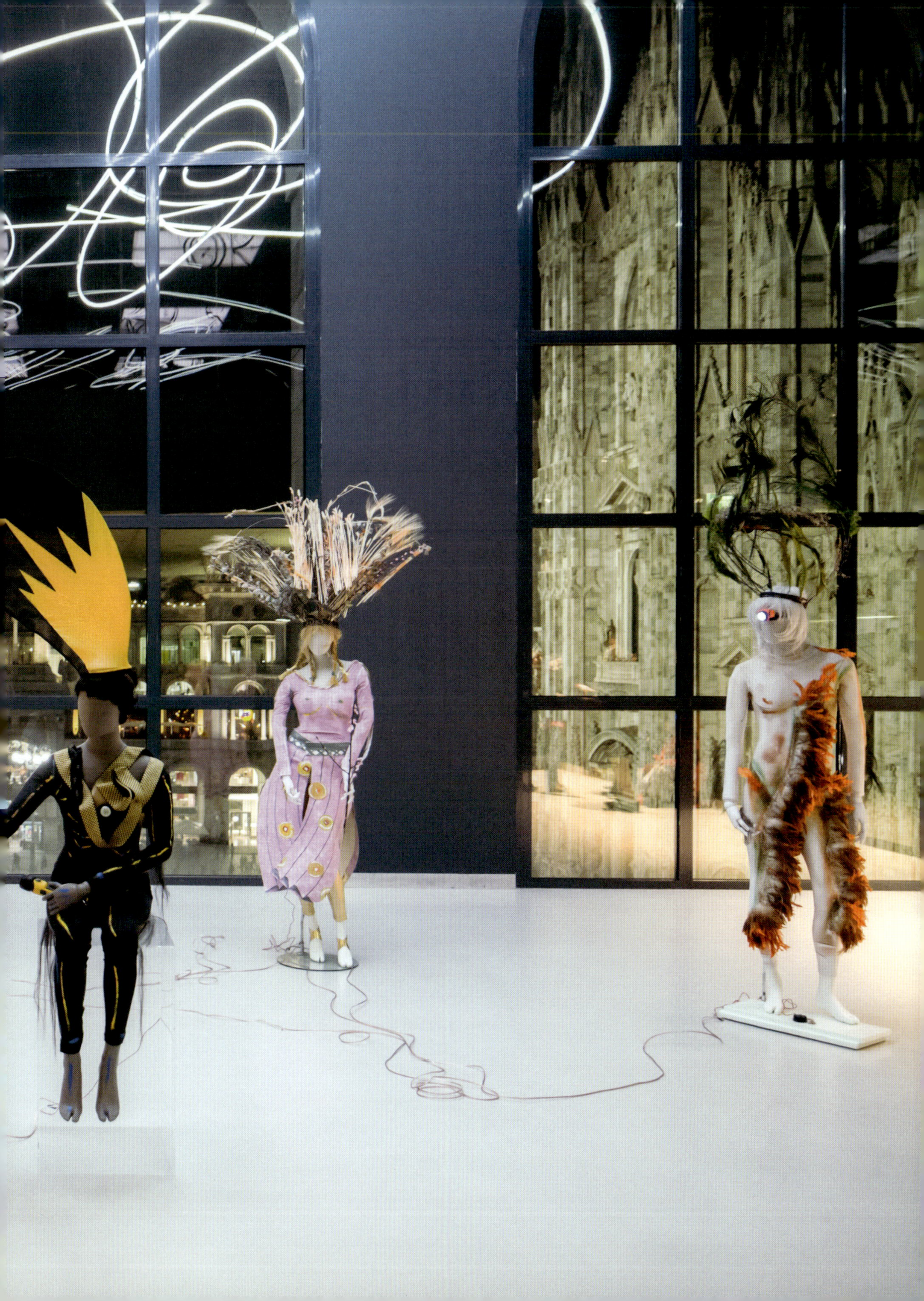

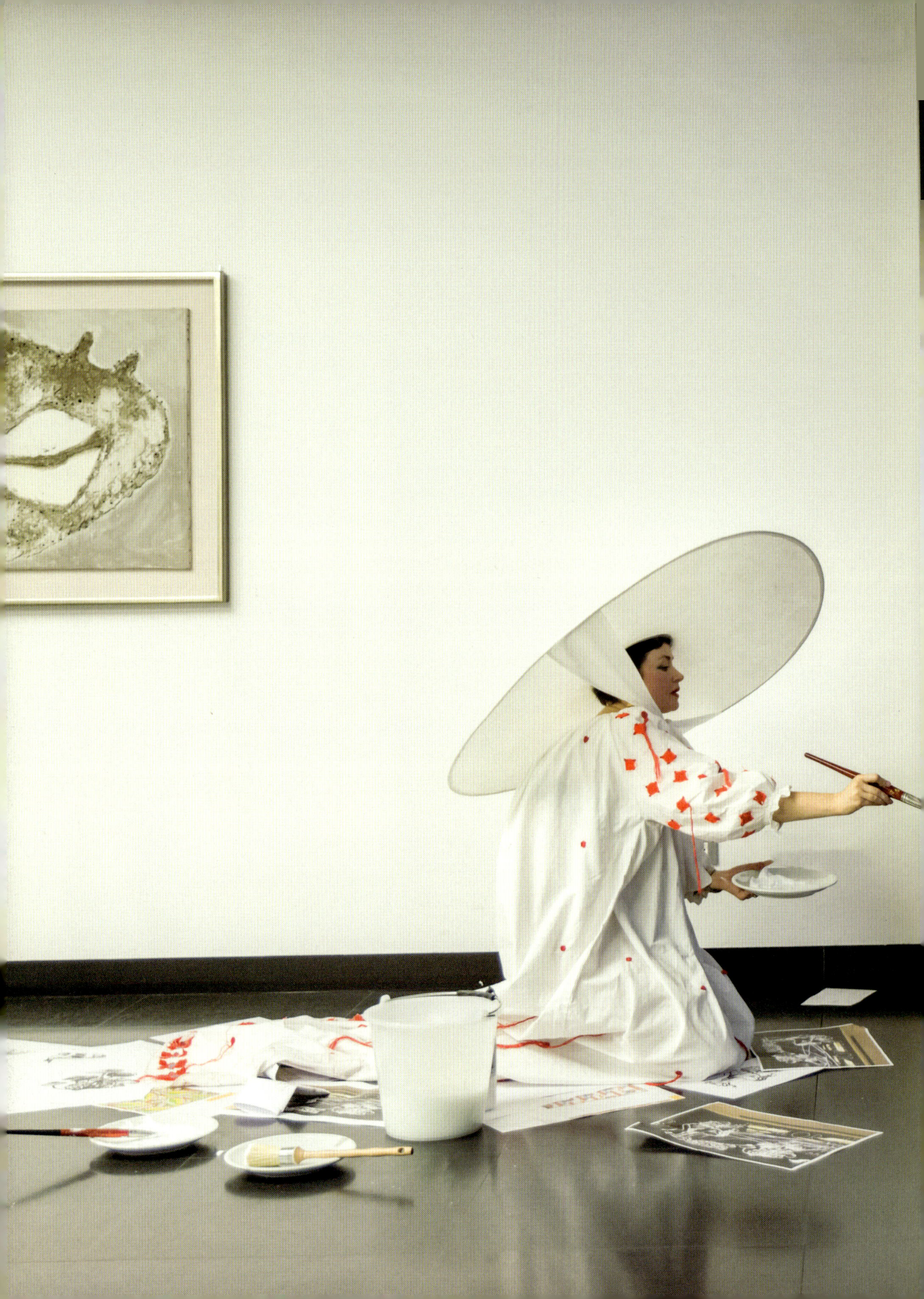

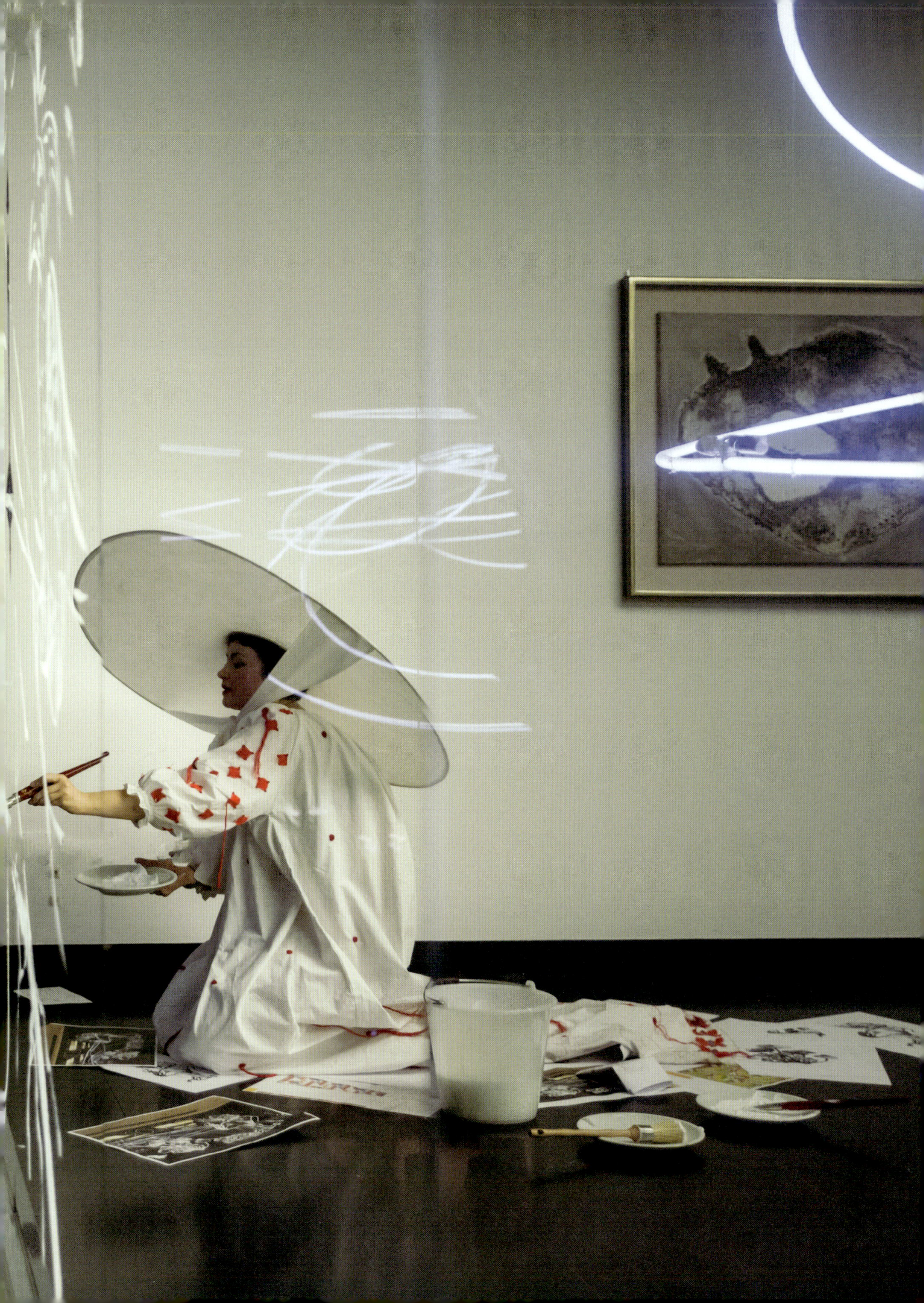

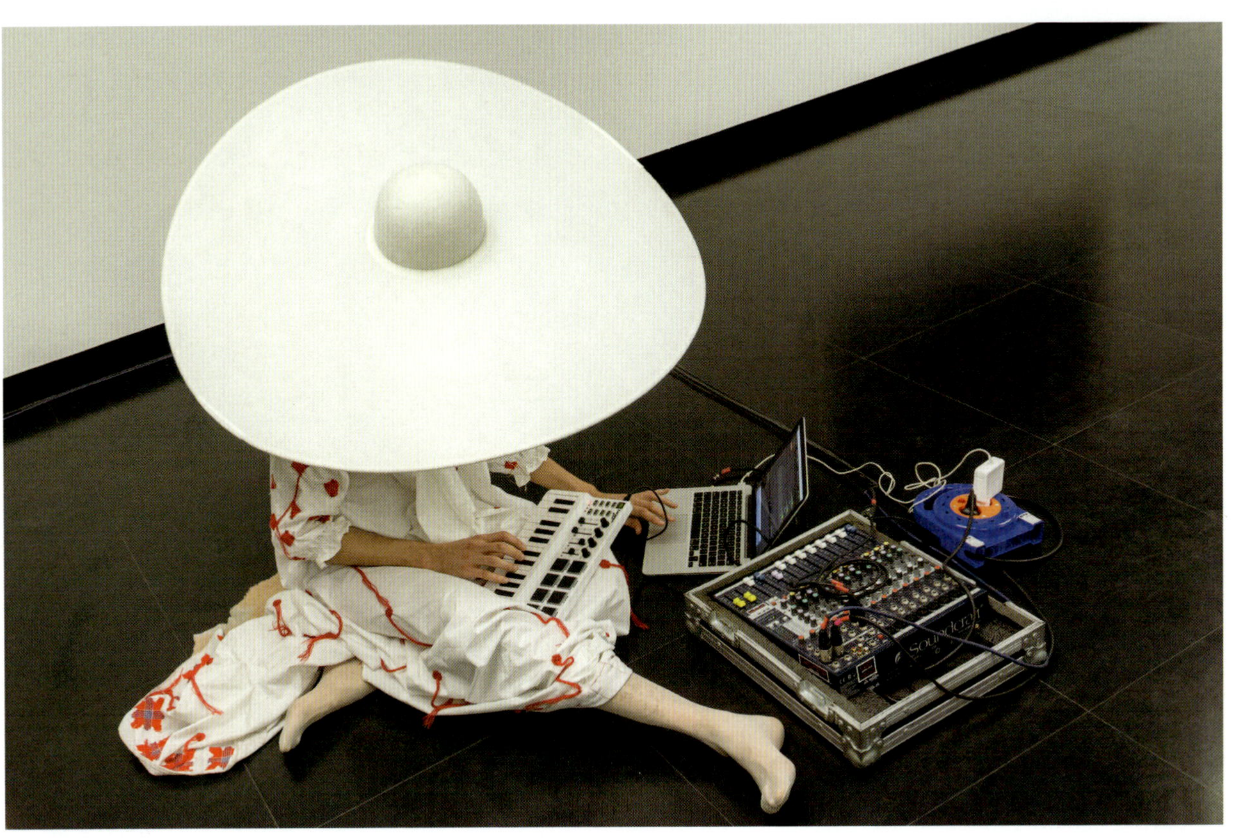

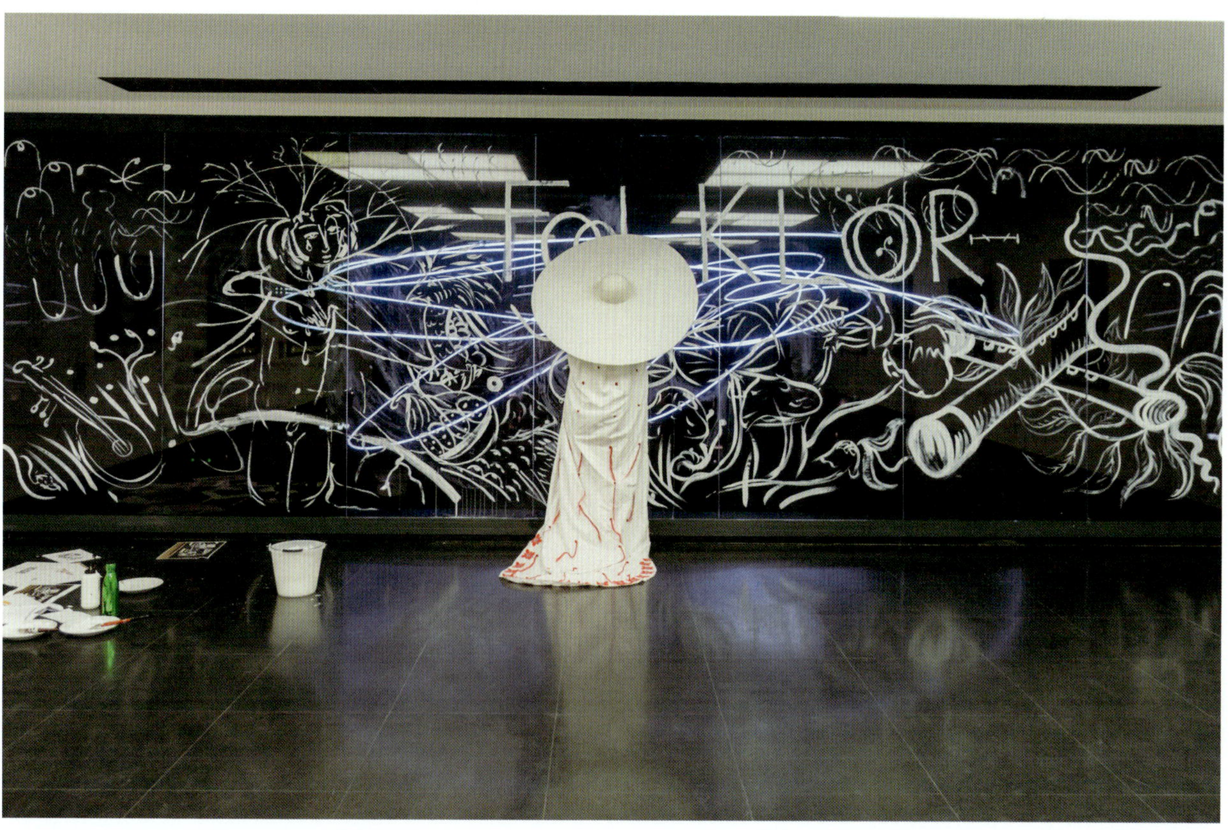
FOLKLOR

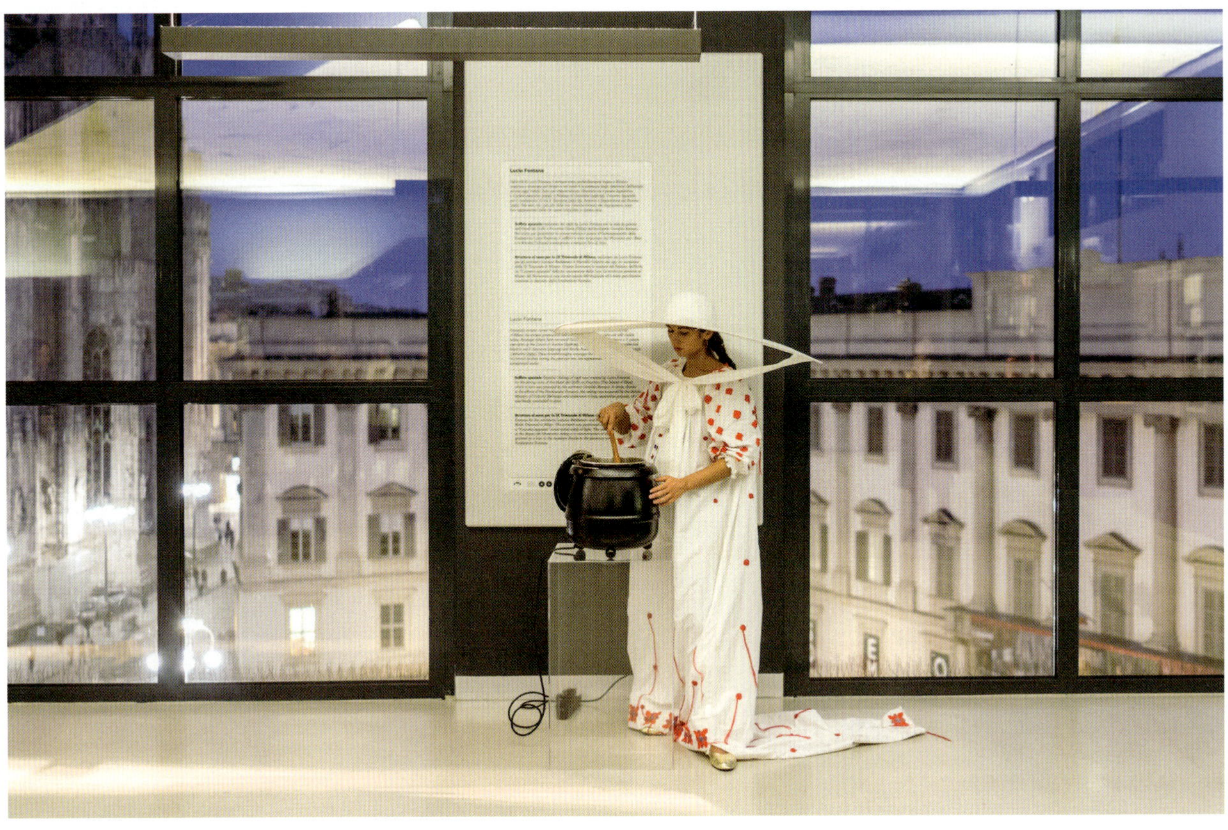

P. 89–96
Paulina Olowska
Slavic Goddesses and the Ushers
With Dobrawa Borkala, Milovan Farronato and Sergei Tcherepnin
Sound by Sergei Tcherepnin

Performed at Museo del Novecento, Sala Fontana, Milan
March 6, 2018

Courtesy Foksal Gallery Foundation, Warsaw, and Metro Pictures, New York

Photo: © Masiar Pasquali

LA CERIMONIA

Quando la cerimonia comincia, gli spettatori sono guidati da quattro Maschere. Il loro ingresso nello spazio della performance evoca una sorta di passaggio "attraverso lo specchio". L'evento ha luogo nella Sala Fontana del Museo del Novecento di Milano. In questa produzione, dal titolo *Slavic Goddesses and the Ushers,* Paulina Olowska si serve dell'istituzione come ready-made. Il neon a spirale di Lucio Fontana, installato proprio sotto il soffitto, brilla nello spazio del museo, divenendo un elemento dell'azione e del disegno che, eseguito con della pittura bianca sulla finestra, prende forma in tempo reale e lascia intravedere la storia al di là del vetro.

Un altro elemento di questo set meticolosamente concepito è la piazza all'esterno, brulicante di gente, con la splendida cattedrale gotica illuminata, vista attraverso la vetrata, così come i celebri tagli di Lucio Fontana, allestiti in una delle stanze che ospitano la performance. Infine abitano lo spazio sei manichini con costumi di antiche divinità slave, ispirati ai disegni della visionaria artista polacca Zofia Stryjeńska (1891-1976).

La spettacolare *mise-en-scène* è animata dagli spettatori stessi e dalle Maschere, che indossano costumi confezionati dalla cooperativa Ushirika[1] e fiabeschi cappelli bianchi a larghe tese realizzati dal Rabcio Puppet Theater. Nello spazio aleggia un diffuso aroma di zuppa fatta di frutta secca e un'idiosincratica sinfonia prodotta dal compositore e artista newyorchese Sergei Tcherepnin.

La cerimonia è un mix di molti ingredienti che mette insieme storie tratte dal folklore polacco, dal modernismo, dalla moda e dal teatro sperimentale. La cerimonia non potrebbe avere luogo se non fosse per eventi del passato…

LA PITTURA

All'inizio c'era la pittura, la moda degli anni Sessanta e Settanta vista attraverso il magazine polacco di lifestyle *Ty i Ja*, i vestiti di Biba, i mobili di Cepelia,[2] le scarpe dipinte con geometrie astratte, la coreografia in stile Bauhaus: nel complesso, un'attrazione per l'utopico e l'avanguardistico, sempre filtrati dallo sguardo dell'artista e dal punto di vista di una micro-narrazione locale.

Claire Bishop colloca la pratica di Paulina Olowska nel contesto di specifiche trasformazioni

THE CEREMONY

When the ceremony begins, spectators are led in by four Ushers. Their entrance into the performance space is reminiscent of passing "through the looking glass." The event is taking place in Sala Fontana, at the Museo del Novecento in Milan. In the production *Slavic Goddesses and the Ushers*, Paulina Olowska uses the institution as a ready-made. Lucio Fontana's spiral neon, installed just below the ceiling, flickers in the gallery space, simultaneously becoming part of the action and of the drawing executed in white paint directly on the window pane—which is growing in real time. History appears behind the glass.

Other elements of the meticulously thought-out stage set are the square outside, teeming with people, the stunning view from the window of the illuminated Gothic cathedral, and the well-known cut canvases of the avant-garde Italian artist Lucio Fontana, hung in an orderly museum display in one of the annexed rooms. The gallery space is also graced with six mannequins adorned with costumes of ancient Slav deities, inspired by drawings by the Polish visionary artist Zofia Stryjeńska (1891–1976).

The spectacular *mise-en-scène* is brought to life by the viewers themselves, and by the Ushers, strikingly dressed in fairy tale-like wide-brimmed white hats, made by the Rabcio Puppet Theater, and costumes by the Cooperative Ushirika.[1] There is a prevalent aroma of dried fruit soup. The hours-long performance is enhanced by the idiosyncratic symphony created by the New York composer and artist Sergei Tcherepnin.

The ceremony is a cocktail composed of many ingredients, combining narratives derived from Polish folklore, modernism, fashion, and experimental theater. The ceremony could not be taking place, however—were it not for events from the past…

PAINTING

In the beginning there was painting, fashion from the Polish lifestyle magazine *Ty i Ja* from the 1960s and 1970s, dresses by Biba, furniture from Cepelia,[2] shoes painted as geometric abstraction, Bauhaus-style choreography—all in all, a fascination with all things avant-garde and utopian, seen at all times through the artist's eyes from the

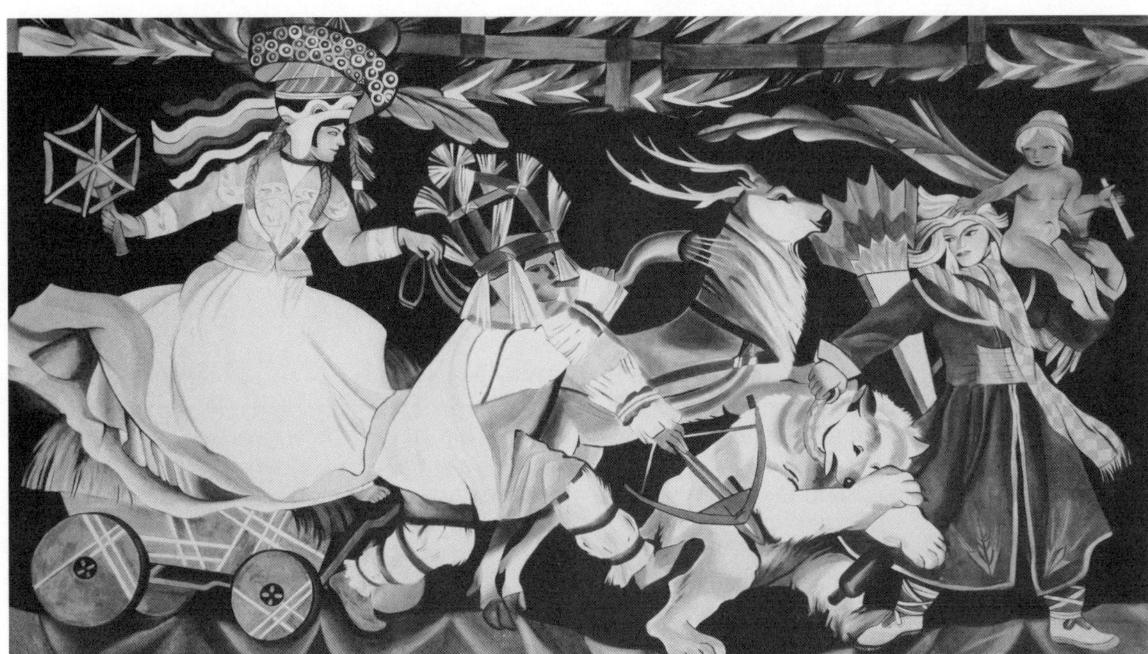

Zofia Stryjeńska, 2008, gouache on canvas, 230 × 400 cm.
Courtesy the artist and Metro Pictures, New York

generazionali dell'Europa orientale e centrale:
"Il suo lavoro è considerevolmente diverso rispetto
a quella prima ondata di interesse [verso l'estetica
modernista] da parte di alcuni artisti occidentali
(…) poiché non è organizzato attorno alla senti-
mentalità, alla nostalgia, al cinismo o alla critica,
ma opera da una prospettiva che chiamerei cura-
toriale: il desiderio di preservare e mantenere in
circolazione un repertorio estetico e progettuale di
cui ci si è sbarazzati troppo velocemente in seguito
alla trasformazione ideologica avvenuta tra il 1989
e il 1991. Inoltre, questo approccio convenzionale
si è sviluppato in senso performativo e nel tempo,
come risultato dell'indagine e della ricostruzione di
numerosi modernismi locali (…)."[3]

La strategia performativa di Olowska ha comporta-
to un allontanamento dal repertorio espressivo tradizionale. Nel suo lavoro la pittura si è rapidamente
avventurata oltre la cornice della tela, trasforman-
dosi in *trompe-l'œil*, in un vestito con un motivo
alla Mondrian, nel neon *Volleyball Player*[4] restau-
rato su iniziativa dell'artista stessa a Varsavia, o in
un'installazione del 2005, la cui estetica rimanda a
quella di una bottega di barbiere newyorchese degli anni Venti (*Metamorphosis*, Museum Abteiberg,
Mönchengladbach). In quel periodo, persino la
poesia era per Olowska una forma di rappresentazione visiva e coreografica, come nel caso di
Alphabet (2005), performance che dialogava con
le composizioni poetiche di Josef Strau, Frances
Stark e Paulus Mazur. Il testo era composto da
singole lettere mimate dal corpo, dando così forma
alle parole. L'azione, che univa l'interesse per il costruttivismo alla tipografia, si ispirava ad *ABECEDA*,
un libro di Karel Teige pubblicato nel 1926, che
raffigurava un "alfabeto in movimento". La performance fu eseguita per la prima volta alla Galerie
Meerrettich di Berlino nel 2005, e poi nel 2012
al MoMA di New York, come parte della mostra
Ecstatic Alphabets/Heaps of Language.

Ma il progetto più radicale di Paulina Olowska dei
primi anni Duemila è il temporaneo bar artistico
Nova Popularna (2003), che l'artista gestiva insieme
a Lucy McKenzie. È complesso definire quello spazio multi-funzionale in via Chmielna a Varsavia, che
era allo stesso tempo una mostra, un salotto artistico, un'installazione pittorica, un club musicale e un
cabaret, e che riuniva giovani critici, artisti, musicisti
e poeti. Il luogo era allestito come un caffè d'avanguardia, con mobili Cepelia e murales cubo-futuristi.
Le artiste, che indossavano costumi disegnati da
Beca Lipscombe, servivano bevande alcoliche fatte
in casa, sigarette Kim e un variegato programma
artistico, fra i cui partecipanti figuravano Mathilde

vantage point of a local micro-narrative.
Claire Bishop situates the praxis of Paulina
Olowska in the context of specific generational
transformations in Central and Eastern Europe:
"Her work is strikingly different from that of the
first wave of engagement [with the modernist
aesthetic] by Western European artists (...) as it
is not organized around sentimentality, nostalgia,
cynicism, or critique but operates from the perspective I am tempted to call curatorial: a desire
to preserve and keep in circulation an aesthetic
and design repertoire that has been too quickly
cast aside following the ideological transformation of 1989 to 1991. Moreover, this conventional
approach has developed performatively and over
the time, as a result of investigating and reenacting numerous local modernisms…"[3]

Olowska's performative strategy demanded a
departure from the traditional repertoire of expression. Painting was quick to venture beyond
the frame of the canvas, turning into *trompe l'œil*,
a dress with a Mondrian design, the renovated
Warsaw neon *Volleyball Player*[4] or the installation
drawing on the aesthetics of a New York barber-
shop from the 1920s (*Metamorphosis*, Museum
Abteiberg, Mönchengladbach 2005). In that
period, even poetry became for Olowska a form of
choreographic and visual representation, as was
the case with the work *Alphabet* (2005) created
in a dialogue with poems by Josef Strau, Frances
Stark, and Paulus Mazur. The text was composed
from individual letters formed by the human
body, to spell words. The action, which brought
together a fascination with Constructivism and
typography, was inspired by *ABECEDA*, a book
by Karel Teig, published in 1926, which presented a "moving alphabet." The performance
was shown for the first time in Berlin's Galerie
Meerrettich in 2005, and subsequently in 2012 at
the MoMA in New York, as part of the exhibition
Ecstatic Alphabets/Heaps of Language.

Paulina Olowska's most radical project of the
early 2000s was the ephemeral bar *Nova Popularna*
(2003), which she ran together with fellow artist Lucy
McKenzie. It is difficult to pin down the status of that
multi-functional space in Chmielna Street in Warsaw
that was based on the idea of an exhibition, art
salon, painting installation, music club, and cabaret,
bringing together young critics, artists, musicians,
and poets. The venue was set up as an avant-garde
café, with Cepelia furniture and Cubist-Futurist murals.
The artists, dressed in costumes designed by Beca
Lipscombe, served homemade alcoholic drinks,
Kim cigarettes, and an artistic program, very varied

Rosier, Bonnie Camplin e Stewart Bailey.
Così Paulina Olowska e Lucy McKenzie hanno spiegato le intenzioni dietro questo progetto: "Il salotto come spazio alternativo per una mostra si relaziona in modo particolare alla pittura. Per il bar potremmo creare tele e murales in situ e presentarli con un allestimento che metta alla prova la nozione di mostra, dato che i lavori installati devono operare nella sfera dell'interior design e del funzionalismo, strettamente determinati da norme specifiche. Lo scopo è solo quello di creare opere che *siano belle*. Il significato reale viene rimosso dalle immagini e ricollocato altrove, instaurando un dialogo molto più stretto con il contesto. Il salotto è un modello di controcultura tanto vecchio e polveroso che è perfetto per essere recuperato".[5]

Il carattere performativo del progetto mette l'accento sul format del bar, deciso dalle artiste, rivelando anche l'ambizione di creare una comunità che si riunisca in un'atmosfera informale, un'esperienza collettiva in un ambiente "women-friendly". Questa strategia è un importante punto di riferimento sia per *Nova Popularna* che per i progetti successivi di Olowska, considerato l'interesse dell'artista per i movimenti d'avanguardia, le luci al neon, l'architettura modernista e l'estetica punk delle riviste indipendenti.
Come Paulina Olowska stessa commenta, "È sempre più gradevole in un certo senso lavorare con un amico, o con un fantasma".[6]

LA CASA COME TEATRO

Quando Paulina Olowska nel 2008 trasferì il suo studio a Rabka, nella Piccola Polonia, in questa città termale di montagna, destinazione soprattutto di bambini che necessitano di cure, scoprì il teatro di burattini Rabcio, fondato negli anni Quaranta. Nei suoi lavori, Olowska ritrae le attrici femminili del teatro e disegna le marionette, a volte traendo spunto per le composizioni da foto documentarie trovate negli archivi.

Nel 2014, Villa Kadenówka a Rabka, una casa di legno che Paulina Olowska ha salvato dalla demolizione, ha ospitato la prima edizione del *Mycorial Theatre*. La casa, costruita nel 1930, apparteneva al fondatore delle celebri terme. Esattamente al centro dell'abitazione, vi era un atrio, uno spazio che fungeva da palcoscenico.
Il *leitmotiv* della cerimonia era la raccolta dei funghi e il successivo banchetto. Insieme agli ospiti, l'artista ha creato una drammaturgia di eventi nel corso della serata, nei quali i funghi – veleno e medicina al tempo stesso – venivano associati a significati

considering the prevailing situation, with participants including Mathilde Rosier, Bonnie Camplin, and Stewart Bailey.
This is how Paulina Olowska and Lucy McKenzie explain their artistic intention: "The salon as an alternative place to a hung exhibition particularly relates to painting. For the bar we could create canvases and murals on site and present them within a mise-en-scène that tests the notion of exhibition because the installation has to work in the over-determined realm of interior design and functionalism. The purpose is just to *look good*. The actual meaning has been detached from the images and located somewhere else in a much more integrated dialogue. Salon is such a dusty model for counterculture to adopt that it is perfect for rehabilitation."[5]

The performative character of the project emphasizes the bar format chosen by the artists, as well as the ambition to create a community with an informal ambience, a collective experience in a women-friendly setup. The strategy is an important point of reference both for *Nova Popularna* and Olowska's later projects, fascinated as she has been with avant-garde movements, neons, modernist architecture and the punk aesthetics of zines.
As Paulina Olowska herself comments, "It is always somehow sweeter to work with a friend, or a ghost."[6]

HOME-AS-THEATER

When Paulina Olowska moved her studio to Rabka in Lesser Poland (2008), in this mountain spa town where children were once taken for treatment she discovered the Rabcio Puppet Theater, founded in the 1940s. In her works, she has been portraying the female actors and sketching the marionettes, sometimes borrowing compositions from the documentary photos found in the archives.

Since 2014, the Villa Kadenówka in Rabka, a wooden house that Paulina Olowska saved from demolition, has housed the *Mycorial Theatre*. The house was built in 1930 and once belonged to the founder of the famous spa resort. In the very center is an atrium—a space that serves as the stage. The leitmotif of the ceremony is the picking and eating of mushrooms. Together with the invited guests, the artist creates the dramaturgy of the evening's events, employing the cultural and magical associations mushrooms have—simultaneously poison and medicine. Invited artists, writers,

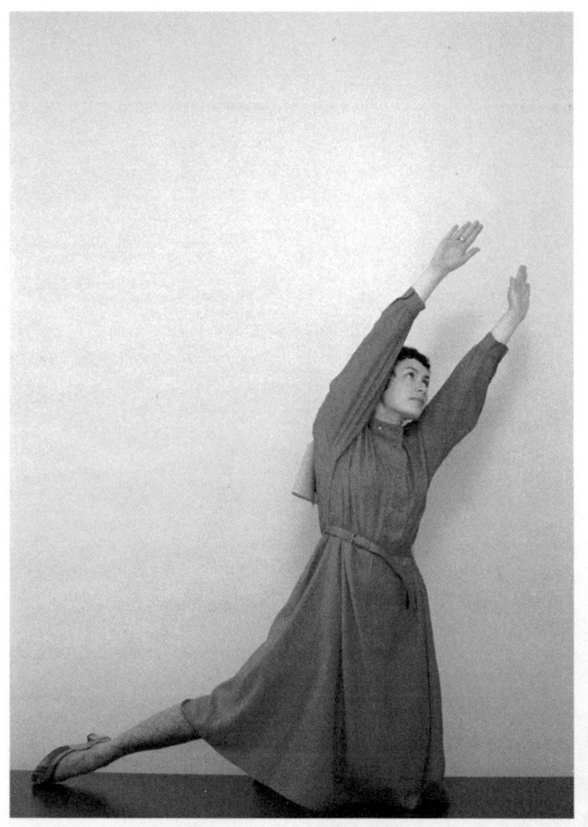
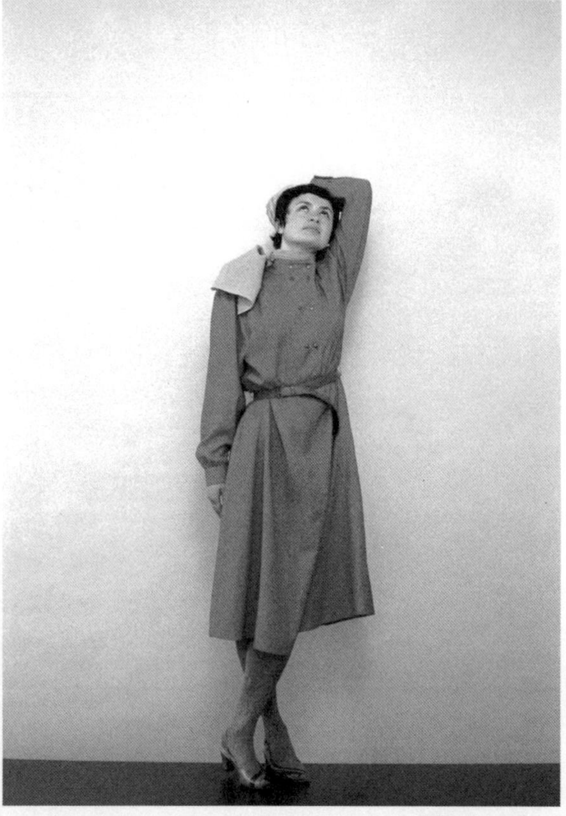
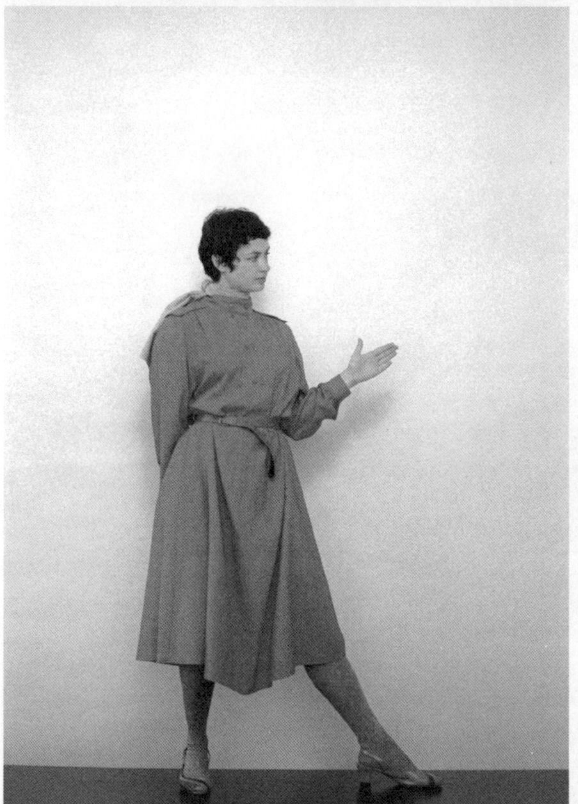
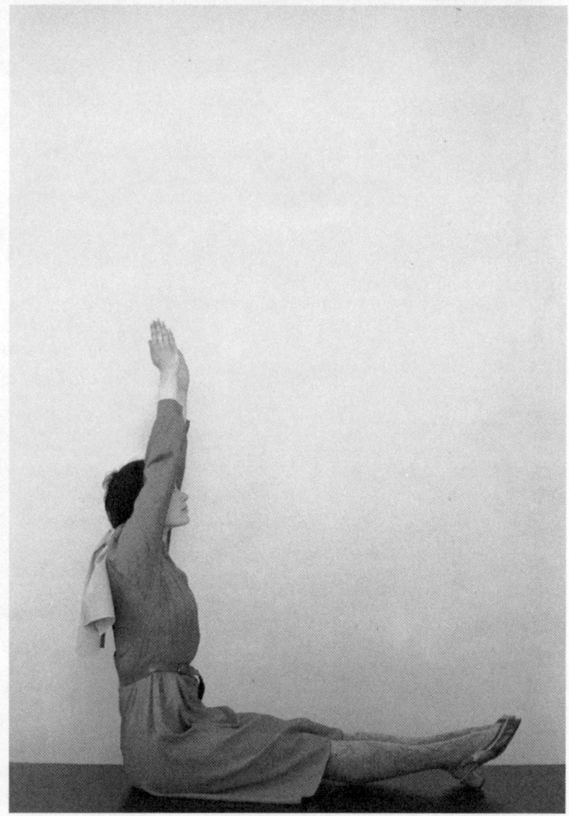

Alphabet, 2005, 4 of 26 colored cards (for each letter of the alphabet).
Courtesy the artist and Galerie Buchholz, Cologne – Berlin – New York

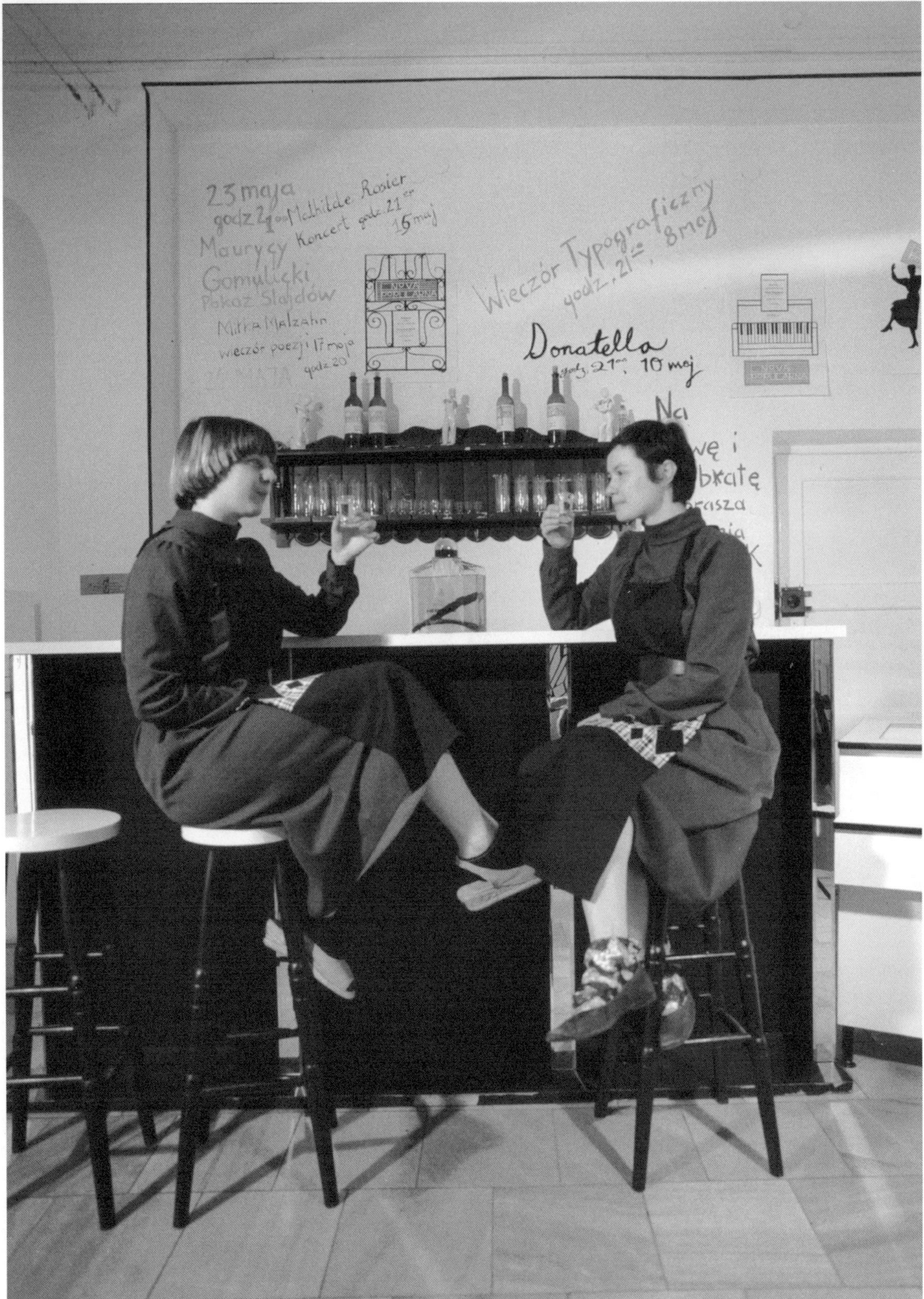

Paulina Ołowska and Lucy McKenzie, *Nova Popularna*, Warsaw, 2003. Courtesy the artists and Foksal Gallery Foundation, Warsaw

magici e culturali. Artisti, scrittori, viaggiatori e liberi pensatori sono stati invitati a camminare insieme nei boschi, e poi a riunirsi nella casa e nel giardino. La raccolta dei funghi segnava il principio di un concerto, così come la creazione di un'installazione visiva o di uno spettacolo di burattini.

L'idea della casa come teatro si ritrova in molte delle sue produzioni, tra cui il padiglione delle marionette di legno – *Pavilionesque* (2013) – che ricorda un teatro di burattini, una piccola architettura locale o uno spazio espositivo in miniatura; simultaneamente, l'opera funge da autonoma scultura performativa, che può essere attivata dal pubblico. Simile nello spirito è un altro lavoro di case di ceramica in miniatura, fra cui un modello di Villa Kadenówka (2014), presentato in occasione della mostra *Nothing Twice* a Cricoteka – Centre for the Documentation of the Art of Tadeusz Kantor a Cracovia.

Anche nella performance *The Mother: An Unsavoury Play in Two Acts and an Epilogue*, basata su un dramma del 1924 di Witkacy e messa in scena alla Tate Modern di Londra nel 2015, ritornava il motivo della casa come spazio teatrale. I dipinti originali di Henri Matisse, Leonora Carrington, André Derain, Meredith Frampton, Meraud Guevara e Pablo Picasso, che erano parte dell'allestimento museale della Tate dal titolo *Poetry and Dream*, comparivano all'interno di un ambiente borghese in *trompe-l'œil* che rimandava agli interni di Villa Kadenówka. Durante il giorno, la stanza funzionava come installazione site-specific, mentre di sera diventava un set in cui il dramma psicologico di Witkacy veniva messo in scena da attori non professionisti.

L'idea di casa come teatro ricorda il sogno di un'altra artista polacca, Zofia Stryjeńska, che ha desiderato per tutta la vita di creare un *Vitesion* (dal latino, *vita*): un tempio slavo in legno la cui funzione era quella di rigenerare la vita spirituale. L'idea nasceva in reazione al dibattito, sviluppatosi in Polonia negli anni Venti, sulla necessità di creare un cosiddetto stile nazionale.

COREOGRAFARE LO SPAZIO

Per la Biennale di Berlino del 2008, dal titolo *When Things Cast No Shadow*, Paulina Olowska ha dato vita a una mostra spettacolare, usando e trasformando i dipinti che Zofia Stryjeńska presentò con grande successo di pubblico all'Esposizione Internazionale di Arti Decorative di Parigi del 1925, e che rappresentavano le stagioni e le tradizioni polacche. Zofia Stryjeńska non è l'unica figura femminile ad aver affascinato Olowska.

travelers and free thinkers gather to walk in the woods and congregate in the house and garden. The mushroom picking is the starting point for a concert, the creation of a visual installation or a puppet show performance.

The vision of home-as-theater has been reflected in many of Olowska's visual realizations, including the wooden marionette pavilion—*Pavilionesque* (2013), the form of which alludes to a puppet theater, local small architecture or a miniature exhibition space, whilst at the same time functioning as a freestanding performative sculpture that can be activated by the audience. Another work made in a similar spirit consists of miniature ceramic houses, including one that is a model of Kadenówka (2014), presented in the exhibition *Nothing Twice* in Cricoteka, the Center for the Documentation of the Art of Tadeusz Kantor in Krakow.

In Olowska's theatrical performance based on the drama *The Mother: An Unsavory Play in Two Acts and an Epilogue* from 1924, staged at Tate Modern in London (2015), the motif of home-as-theater returned. The original paintings by Henri Matisse, Leonora Carrington, André Derain, Meredith Frampton, Meraud Guevara, and Pablo Picasso, assembled in the room *Poetry and Dream*, appeared in a bourgeois, *trompe l'œil* setting that referenced the interior of Villa Kadenówka. During the day the room functioned as a site-specific installation, and in the evening as a stage set where Witkacy's psychological drama was performed by amateur actors.

Paulina Olowska's vision of home-as-theater brings to mind the dream of another Polish artist, Zofia Stryjeńska, who longed to create a *Vitesion* (from the Latin *vita*, "life")—or a wooden Slav temple intended to help regenerate spiritual life. The idea was the painter's response to the concept, which appeared in Poland in the 1920s, of creating a so-called "national style."

CHOREOGRAPHING SPACE

For the Berlin Biennale, as part of the exhibition *When Things Cast No Shadow*, in 2008 Paulina Olowska prepared a spectacular exhibition. She transformed the paintings Zofia Stryjeńska exhibited to great acclaim at the International Exhibition of Decorative Art in Paris in 1925, which represented the seasons and Polish traditional customs. Zofia Stryjeńska is not the first female figure to have fascinated Olowska.

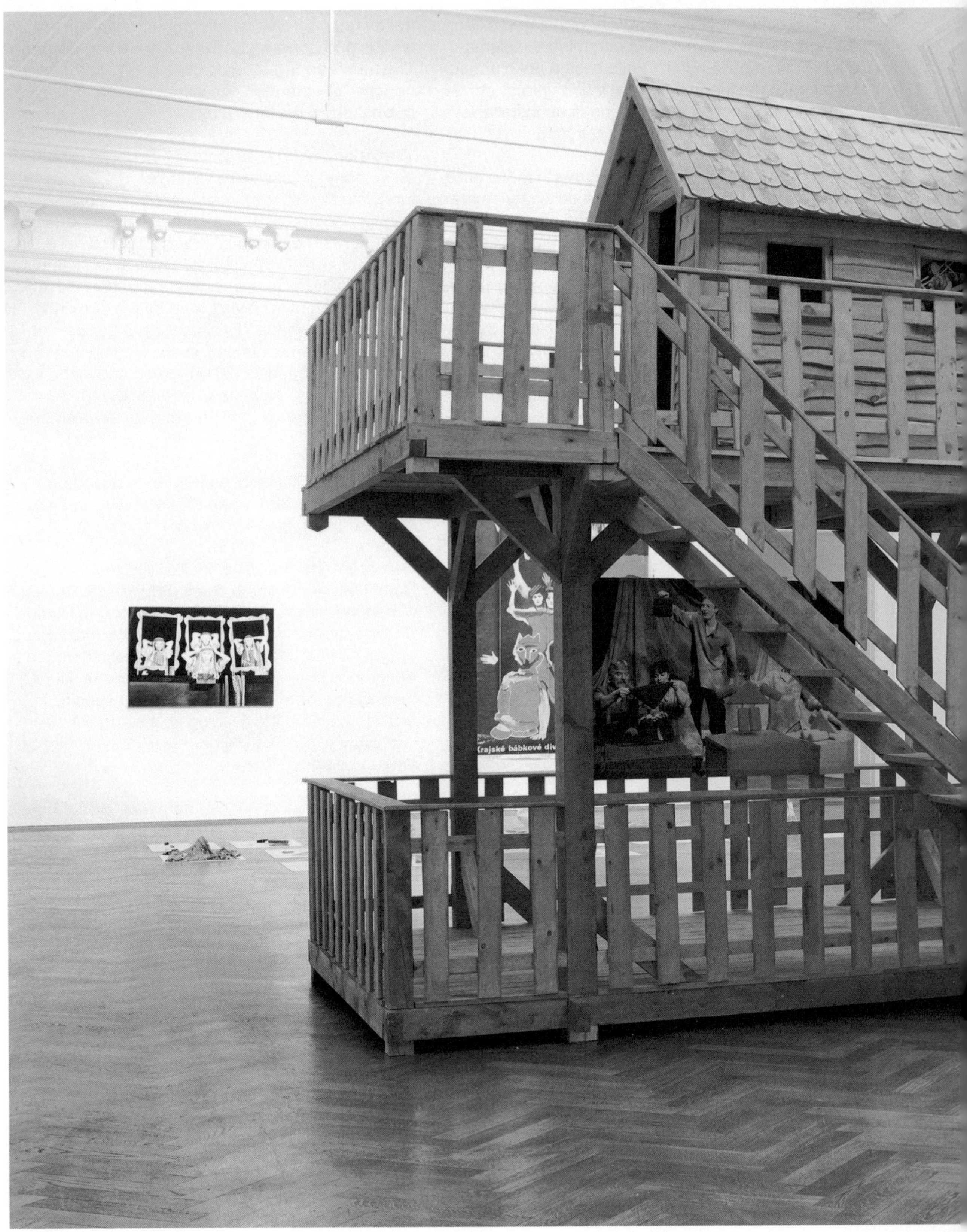

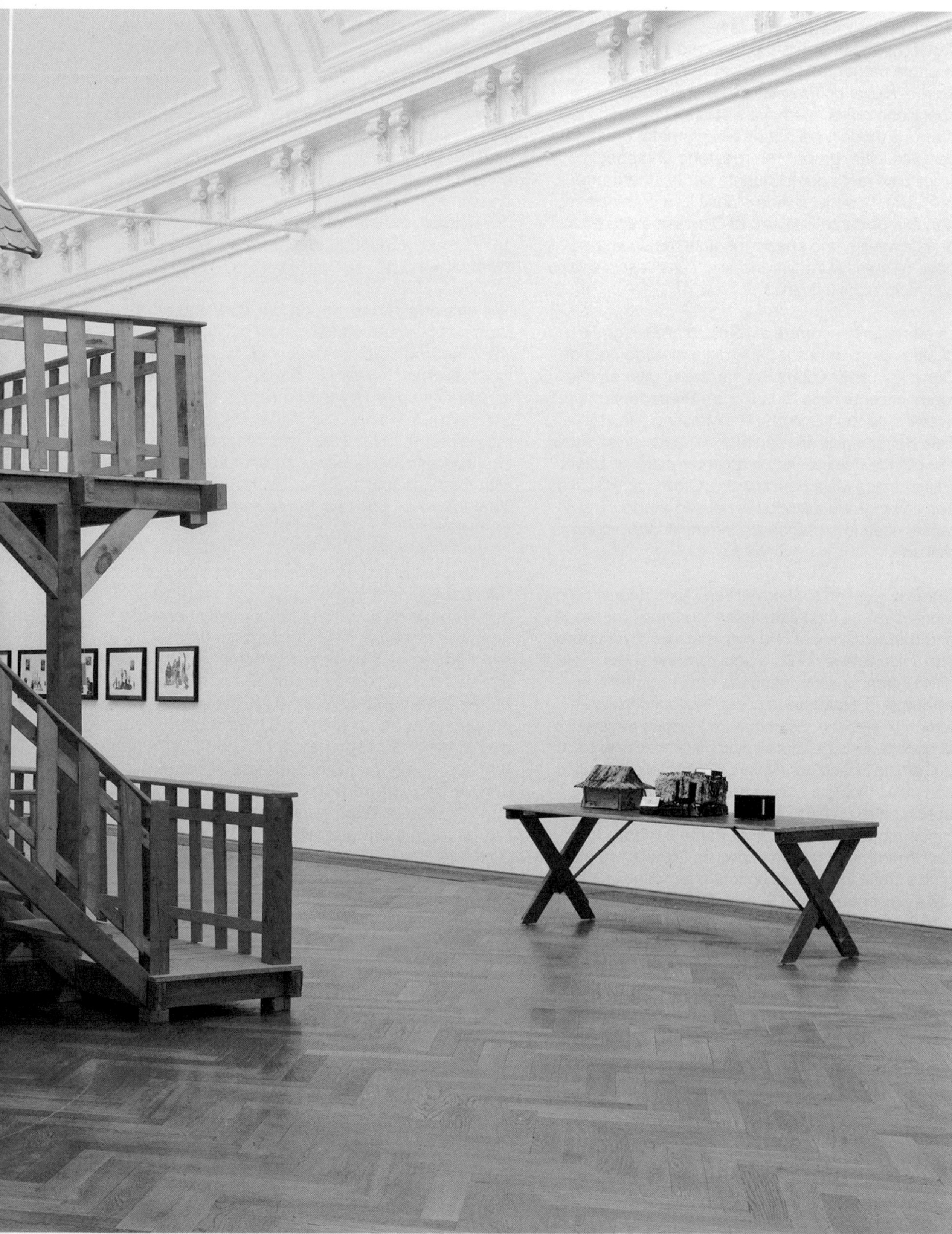

Pavilionesque, installation view, Kunsthalle Basel, 2013.
Courtesy the artist and Metro Pictures, New York; Foksal Gallery Foundation, Warsaw; Galerie Buchholz, Cologne – Berlin – New York; Simon Lee Gallery, London – Hong Kong – New York.
Photo: Serge Hasenböhler © Fotoarchiv Kunsthalle Basel / Basler Kunstverein

"Paulina Olowska non è sola nel suo lavoro", scrive Jan Verwoert in un testo pubblicato in *The Book*, la prima monografia sull'artista. "Tramuta l'arte in un mezzo per coltivare affinità e solidarietà – con specifiche realtà, memorie e stili, e con particolari donne e modalità di passare la giornata, creando così vite, città, gruppi che rivestono uno speciale significato tanto per lei quanto per le altre donne coinvolte. Dove lei finisce e dove loro cominciano, non è importante. Il lavoro di Olowska è situato in questo *milieu*, uno spazio mentale materializzato dove gli spiriti si incontrano, e in cui si lascia spazio alle reciproche influenze".[7]

La strategia di ricorrere al lavoro e alle biografie di altre artiste donne è parte della metodologia di Olowska: l'artista combina narrazioni diverse che fonde insieme nella "sua storia". Precedentemente, aveva prodotto lavori che si ispiravano alla stilista Elsa Schiaparelli, alla scultrice Alina Szapocznikow, alla pittrice Pauline Boty e recentemente all'artista e illustratrice Maja Berezowska. Olowska, così, flirta con l'avanguardia storica e, nel suo modo inimitabile, ritrae le protagoniste femminili della storia dell'arte.

Come scrive l'artista Leaver-Yap, "Il meccanismo di identificazione [con altre figure femminili] messo in atto da Olowska è anche una strategia di recupero attivo. L'artista si ribella a ogni nozione superficiale di post-femminismo mettendo continuamente in evidenza, e instaurando conversazioni con figure femminili storiche. Esaminando le storie passate di queste donne e il loro lavoro, il procedimento dell'artista finisce per rivelare il modo problematico con cui la biologia è stata usata per collocare le donne entro un certo segmento della storia dell'arte moderna. E persino più importante è il fatto che l'appropriazione messa in atto da Olowska re-immagini la storia investita di un futuro femminista. Come nella presentazione di Stryjeńska, l'osservatore è proiettato in una scena in cui ha luogo un dialogo surreale tra le due artiste; facendo uso dell'ambiente concettuale progettato da Olowska, inoltre, gli viene chiesto di immaginare i prodotti di questa collaborazione di fantasia e di rivalutare dialetticamente il lavoro di entrambe le artiste".[8]

L'installazione concepita da Olowska per lo Schinkel Pavillon era composta da grandi quadri in bianco e nero con complesse composizioni figurative derivate dai dipinti di Stryjeńska. I lavori erano giustapposti agli originali dipinti a colori di Stryjeńska, il cui caratteristico stile combina Formismo, Art Déco e arte popolare polacca. I dipinti rivelano un coraggioso uso del colore e della composizione, e dialogano

"Paulina Olowska is not alone in her work," writes Jan Verwoert in the artist's monograph *The Book*. "She turns art into a medium for cultivating affinities and solidarities—with specific realities, memories and styles and with particular women and ways of going through the day creating lives, cities, groups, which are particular to these women and to her. Where she ends and they begin doesn't matter much. Olowska's work is set in the milieu itself, a materialized mental space in which spirits meet and influences are allowed to play themselves out."[7]

The strategy of drawing on the work and biographies of female artists is part of Olowska's work method: she combines various narratives that fuse into "her-story." Earlier, she had created works inspired by the fashion designer Elsa Schiaparelli, the sculptor Alina Szapocznikow, the painter Pauline Boty, and, recently the artist and illustrator Maja Berezowska. Olowska flirts with the historical avant-garde but also in her own inimitable way portrays the female protagonists of art history.

As the artist and theoretician Leaver-Yap writes, "Olowska's identification is also a strategy of active recuperation. It agitates against any glib notion of post-feminism through its insistent highlighting of, and conversations with, historical female figures. By examining the past narratives of these women and their work, the artist's maneuvering ends up exposing the problematical way in which biology has been used to position females within a certain segment of modern art history. More importantly, Olowska's appropriation reimagines history invested with a feminist future. As in the presentation of Stryjeńska, the observer is pulled into a dream dialogue between two artists and, using the conceptual environment engineered by Olowska, asked to imagine the products of the fantasy collaboration and to reassess the work of both artists dialectically."[8]

The installation created by Olowska in the Schinkel Pavillon consisted of large format black-and-white paintings that show complex figurative compositions derived from paintings by Stryjeńska. The works were juxtaposed with the color originals painted in the characteristic style combining Formism and Art Deco with Polish folk art. The paintings delight with their courage in the use of color and composition and engage with the wealth of folk symbolism. For the purposes of the Biennale, Olowska painstakingly copied from photographs paintings by one

con il ricco repertorio del simbolismo popolare. Per la Biennale, Olowska ha copiato accuratamente da fotografie i dipinti dell'artista, che è stata una delle più celebri pittrici polacche del periodo fra le due guerre. In questo modo i dipinti divenivano "irreali", assumendo un certo carattere d'archivio. Il pavimento, che richiamava quello usato dai coreografi nel balletto, era una componente integrante dell'installazione. La distribuzione dinamica dei lavori nello spazio, creato a partire dalla forma di un poligono, suggeriva ulteriormente un approccio coreografico nella costruzione dell'installazione pittorica. Tale disposizione spaziale, dunque, serviva a drammatizzare i lavori di Stryjeńska, i cui soggetti sono spesso persone colte nel mezzo di un determinato movimento. La disposizione dei lavori all'interno dello Schinkel Pavillon era come se preannunciasse e suggerisse una serie di performance capaci di animare – letteralmente e metaforicamente – la produzione di un'illustre rappresentante del modernismo polacco, in modi sorprendenti.

LA PRINCIPESSA PAGANA

Il contributo straordinario di Stryjeńska nei confronti del movimento modernista è stato in parte oscurato dal suo carattere eccentrico e dal comportamento estremo, che l'artista stessa descrive con divertimento nei suoi diari. Quando stava ancora dipingendo un'altra serie di *Bożki słowiańskie* (Divinità slave) – prodotta nel 1918, 1922 e 1934 –, sembra che l'artista, sopraffatta dall'impresa e non sapendo come procedere, si unì a una seduta spiritica per cercare ispirazione. Le *Bożki słowiańskie* (Divinità slave), punto di riferimento per le performance più recenti di Paulina Olowska, uniscono l'iconografia del modernismo con l'antico folklore slavo e un interesse per la mitologia.
I dipinti successivi di Stryjeńska sono meno luddisti e più eleganti, raffinate composizioni Art Déco.

Paulina Olowska ha deciso di trasformare i disegni di Stryjeńska in costumi teatrali, animandoli per la prima volta nella sua performance *Slavic Goddesses—A Wreath of Ceremonies*, presentata a The Kitchen a New York (2017).

Fedele alla sua strategia basata sul "collage" di elementi tratti da fonti diverse, Olowska era alla ricerca di un nuovo contesto per ospitare l'iconografia del primo modernismo. La performance coreografica e musicale presso The Kitchen è stata concepita come una sorta di sfilata di moda, una produzione teatrale ricca di luci e musica, quest'ultima composta da Sergei Tcherepnin (una fusione di folk e spiritual disco).

of the most famous interwar Polish painters. This device rendered the paintings "unreal," imbuing them with an archival character. The monochromatic floor was used as an integral component of the installation, bringing to mind the floor used by choreographers in ballet. The dynamic distribution of the works in the space constructed on the basis of a polygon further implied a choreographical concept in the construction of this painterly installation. Thus, the spatial arrangement serves to emphasize the temperament of Stryjeńska's works, which often show people caught in mid-movement. The arrangement in the Schinkel Pavillon in Berlin was a seemingly discreet announcement of a series of performances that would be in surprising ways animate, literally and metaphorically—the output of a prominent representative of Polish modernism.

THE PAGAN PRINCESS

Stryjeńska's remarkable input into modernism was to an extent overshadowed by the artist's eccentricities and extreme behavior, which she describes amusingly in her journals. It appears that when she was painting yet another series of *Bożki słowiańskie* (Slav Deities)—which came out in 1918, 1922, and 1934—the artist found herself overwhelmed by the task; at a loss how to proceed, she went to a spiritualist séance to seek inspiration. *Bożki słowiańskie* (Slav Deities)—the point of reference for Paulina Olowska's latest performances—combine the iconography of modernism with ancient Slav folklore and an interest in mythology. Stryjeńska's later paintings are less Luddite and more elegant, polished Art Deco compositions.

Paulina Olowska decided to transform Stryjeńska's sketches into theatrical costumes, which she animated for the first time in her performance *Slavic Goddesses—A Wreath of Ceremonies*, presented at The Kitchen in New York (2017).

Faithful to her strategy of collage, Olowska was in search of a new context for the iconography of early modernism. The choreographic and musical performance at The Kitchen was designed as a fashion show of sorts, a theatrical production enriched with lights and music, composed by Sergei Tcherepnin—a fusion of folk and spiritual disco. The archetypal figures evoked by the artist were brought to life by the dancers of Ballez, directed by the choreographer Katy Pyle, acclaimed for their non-heteronormative interpretation of performance works.

Le figure archetipiche evocate dall'artista sono state impersonate dai ballerini della compagnia Ballez, diretta da Katy Pyle, coreografa nota per le sue performance anti-eteronormative.

La ricca iconografia di divinità impiegata da Stryjeńska deriva dalla natura della sua sensibilità artistica, piuttosto che da una devozione al paganesimo. Olowska esalta la plasticità delle composizioni dell'artista modernista, così come la loro qualità *camp*, esplorando il rapporto tra estetica queer e teatro d'avanguardia. La coreografia creata da Ballez ricorda lo splendido balletto *Parade*, coreografato nel 1917 da Jean Cocteau e Léonide Massine, con musica di Erik Satie e costumi di Pablo Picasso.

The rich iconography of deities employed by Stryjeńska stemmed from her artistic sensitivity rather than any devotion to paganism. Olowska emphasized the plasticity of the modernist artist's designs, as well as their camp quality, exploring the aesthetics of queer combined with avant-garde theater. The choreography created by Ballez was reminiscent of the stunning ballet *Parade*, choreographed in 1917 by Jean Cocteau and Léonide Massine, with music by Erik Satie and costumes by Pablo Picasso.

For the costumes, Olowska thoughtfully selected distinctive attributes and materials for each individual performer: feathers, grass, tree branches, folk patterns, and complex headgear.

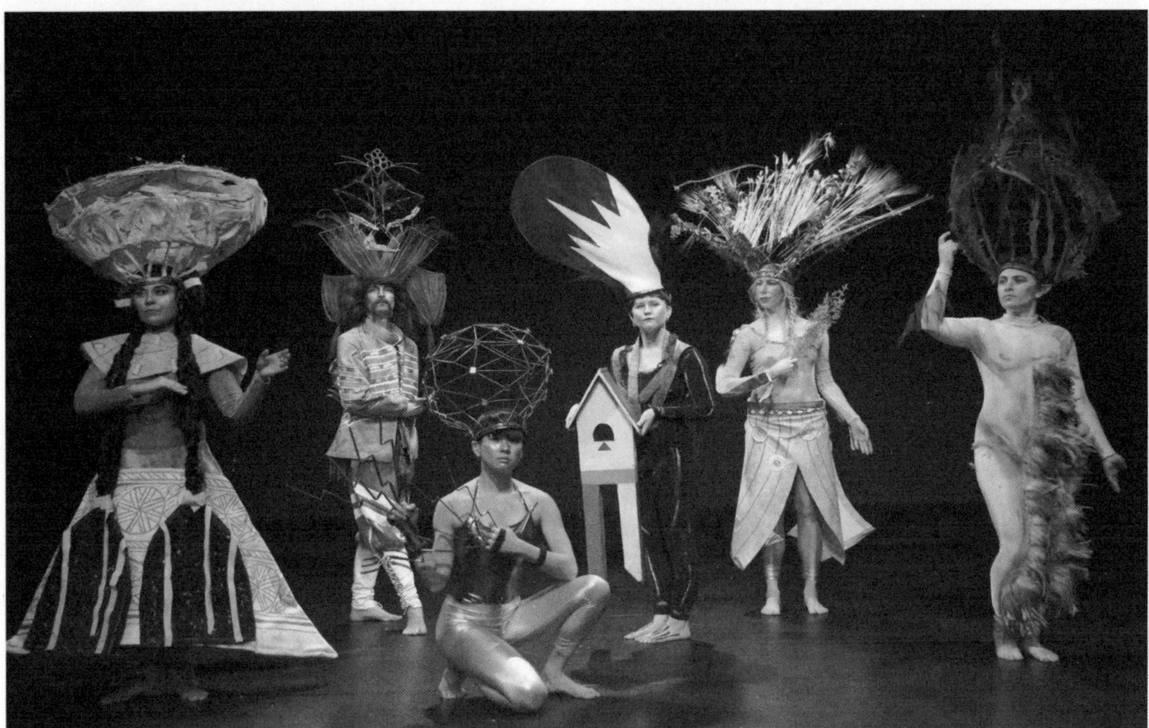

Per i costumi, Olowska ha accuratamente selezionato caratteristiche e materiali per ogni singolo performer: piume, erba, rami d'albero, motivi di design di derivazione folk e complessi copricapi. I costumi, disegnati meticolosamente fino all'ultimo dettaglio, trasmettevano la simbologia legata alle divinità che, secondo la mitologia polacca, vivevano vicine alla natura ma anche agli esseri umani, dei quali influenzavano le vite. La dea Dzydzilelya simboleggia l'amore e la fertilità; Marzanna è il demone della morte e dell'inverno; Perun il dio del firmamento celeste e della tempesta, come rivela la luce tra le sue mani. Peperuga rappresenta il buon raccolto e la pioggia; Wolas è il dio del

The costumes, designed meticulously down to the very last detail, conveyed the symbolism of the mythological deities that lived close to nature as well as humans, whose lives they influenced. The goddess Dzydzilelya symbolizes love and fertility, Marzanna is the demon of death and winter, Perun, the god of the heavenly firmament and of storms, is symbolized by the lighting in his hands. Peperuga stands for good harvest and rain, Wolas is the god of the underground, fatalism and magic, and Lelum's pranks bring the summer.

The performance presented in the Museo del Novecento (2018) comes to life in close

sottosuolo, del fatalismo e della magia; le burle di Lelum, invece, portano l'estate.

La performance presentata al Museo del Novecento (2018) è nata in stretta relazione al progetto concepito per The Kitchen; in particolare, sono i costumi a rappresentare la connessione più evidente. A Milano, l'artista ha aggirato la struttura della performance teatrale imposta dal contesto del *black box*, introducendo una serie di azioni simultanee diffuse che conferivano vitalità ai costumi scultorei, esposti su manichini statici. Come nel caso di *The Mother*, opera ispirata al dramma di Witkacy, anche qui la performance è site-specific: Olowska è pienamente consapevole dello spazio circostante. La performance è memore anche dell'esperienza di *Mycorial Theatre* per l'aroma di zuppa alla frutta, la tecnica dell'improvvisazione e la base musicale, qui composta e remixata da Tcherepnin, che oltre a essere diffusa nello spazio, proviene dalle sculture stesse.[9] Altro elemento della performance è la "sinfonia del respiro" di Dobrawa Borkala, basata su una vera e propria partitura per la respirazione.

Il disegno su vetro, che riprende una tecnica artistica tradizionale, è realizzato di fronte al pubblico; l'opera esplora liberamente una certa iconografia naïf e popolare. La scena, disegnata dall'artista come fosse un'illustrazione per un libro o un poster per il teatro Rabcio, consiste di semplici elementi dal carattere fiabesco, tra cui una flora abbondante, un uccello, dei funghi e la circospetta figura di un mago – o forse solo un raccoglitore di funghi? L'iscrizione "FOLKLORE" è l'elemento dominante della composizione, che viene così trasformata in un manifesto visivo.

LA PERFORMANCE

La pratica artistica di Paulina Olowska può essere collocata nel contesto più ampio della svolta performativa e narrativa degli anni Novanta, avviata nelle arti visive soprattutto dagli artisti relazionali. Olowska ha anche un debito nei confronti della tradizione teatrale e coreografica che, in anni recenti, si è inaspettatamente spostata dal contesto del *black box* a quello del *white cube*.

In *Performance Art: from Futurism to the Present* (pubblicato per la prima volta nel 1979), la celebre critica della performance RoseLee Goldberg ricerca l'origine della performance contemporanea nell'era dell'avanguardia storica. Olowska ha un punto di vista simile: per lei la genesi della performance risiede negli esperimenti teatrali d'avanguardia, nelle

collaboration with the show at The Kitchen, with the costumes as the main connecting strand. In Milan, the artist breaks out of the structure of theatrical performance, imposed by the context of the black box, introducing a series of dispersed simultaneous actions that bring vitality to the show of sculptural costumes displayed on static mannequins. As with her performance of Witkacy's *The Mother*, here too the performance is site specific, with Olowska acutely aware of the surroundings. She also draws on her experiences with *Mycorial Theatre*, redolent with the aroma of dried fruit soup, unscripted and with the musical soundtrack DJ-ed by Tcherepnin, who puts sound not just in the space but also in the very sculptures.[9] One of the elements of the performance is the "breath symphony" by Dobrawa Borkala, who has succeeded in writing a score for breathing.

The painting on glass, a traditional artistic craft, is done in front of the audience, liberally exploring naïve folk iconography. The scene designed by the artist in the ambiance of a book illustration or posters for the Rabcio Theater consists of simple elements derived from the aesthetics of a fairy tale, featuring abundant flora, a bird, mushrooms and the inconspicuous figure of a magician, or perhaps simply a mushroom picker? The inscription, "FOLKLORE," is the dominant element of the composition, turning it into a visual manifesto.

THE PERFORMANCE

Paulina Olowska's artistic practice can be placed in the broader context of the performative and narrative turnaround of the 1990s, which was initiated in the visual arts mainly by Relational artists. Olowska is also indebted to the theatrical and choreographic tradition that in recent years has unexpectedly migrated from the black box to the white cube.

In her *Performance Art from Futurism to the Present* (first published in 1979), the acclaimed performance researcher RoseLee Goldberg looks for the source of contemporary performance in the era of the historical avant-garde. Olowska has a similar take; for her the genesis of performance lies in avant-garde theatrical experiments, Dada cabaret evenings, Surrealist dinners, and eccentric fashion shows.

In this context, painting is a significant point of departure, venturing beyond the canvas, open to choreography and all hybrid forms. Sometimes

serate di cabaret dadaiste, nelle cene surrealiste e nelle eccentriche sfilate di moda.

In questo avventurarsi oltre la tela, aprirsi alla coreografia e ad altre forme ibride, la pittura rappresenta un importante punto di partenza. A volte artista, altre curatrice, Olowska si muove con approccio cerebrale tra diversi media e discipline, unendo pratiche contemporanee con la storia del primo modernismo, dell'avanguardia artistica polacca, della leggendaria compagnia Cricot 2, delle conquiste del Bauhaus, del Costruttivismo est-europeo e del Surrealismo parigino.

Un aspetto fondamentale per l'artista è l'uso dello spazio come ready-made e come costante punto di riferimento per il lavoro in corso. Nella visione di Olowska, la performance è un'attività collettiva, in cui le immagini possono comporre un set, in cui l'arte e i lavori sono usati come arredi di scena,

an artist, other times a curator, Olowska moves cerebrally between disciplines and media, combining contemporary practices with the history of early modernism, the Polish artistic avant-garde, the legendary Cricot 2 theater company, the achievements of the Bauhaus, eastern European Constructivism, and Parisian Surrealism.

The use of the space as a readymade is an important element and a significant point of reference for the artist's work in progress. In Olowska's vision, performance is a collective activity, where images can play the role of the stage set, works of art are used as props, paintings can transform themselves into sculptures and costumes unexpectedly turn into objects. This is a world in which fashion becomes a political and gender manifesto, and mushroom picking—a spiritual quest.

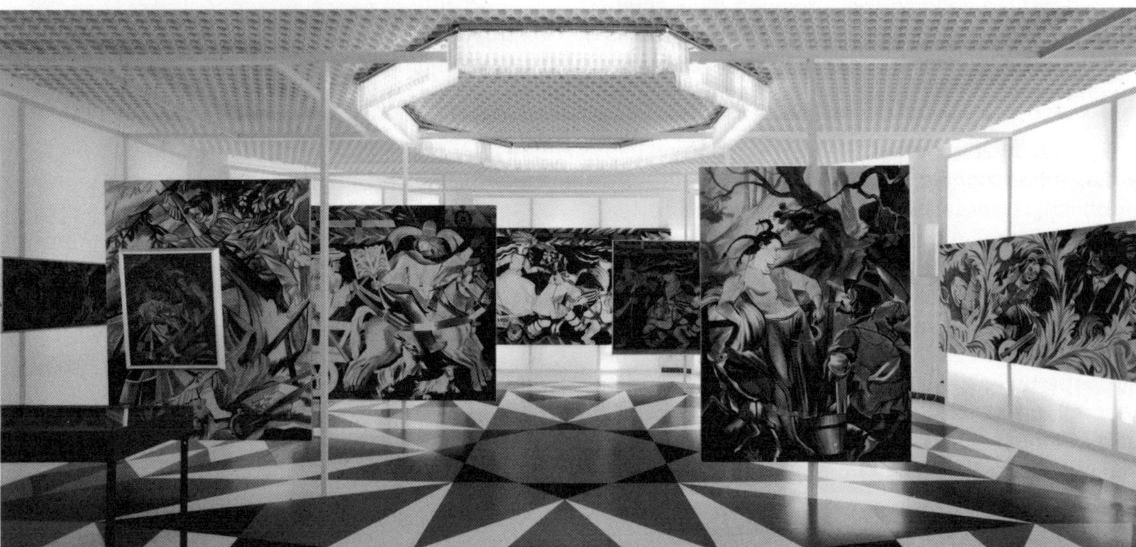

in cui i dipinti possono tramutarsi in sculture e i costumi, inaspettatamente, in oggetti. Un universo in cui la moda diviene un manifesto politico e di genere, e la raccolta dei funghi assume la valenza di una ricerca spirituale.

Un altro importante fattore è l'uso da parte di Olowska dello spazio espositivo come *mise-en-scène* – un set teatrale che, grazie a un impianto concettuale o a un *leitmotiv*, viene radicalmente trasformato in un salotto o in una decorazione, in uno spazio multifunzionale e ambivalente. Questo è uno spazio "intermedio" – infestato da fantasmi del passato ed evocato in una cerimonia eseguita con la partecipazione di amici.

Another important pointer is Paulina Olowska's approach to using the exhibition space as a *mise-en-scène*—a theatrical stage set, radically transformed by the function of a concept or leitmotif into a salon, or decoration, a space that is multifunctional and ambivalent. This is a space "in-between"—frequented by ghosts from the past, evoked in a ceremony performed with the participation of friends.

1   Ushirika è un progetto sociale e artistico, messo in atto da Alicja Wysocka e dalla comunità di Mathare Valley, Kenya, che si rifà alla tradizione dei movimenti cooperativi. Questa cooperativa disegna e produce vestiti, accessori di moda e altri prodotti. Per ulteriori informazioni: https://www.ushirika.pl/.

2   Cepelia, l'Ufficio Centrale di Artigianato Artistico e Popolare: associazione di laboratori artigianali con una rete di negozi che vendevano oggetti fatti o ispirati da artisti polacchi popolari e prodotti in cooperative. Era attiva in Polonia tra il 1949 e il 1990.

3   Claire Bishop, "Paulina Olowska: Reactivating Modernism", *Parkett*, n. 92, 2013, p. 147.

4   *Volleyball Player* è un famoso neon di Varsavia, disegnato da Jan Mucharski nel 1960 e collocato in Piazza della Costituzione. Su iniziativa di Paulina Olowska, fu ristrutturato nel 2006, e oggi il tiro perfetto del giocatore di pallavolo può essere contemplato di nuovo.

5   Zine *Nova Popularna*, Foksal Gallery Foundation, 2003, p. 7.

6   Isla Leaver-Yap, "Paulina Olowska: and it is Time. Paulina Olowska's painterly sense of history and fascination for collaboration", *MAP Magazine*, n. 14, giugno 2008, https://mapmagazine.co.uk/paulina-olowska-and-it-is-tim [in data 30 marzo 2018].

7   Jan Verwoert, "Historic Desire Unbound: On the Work of Paulina Olowska", in *Paulina Olowska. The Book*, a cura di Lionel Bovier, JRP-Ringer, Zurigo 2013, p. 67.

8   Isla Leaver-Yap, "Paulina Olowska: and it is Time"

9   "Ho composto sei movimenti, uno per ciascuna divinità, che insieme costituivano la base musicale. La musica creava immediatamente un'atmosfera nella sala, oltre che un dialogo – o una danza sonora – tra le divinità, animandole con suoni e vibrazioni. La partitura elettronica è stata realizzata utilizzando sintetizzatori analogici e digitali in combinazione con registrazioni sonore di pianeti provenienti dalla NASA. La musica incorporava varie danze, per poi fondersi in vibrazioni eteree" (Sergei Tcherepnin).

1   Ushirika is a social and artistic project run by Alicja Wysocka and the community of Mathare Valley, Kenya, drawing on the tradition of co-operative movements. This co-op designs and produces clothes, fashion accessories and other items. More information at: https://www.ushirika.pl/.

2   Cepelia, the Central Office of the Folk and Art Industry—the association of craft workshops with a network of retail outlets that sold objects made or inspired by Polish folk artists and produced in co-ops. It was active in Poland between 1949 and 1990.

3   Claire Bishop, "Paulina Olowska: Reactivating Modernism," *Parkett*, no. 92 (2013): 147.

4   *Volleyball Player*—a famous Warsaw neon, designed by Jan Mucharski in 1960 and located in Constitution Square. On the initiative of Paulina Olowska, it was renovated in 2006 and today, the Volleyball Player's perfect shot can be admired again.

5   *Nova Popularna* Zine, Foksal Gallery Foundation, 2003, 7.

6   Isla Leaver-Yap, "Paulina Olowska: and it is Time. Paulina Olowska's painterly sense of history and fascination for collaboration," *MAP Magazine*, no. 14 (June 2008), https://mapmagazine.co.uk/paulina-olowska-and-it-is-tim [accessed March 30, 2018].

7   Jan Verwoert, "Historic Desire Unbound: On the Work of Paulina Olowska," *Paulina Olowska. The Book*, ed. Lionel Bovier (Zurich: JRP-Ringier, 2013), 67.

8   Isla Leaver-Yap, "Paulina Olowska: and it is Time"

9   "I composed six movements, one for each Goddess, which together make the entire composition. The music at once set an atmosphere for the room, and also created a dialogue–or spatial sonic dance–between the Goddesses, animating them with music and physical vibration. The electronic score was made using analog and digital synthesizers in combination with recordings of the planets sourced from NASA. The music itself incorporates various dances, then melting into ethereal vibrations." (Sergei Tcherepnin)

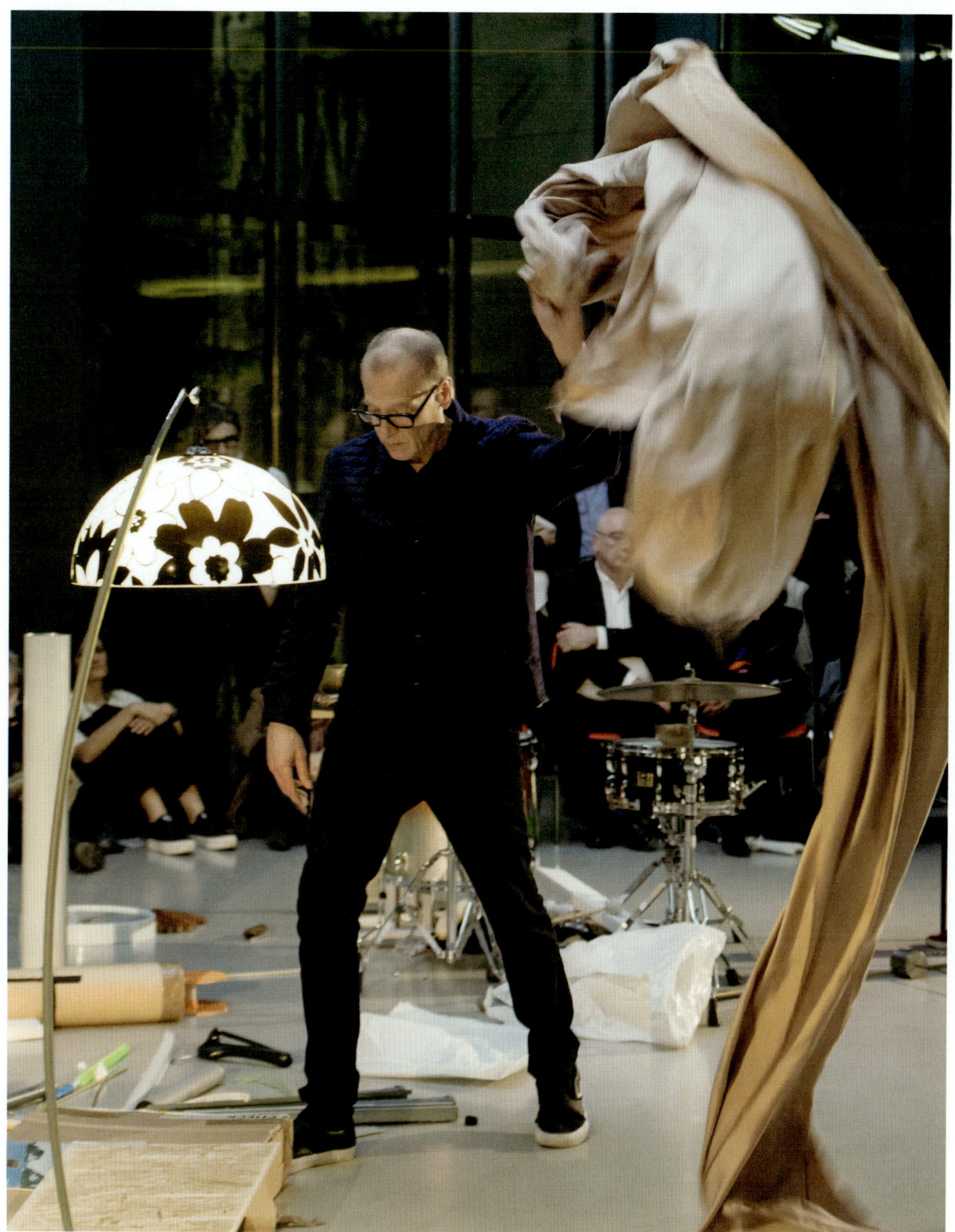

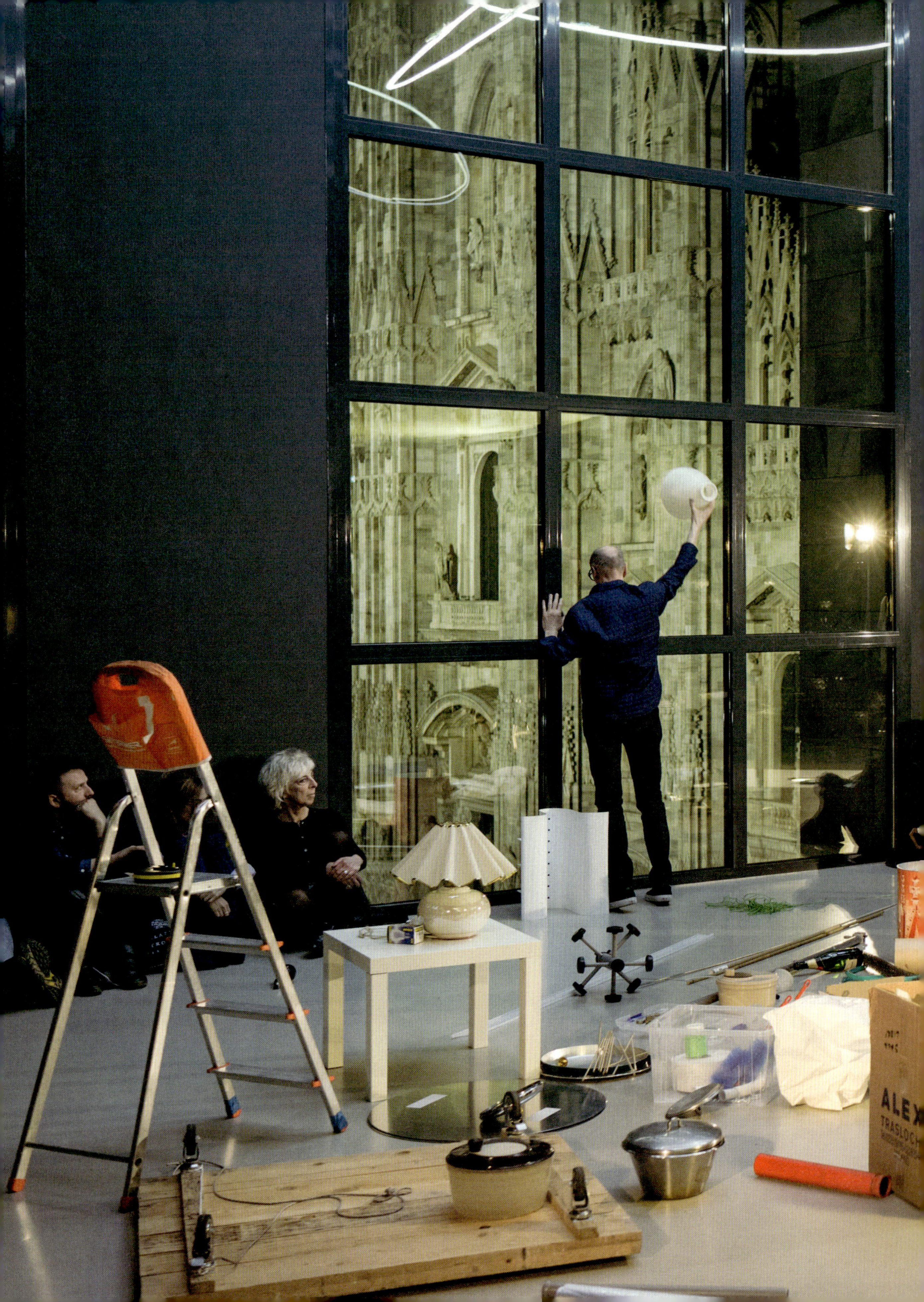

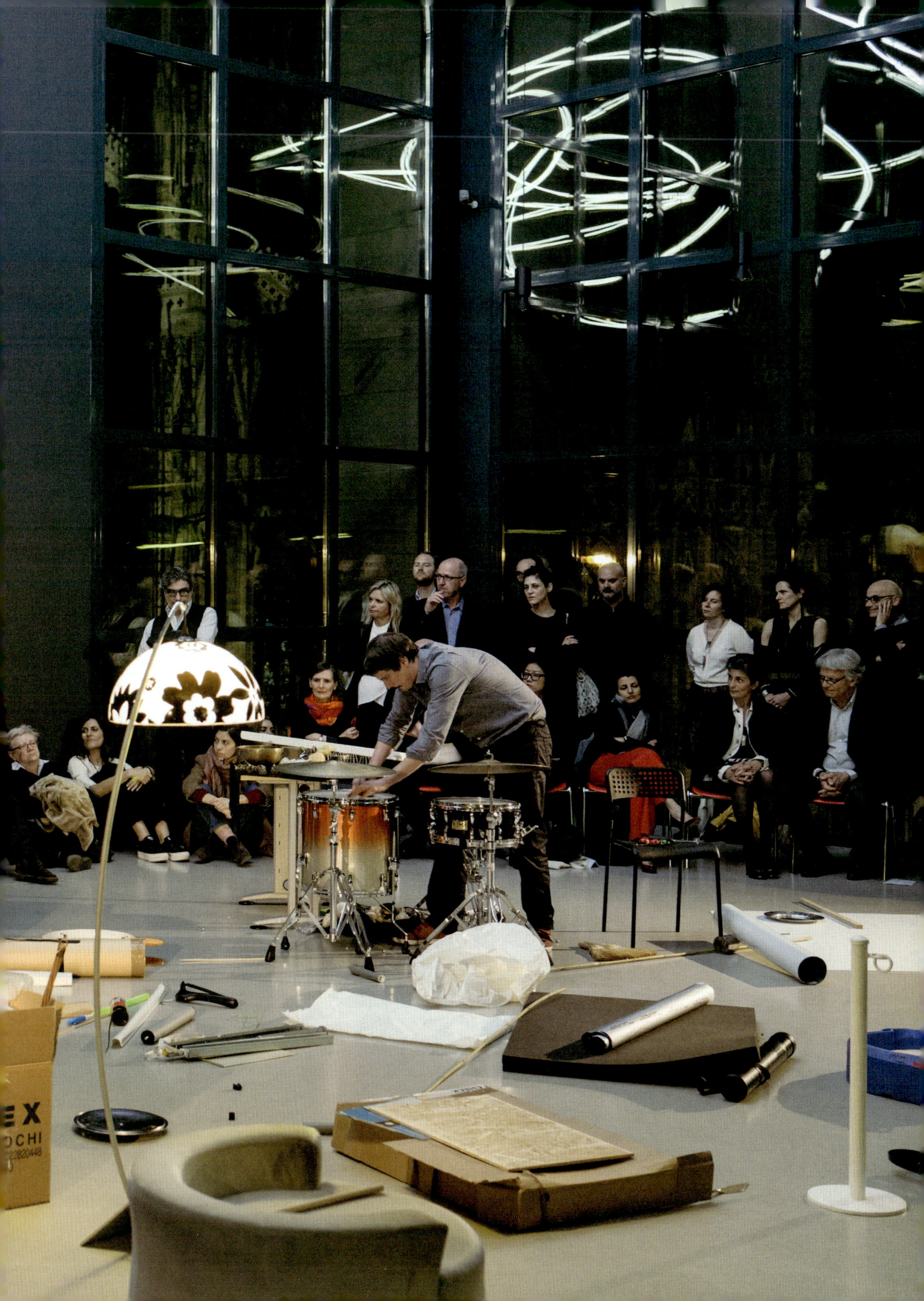

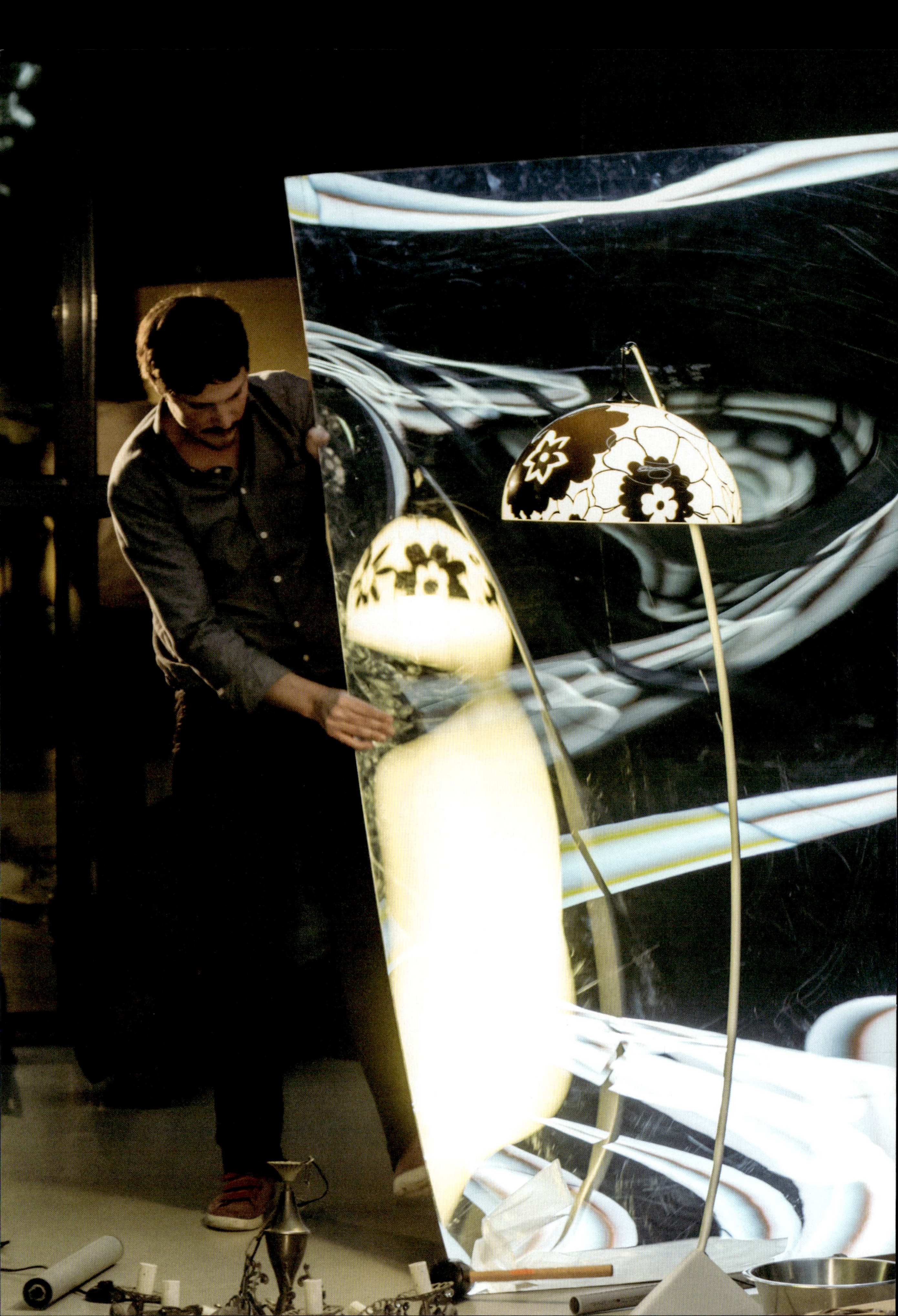

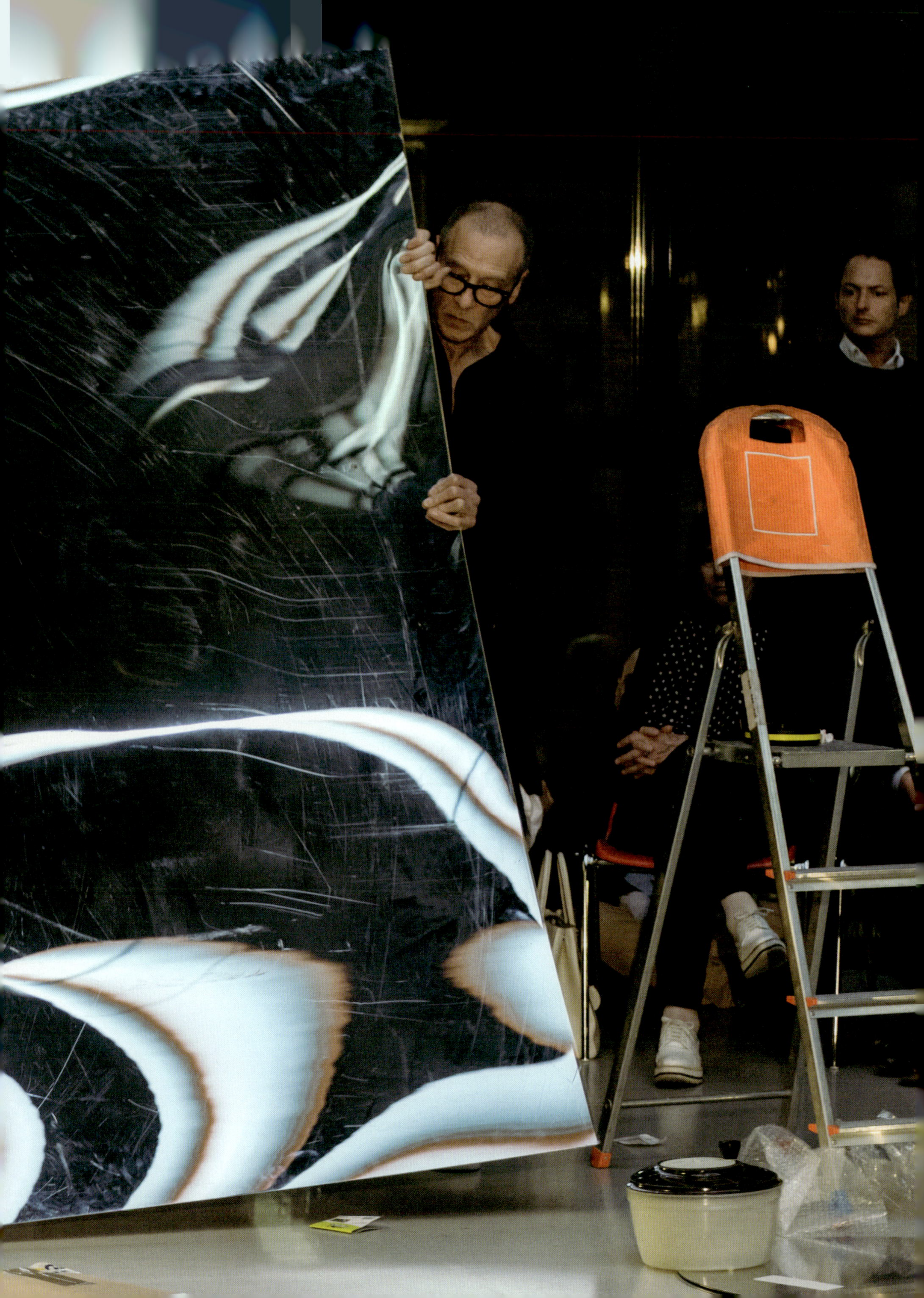

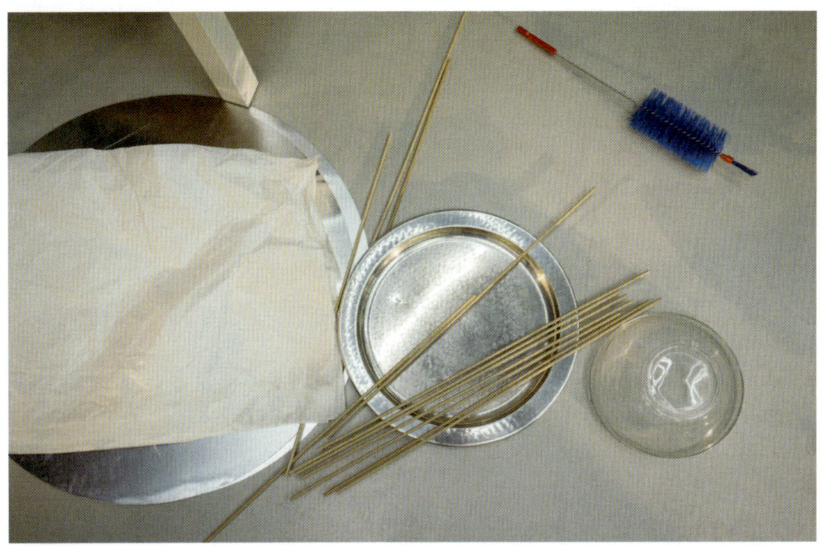

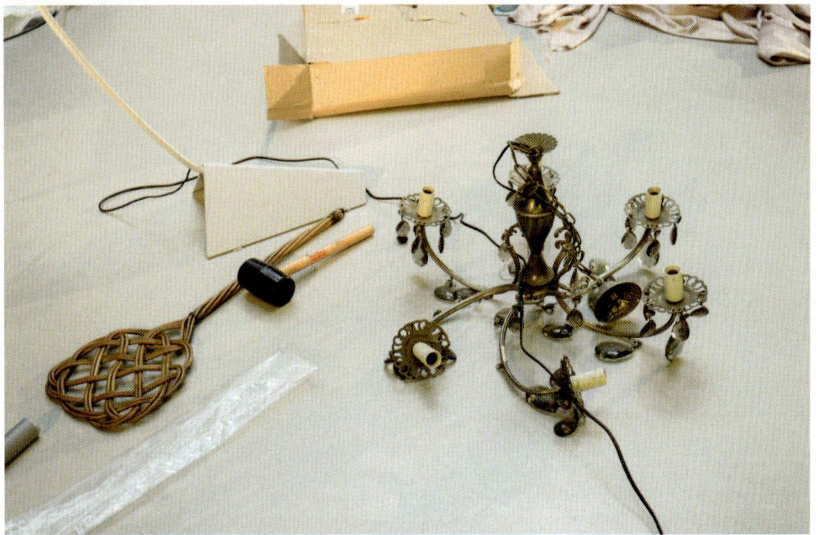

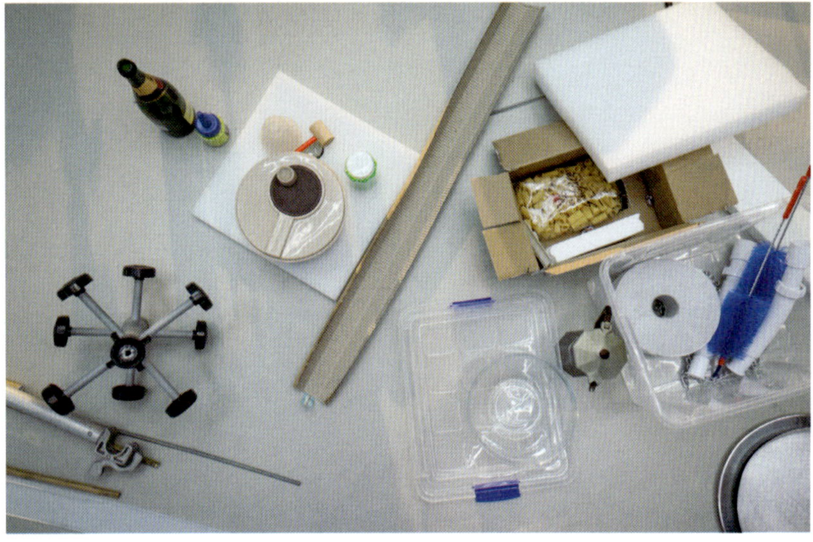

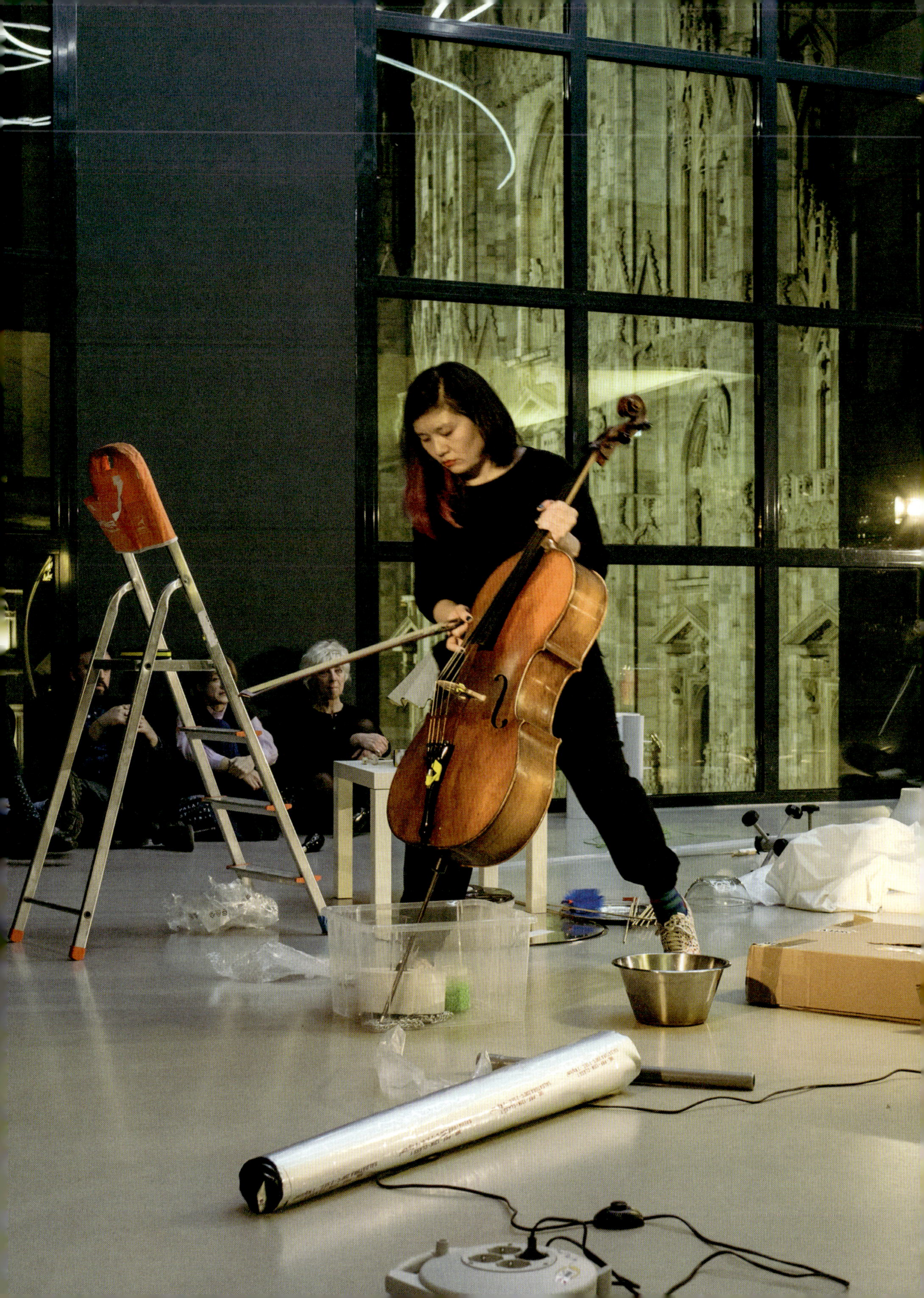

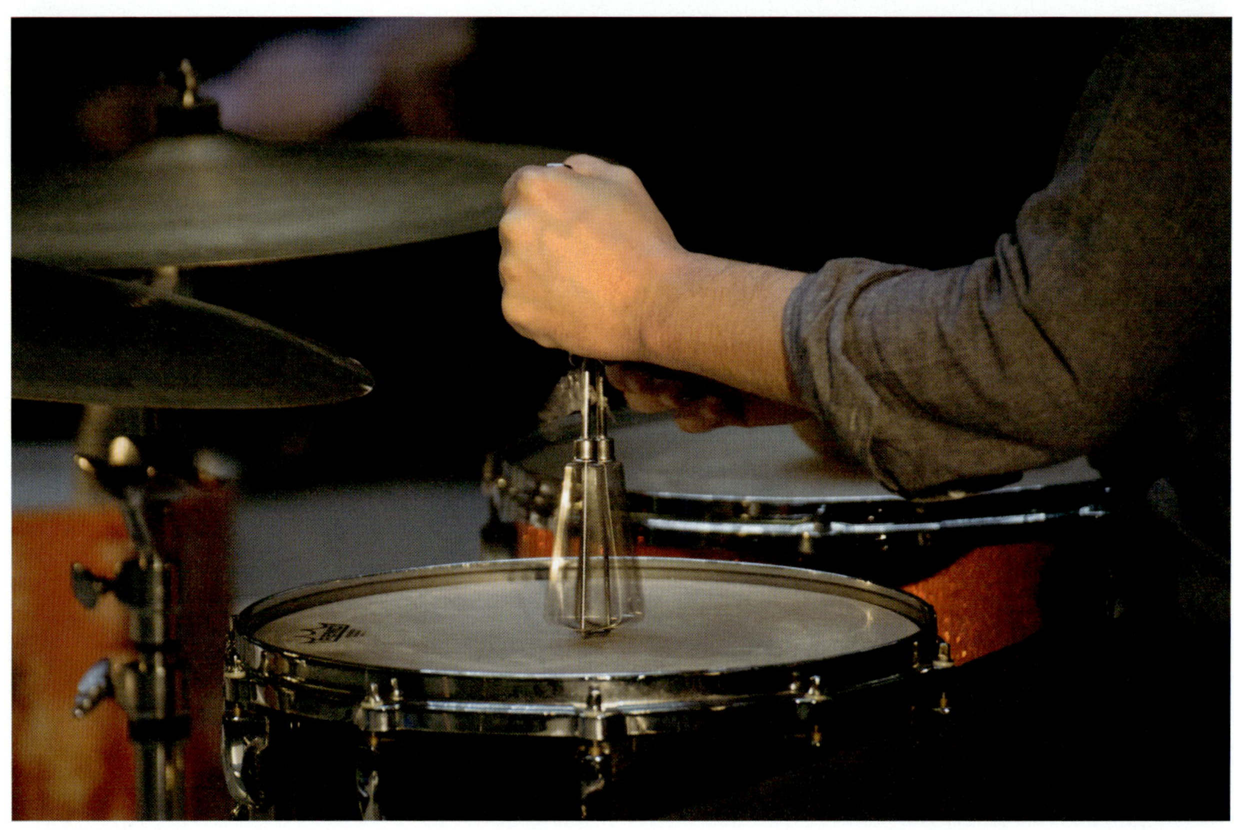

P. 113–120
Christian Marclay
Concerto Spaziale
With Okkyung Lee and Luc Müller

Performed at Museo del Novecento, Sala Fontana, Milan
April 14, 2018

Photo: © Masiar Pasquali

Rovesciando in maniera tutto sommato banale una celebre massima di Nietzsche, un autore il cui nome al momento mi sfugge ha pensato bene di scrivere, a proposito di Christian Marclay, che "senza la vita, la musica sarebbe un errore". Possiamo immaginare di dar credito a questa idea nella misura in cui l'attività artistica di Marclay sembra dipendere da una generalizzazione del fenomeno musicale o, per dirla forse con più precisione, dalla presa in considerazione di una potenziale estensione della musica – attraverso i suoi segni, rappresentazioni e manifestazioni sonore – in seno alla nostra esistenza, fino al completo recupero, termine per termine, dell'una da parte dell'altra. Si riconosce qui una delle aspirazioni fondamentali delle avanguardie storiche e di una parte delle tendenze che le hanno seguite: la vita quotidiana, oppressa dalla coscienza dell'alienazione che ne accompagnava le trasformazioni, doveva essere salvata dall'arte, essa stessa convertita, per così dire, in arte di vivere. Marcel Duchamp e John Cage restano ancora oggi due emblemi di quel credo, l'ideale secondo cui la storia, appesantita dal fardello della realtà, ha confinato nell'ambito del simbolico insieme a molti dei suoi seguaci. "La pittura è in rapporto sia con l'arte che con la vita. Nessuna delle due può essere costruita. (Io tento di operare nello spazio tra le due)". Pur rivelandosi ostica e meno intelligibile di quanto sembri a prima vista, la dichiarazione di Robert Rauschenberg (riprodotta nel catalogo della mostra *Sixteen Americans* inaugurata nel 1959 presso il MoMA di New York) lascia intravedere una difficoltà concernente l'ambito d'azione, e di inscrizione, di un'arte che non ha intenzione di rinunciare al progetto di rifare il mondo. In che modo "la pittura" (intesa qui probabilmente come sineddoche di ogni forma artistica) potrebbe affrancarsi dal legame che – è del tutto evidente – intrattiene con l'arte quanto con la vita? Qual è il *gap* che l'artista tenta di occupare? Dov'è situato? Oltre mezzo secolo dopo, questi interrogativi restano aperti.

*

A Milano, al Museo del Novecento, le porte della vasta sala affacciata sul Duomo che ospita due opere sospese di Lucio Fontana (la grande spirale al neon concepita per la Triennale del 1951 e il soffitto in cemento originariamente installato nel 1956 presso l'Hotel del Golfo di Procchio, sull'Isola d'Elba) vengono chiuse appena il pubblico ha preso posto. Le stesse porte si riaprono quasi

In a rather appropriate inversion of a famous line from Nietzsche, an author whose name escapes me for the moment decided to write, on the subject of Christian Marclay, that "without life, music would be a mistake." Let us say we give some credit to this twist, inasmuch as it seems that Marclay's artistic work can be categorized as having spread from the phenomenon of music. Or, perhaps more precisely, as something that considers a potential extension of music—through its signs and representations, as well as its manifestations in sound—in our everyday existence, until the one has been fully covered, term by term, by the other. Here we recognize one of the fundamental aspirations of the historical avant-gardes and, in a way, of what prolonged them: everyday life, burdened by the consciousness of the alienation that accompanied its transformations, had to be saved by art, which itself changed, so to speak, into the art of living. Marcel Duchamp and John Cage are still two leading figures of a creed, an ideal, such that history, weighed down by its load of reality, saw to it that the register was limited to the symbolic (except, of course, for certain followers of this ideal). "Painting relates to both art and life. Neither can be made. (I try to act in that gap between the two.)" If only because of its abrupt nature, less intelligible than is apparent, Robert Rauschenberg's statement printed in the catalogue of the exhibition *Sixteen Americans*, held in 1959 at the MoMA in New York, clearly showed a difficulty concerning the field of action, and of inscription, an art eager to not give up on its plan to remake the world. In what way can "painting" (understood here, no doubt, as synonymous with any artistic medium) not be (more) able to accept the link it maintains—manifestly, it seems—with art just as much as with life? What is this *gap* whose space the artist would try to occupy? Where can we place it? More than half a century later, these questions remain open.

*

In Milan, in the vast hall in the Museo del Novecento which houses two hanging works by Lucio Fontana (the large neon scroll designed for the Milan Triennale in 1951 and the concrete ceiling originally installed in 1956 at the Hotel del Golfo in Procchio, on the island of Elba), with its glass facade looking out on the nearby Duomo, the doors were closed once the public had taken their places. They reopened almost immediately to let in two men and a woman who, a priori, looked no different from the people assembled

subito per lasciar passare due uomini e una donna, del tutto indistinguibili dal resto degli spettatori, che senza fretta iniziano a creare un groviglio di fievoli rumori in costante *crescendo*: gli oggetti più disparati vengono di volta in volta sfiorati, sfregati, scossi, colpiti, lasciati cadere. (È il 14 aprile 2018 e il giorno prima, l'inizio della cosiddetta *preview* – appellativo bizzarro per un evento che programmaticamente non potrà mai ripetersi identico a se stesso – era stato annunciato da un colpo sferrato contro una parete, un fragore dalla sonorità ampia e sorda come quella di un gong che ne rimarcava la natura inaugurale). Nell'armamentario eteroclito la cui gestione è affidata – ma solo in parte – a Christian Marclay, è possibile ravvisare un certo numero di strumenti a percussione più o meno tradizionali, tutti appannaggio di Luc Müller, e un violoncello che Okkyung Lee estrarrà presto dalla custodia. Una cinquantina di minuti più tardi i tre performer lasciano la sala in successione, ciascuno per conto proprio, quasi a richiamare la Sinfonia n. 45 in Fa diesis minore di Haydn nota come *Les Adieux* (Gli addii), se non fosse che continuano a suonare per un po', con un *morendo*, dopo essere scomparsi dal nostro campo visivo (una menzione speciale va alle lastre di metallo sbatacchiate da Marclay in fondo alla scala mobile, una suggestiva eco delle mandrie di vacche che rendono così affascinanti le montagne svizzere).

*

Concetto spaziale è il titolo generico che Fontana iniziò ad attribuire alle sue opere a partire dal 1949. Il titolo della performance musicale di Christian Marclay e dei suoi due complici – *Concerto Spaziale* – denota un rapporto specifico con il luogo che la ospita e di cui sfrutta le proprietà fisiche e acustiche (spesso l'intento è proprio quello di "suonare" la sala o l'edificio come si fa con uno strumento). In una prospettiva più ampia, l'intento di *localizzazione* riguarda anche gli oggetti riuniti per l'occasione, che siano stati recuperati nei depositi dell'istituzione che ospita la performance o nella città in cui ha sede, in una sorta di deriva che rianima gli spettri del *flâneur* e del robivecchi. Il succitato concerto è *spaziale* anche per il costante movimento dei performer nel corso dello sviluppo, e simultanea invenzione, del continuum sonoro in cui viene immerso il pubblico: il *Concerto Spaziale* è una pièce in mille e uno movimenti – una sorta di sonata in tre movimenti che consideri qui però anche i corpi degli interpreti – o se si preferisce, una pièce in un numero infinito di atti, secondo uno slittamento semantico analogo all'opera in cinque atti.

there and who, without haste, began creating a hodgepodge of small noises gradually growing to a crescendo as they scraped, rubbed, shook, struck, and overturned objects of all kinds. (This was April 14, 2018, and the day before the performance was called "preview," a charming term to describe an event that is deliberately never the same as itself, which began with a blow on a wall, with a full, muffled sound, like that of a gong, that also evokes a beginning.) Among this motley paraphernalia, manipulated primarily—but not only— by Christian Marclay, were a number of more or less traditional instruments, played by Luc Müller, and a cello, which Okkyung Lee would soon take from its case to be played only by her. Some fifty minutes later, the three performers would each leave the room on their own, one after the other, recalling Haydn's Symphony No. 45 in F minor, known as *Les Adieux* (The Farewell), except that in this case they would go on playing as they leave and continue for a while, *morendo*, after having disappeared from view (special mention that day to the metal plates banged together by Marclay at the bottom of the escalator, in a very evocative echo of herds of cows producing that particular charm of the Swiss mountains).

*

Concetto spaziale is the generic title that Fontana gave to his works beginning in 1949. The musical performance by Christian Marclay and his two partners was named *Concerto Spaziale*, denoting a specific relationship to the place, exploiting its physical and acoustic properties (they were often "playing" the room, or the building, as one would play an instrument). On a larger scale, this *in situ* aspect also connects to the objects collected for the occasion, which had been in the storerooms of the inviting institution or in the city itself, a kind of drift that revives the specters of the wanderer and the ragman. *Spatial* it is, said concerto, because of the constant movement of the performers throughout this sound continuum that they simultaneously deploy and invent before the audience: the *Concerto Spaziale* is thus a piece in a thousand and one movements—as one would speak of a sonata in three movements, but counting here the body of the performers as well—or in an infinity of acts, to use a semantic shift from the opera in five acts.

*

What sounds do things make? This is a curiosity specific to the child, the artist and the researcher,

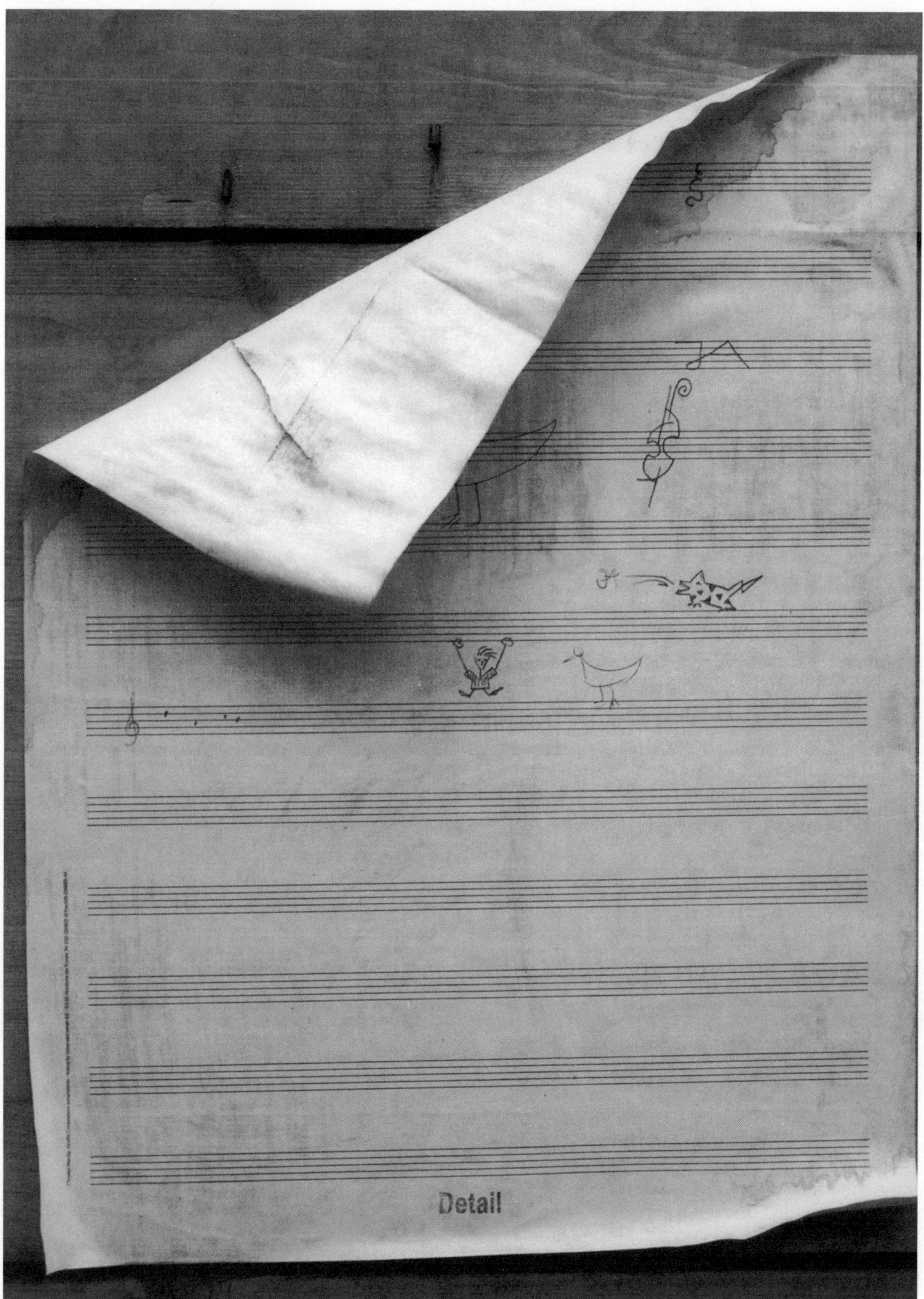

Graffiti Composition, 2002, Indigo prints on Cougar stock.
Portfolio of 150 digital prints, each 35.56 × 24.13 × 7.62 cm.
© Christian Marclay

*

Quali suoni producono le cose? È questo l'interrogativo che tormenta bambini, artisti e ricercatori, tutti inesorabilmente pungolati da un perpetuo "E se...?" In un testo giovanile del 1898, *Notizen zur Melodie der Dinge* (Note sulla melodia delle cose), Rainer Maria Rilke si interrogava poeticamente sul mondo degli oggetti quotidiani per poi iniziare inaspettatamente a occuparsi di teatro. Qualcosa di simile accade durante i concerti improvvisati di Marclay: inaspettatamente si manifestano sulla scena dei mondi possibili, paralleli. Che tipo di musica è racchiusa in un tubo di plastica che cade, in una lastra di vetro raschiata con un secchio o in una caffettiera che viene squassata? E per converso: che tipo di grezze sonorità è possibile estrarre da uno strumento tradizionale? (A quanto pare nelle mani di Okkyung Lee il violoncello può diventare un generatore inesauribile di rumori inauditi).

*

Is it about a bicycle? Si domandava nel 1985 Joseph Beuys in occasione di una delle sue mostre in una galleria parigina. In effetti la "reginetta", come a volte viene misteriosamente chiamata la bicicletta in francese, è una presenza ricorrente nell'arte d'avanguardia. È presumibilmente iniziato tutto con Alfred Jarry, che ne possedeva un modello di gran lusso e non esitò a riscrivere la Passione di Cristo sotto forma di corsa ciclistica in salita. Non dimentichiamo che la ruota di bicicletta duchampiana del 1913, impennata sullo sgabello insieme al quale compone una specie di chimera, era nata per essere animata, fatta girare e produrre così quel suono caratteristico che assomiglia al frullare delle roulette dei casinò, un altro emblema del caso e dell'indifferenza. La bici è dada, com'è giusto che sia. Il 4 marzo 1963, un Frank Zappa appena ventiduenne in giacca e cravatta impiegatizie ne diede l'ineffabile conferma alla televisione americana. Che tour avrebbero dovuto compiere nelle case della classe media statunitense le due biciclette (una in posizione normale, l'altra ribaltata) suonate da Zappa durante lo *Steve Allen Show*, prima da solista, poi insieme al presentatore e infine con l'accompagnamento dell'orchestra? Si trattava di uno spettacolo particolarmente ambiguo, imbarazzante persino agli occhi del principale interessato che intendeva solo esprimere la propria ammirazione per Stravinskij e Varèse. (Era l'epoca in cui praticamente qualsiasi cosa, con la contropartita del passaggio sotto le forche caudine del buon

driven by a perpetual, "What if...?" In a text written in 1898, *Notizen zur Melodie der Dinge* (Notes on the Melody of Things) a young Rainer Maria Rilke wondered, as a poet, about the world of everyday objects and quickly came to the question of theater. Something similar happens at Marclay's improvised concerts, where possible, parallel worlds suddenly appear on stage. What music is contained in a plastic pipe falling, a glass that is scraped against a bucket or a coffeepot operated in fits and starts? As a counterpoint, what raw sound material can be extracted from a traditional instrument? The cello, as played by Okkyung Lee, is an inexhaustible generator of the most varied noises.

*

Is it about a bicycle? This is what Joseph Beuys wondered about one of his exhibitions in a Paris gallery in 1985. Indeed, the bicycle, mysteriously sometimes called "la petite reine" in French ("the little queen"), seems to be one of the recurring objects of the avant-garde. It all started with Alfred Jarry, who had a luxury model and quickly set about rewriting the Passion of Christ as a coastal cycling race. Nor can we forget Duchamp's 1913 *Bicycle Wheel*, mounted upside down on a stool so as to compose a kind of siren. It would be brought to life by anyone who wished to turn it, thus producing that characteristic sound that recalls the roulette wheel, another emblem of chance and indifference. The bike is Dada, in a fitting reversal of roles. On March 4, 1963, a twenty-two-year-old Frank Zappa, dressed in a very square suit and tie, offered unsurpassable confirmation of this on American television. What circuit were the two bicycles (one right side up, the other upside down) which he played for the *Steve Allen Show*, first solo, then joined by the presenter and finally by an orchestra, supposed to complete in average American homes? It was a most ambiguous performance, embarrassing even for the principal party concerned, whose admiration for Stravinsky and Varèse showed only with some effort. (This was the time when just about anything, if it ran the gauntlet of common sense, could end up in prime time on television, and John Cage himself, three years earlier, had appeared on the show *I've Got a Secret* to perform *Water Walk,* a piece he composed in 1959, and which required him to play, among many other objects scattered about the stage, a carafe, a bottle of wine, ice cubes, and a mechanical fish. The host, speaking of the audience, pointed out, "inevitably, Mr. Cage, these are nice people but some of them are going

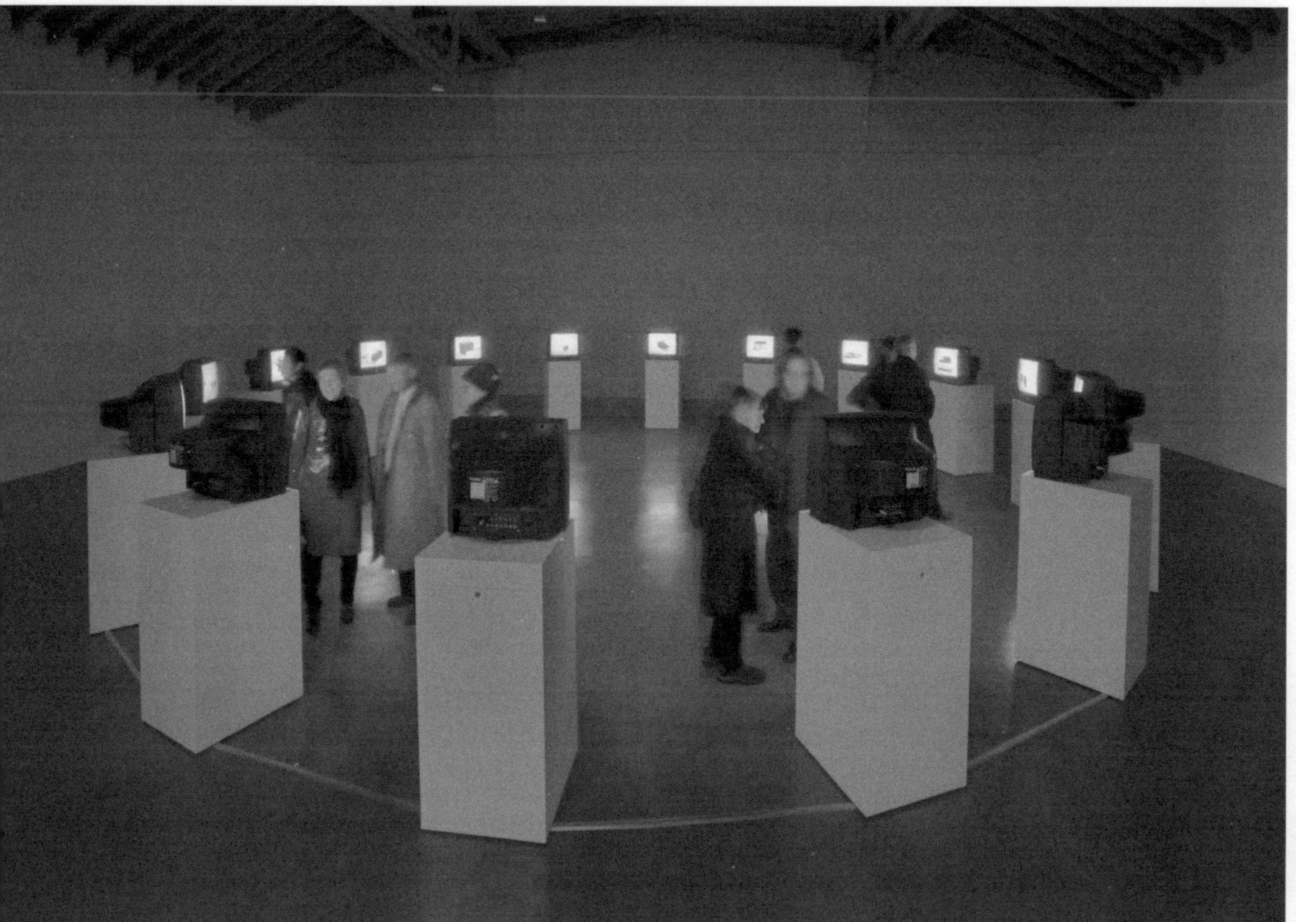

Shake, Rattle and Roll (Fluxmix), 2004, installation view, Paula Cooper Gallery, New York, 2005. © Christian Marclay. Courtesy Paula Cooper Gallery, New York

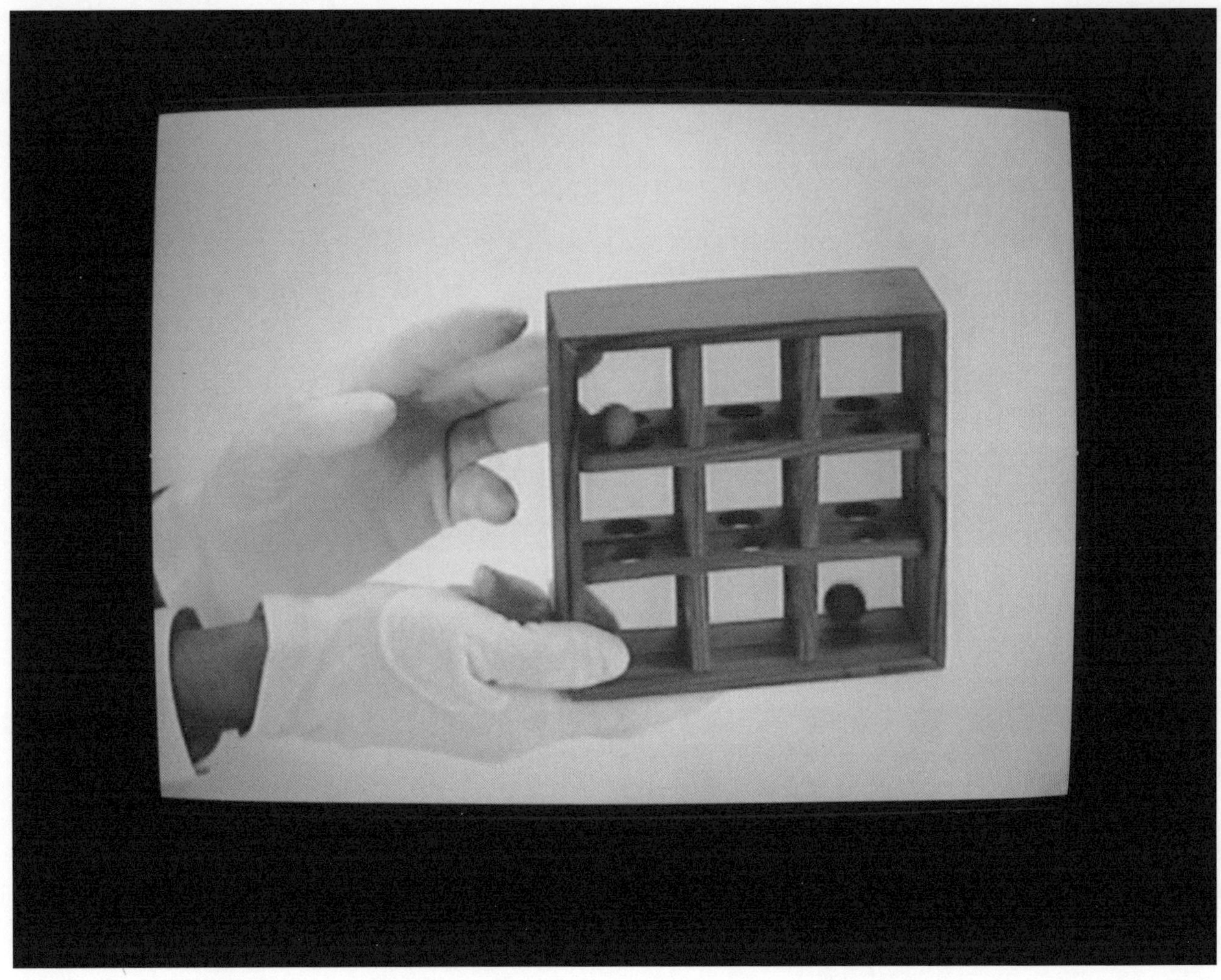

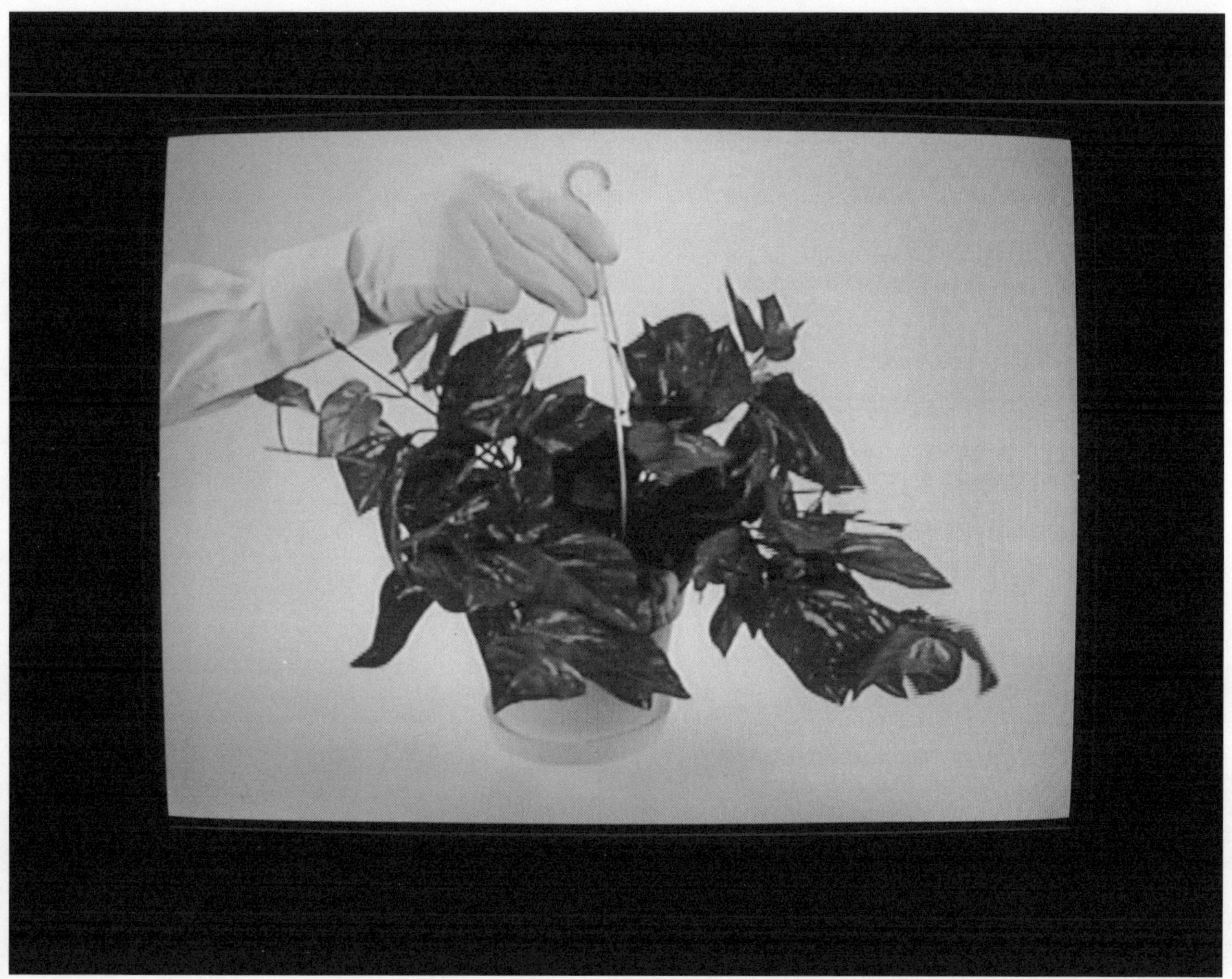

Shake, Rattle and Roll (Fluxmix), 2004.
© Christian Marclay. Courtesy Paula Cooper Gallery, New York

senso popolare, poteva finire in tv in prima serata; tre anni prima, lo stesso John Cage era apparso nello spettacolo *I've Got a Secret* per interpretare *Water Walk*, una composizione del 1959 nel corso della quale venivano "suonati" – tra gli altri oggetti disseminati sul set – una caraffa, una bottiglia di vino, dei cubetti di ghiaccio e un pesce meccanico. Il presentatore, indicando il pubblico, chiese: "È tutta brava gente, signor Cage, ma inevitabilmente qualcuno di loro scoppierà a ridere. Le sta bene?" Cage ribatté con il sorriso sulle labbra: "Certo. Ritengo che le risate siano preferibili alle lacrime"). Una bicicletta a ruote all'aria, l'ultima discendente di questa sgangherata dinastia, figura spesso nel bel mezzo del bric-à-brac accumulato da Marclay sulla scena dei suoi concerti improvvisati. Ma, a differenza delle antenate più o meno gloriose, è ovviamente anche uno scampolo d'infanzia, un'eco delle domeniche trascorse ad armeggiare con elastici e bustine di minerva nella speranza di cavare dalle ruote della propria bici il suono di un motore assente.

*

Shake, Rattle and Roll (Fluxmix) è un'installazione video che Christian Marclay ha realizzato nel 2004 a partire da una serie di opere Fluxus conservate presso il Walker Art Center di Minneapolis. Visualizzate su sedici monitor, le mani guantate di bianco dell'artista manipolano le opere/oggetti della collezione per trarne dei suoni (il titolo, che è anche quello di una canzone resa immortale da Big Joe Turner, indica a quali operazioni ricorra). L'idea non è inedita nella carriera di Marclay: sulla scena dello spettacolo *Les Sortilèges: Im Bann des Zaubers* (I sortilegi: sotto l'incantesimo del mago) – presentato nel 1996 al Marstall di Monaco – un buon migliaio di oggetti raccolti in loco erano messi a disposizione di sei performer che se ne servivano per produrre dei suoni. Omaggiando la fantasia lirica di Maurice Ravel applicata a un libretto di Colette (*L'Enfant et les sortilèges* del 1925 in cui gli oggetti – poltrona, teiera, orologio – sono dotati di parola) Marclay indirizzava già il suo pubblico verso la magia bianca dell'infanzia, il "come se" con cui si ridefinivano i ruoli delle cose nello spazio potenziale del gioco. È proprio lo spirito di Fluxus a perdurare qui, quello degli *events* di George Brecht e delle composizioni in forma d'istruzioni verbali di La Monte Young. (Capita che Marclay e John Armleder reinterpretino insieme quel repertorio: nel 2006 presso l'Institute of Contemporary Art di Philadelphia, in una piacevole combinazione di acqua e fuoco, il primo ha interpretato *Drip Music* [1959] di Brecht, e il secondo *Composition 1960 #2* di Young).

to laugh. Is that alright?" And Cage, with a smile on his face, replied, "of course. I consider laughter preferable to tears.") A descendant of this undependable lineage, an upside-down bicycle, appears frequently in the middle of the bric-a-brac gathered by Marclay on the site of his improvised concerts. But aside from its more or less glorious ancestors, it is of course a leftover from childhood and Sunday afternoons spent fixing up the wheels of a bicycle with elastics and matchbooks in the hope of generating the sound of an engine.

*

Shake, Rattle and Roll (Fluxmix) is a video installation at the Walker Art Center in Minneapolis, realized by Christian Marclay in 2004 using their Fluxus holdings. On sixteen monitors, the artist's white-gloved hands manipulate the works/objects of the collection to make sounds from them (the title, which is also a song immortalized by Big Joe Turner, hints at the operations at work here). The idea goes back further in Marclay; for example as long ago as the show *Les Sortilèges: Im Bann des Zaubers* (The Spells: Under the Spell of the Magician), presented in 1996 at the Marstall theater in Munich, where more than a thousand objects were collected and made available to six performers who used them to produce sounds. In tribute to the lyrical fantasy of Maurice Ravel with a libretto by Colette, *L'Enfant et les sortilèges* (1925), in which objects—an armchair, a teapot, and a clock—are endowed with speech, Marclay took us into the white magic of childhood, the "as if" by which the roles of things are redistributed within the potential space of the game. It is precisely the spirit of Fluxus that persists here, of George Brecht's *events* and of La Monte Young's compositions in the form of verbal instructions. (As it happens, Marclay and John Armleder together gave a version of this repertoire, offering a pleasant pairing of water and fire in 2006 at the Institute of Contemporary Art in Philadelphia, where Marclay performed *Drip Music* [1959] by Brecht, and Armleder *Composition 1960 #2* by Young.) *Shake, Rattle and Roll (Fluxmix)* is also worth this sort of squaring up, in the arithmetic sense of the term, where art literally becomes the instrument of art. Here we find the principle that previously guided Marclay's use of recorded music, especially vinyl. Moving into museum and visual arts, it resurfaced in some recent improvised concerts: in 2017 at the Whitney Museum in New York, for a performance with Okkyung Lee where Calder's first suspended mobile, *Small Sphere and Heavy Sphere* (1932–1933) became a percussion instrument; and on January 26, 2018, at the

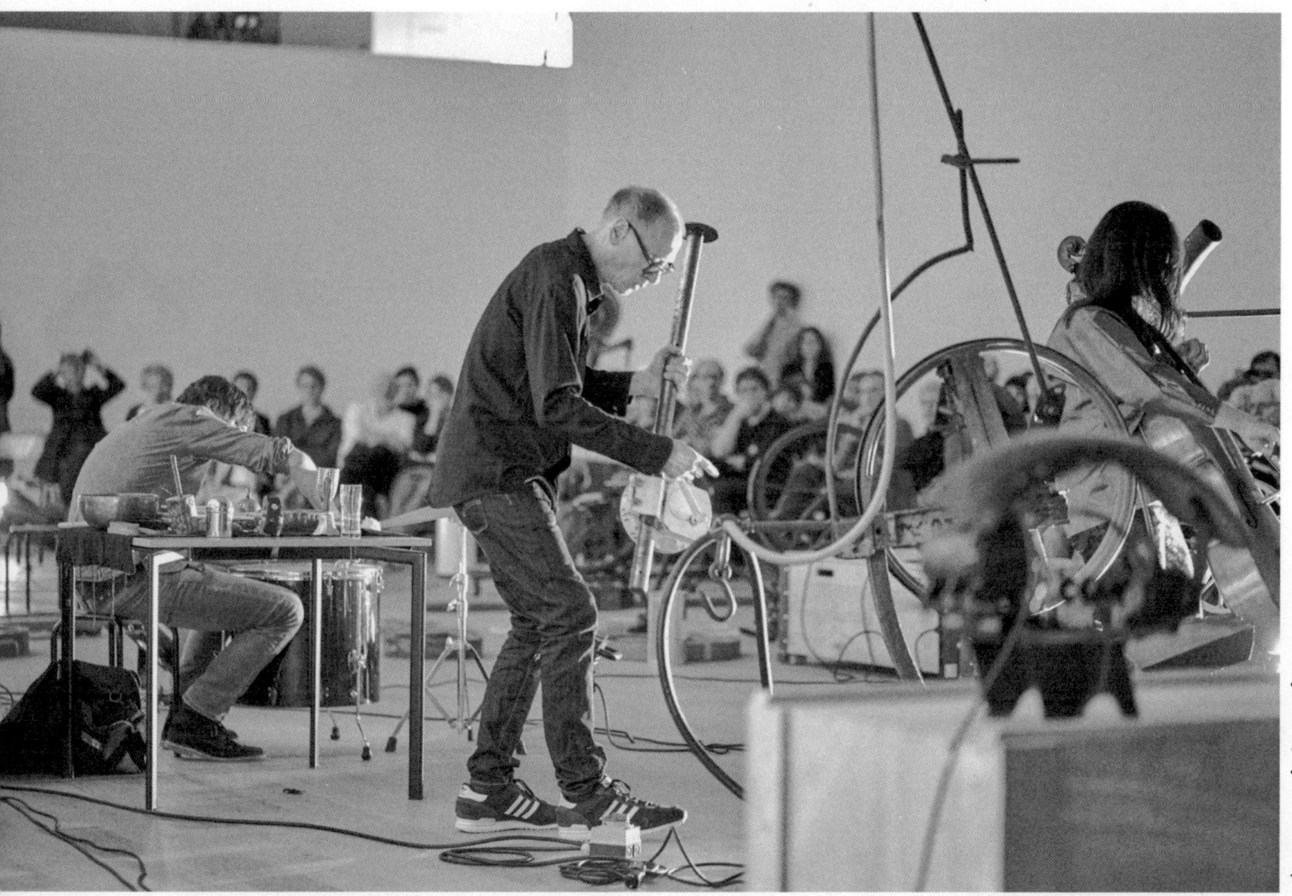

Christian Marclay, Okkyung Lee and Luc Müller, "Meta-Concert," *From Live to Legacies. Exploring Performance Art,* Museum Tinguely, Basel, 2018. © Christian Marclay. Courtesy Paula Cooper Gallery, New York. Photo: Daniel Spehr

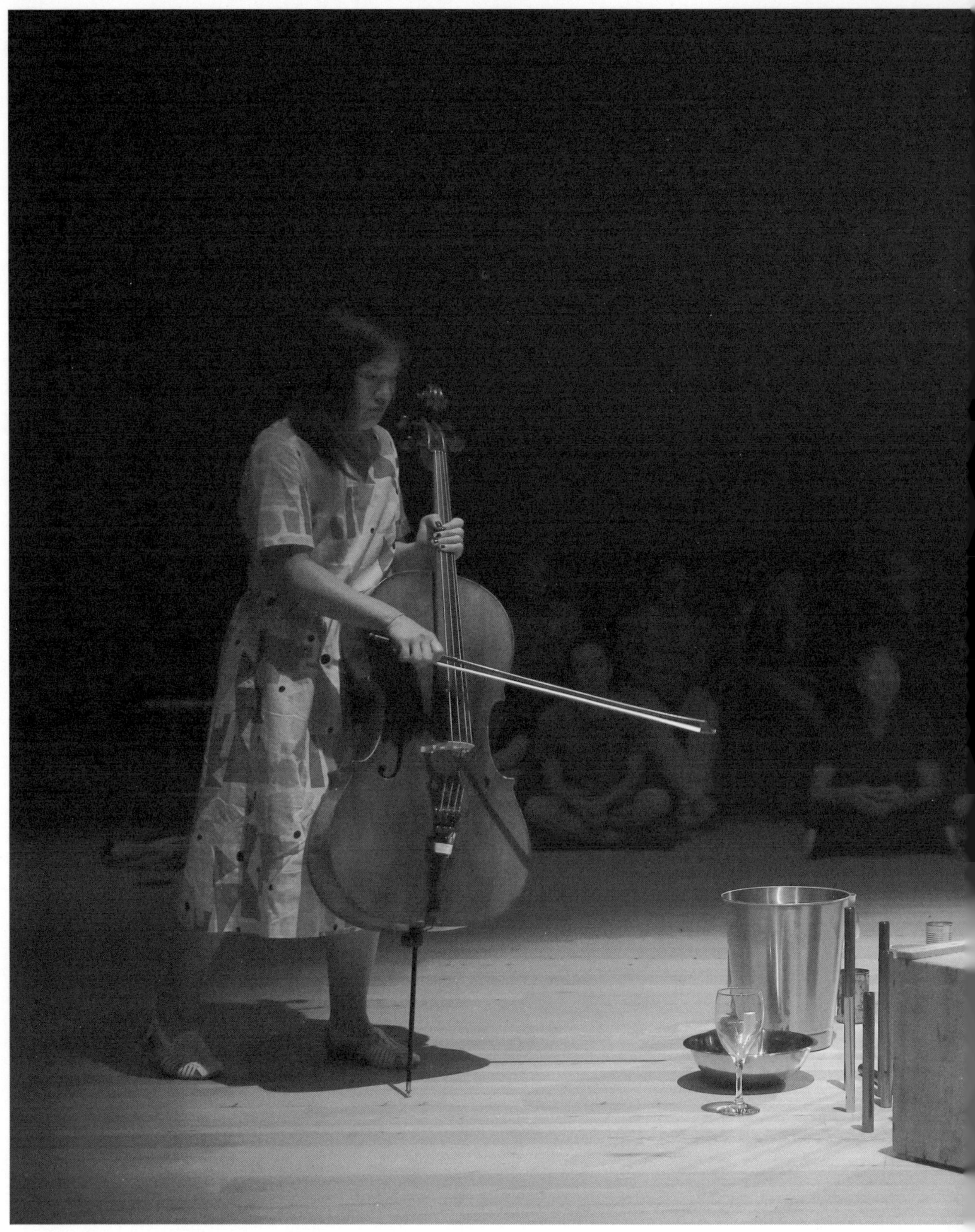

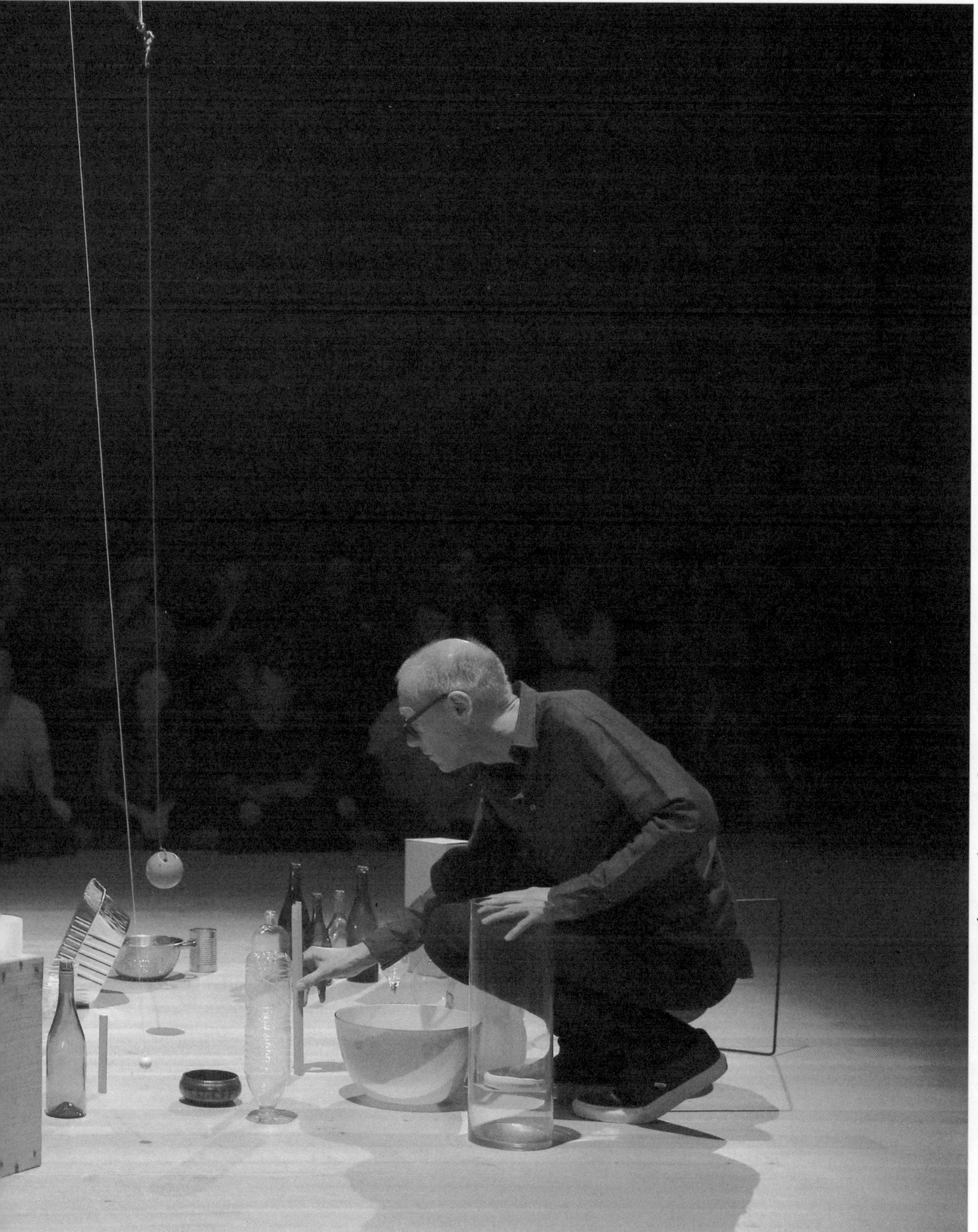

Christian Marclay and Okkyung Lee, performance at Whitney Museum of American Art, New York, 2017. Alexander Calder (1898–1976), *Small Sphere and Heavy Sphere*, 1932–1933, iron, wood, cord, thread, rod, paint, and impedimenta, 317.5 cm h.; dimensions variable. Calder Foundation, New York; Mary Calder Rower Bequest, 2011. © 2017 Calder Foundation, New York / Artists Rights Society (ARS), New York. Performance in conjunction with *Calder: Hypermobility*, 2017. © Christian Marclay. Courtesy Paula Cooper Gallery, New York. Photo: © Paula Court

Il valore di *Shake, Rattle and Roll (Fluxmix)* risiede anche in questa sorta di elevamento al quadrato, nel senso algebrico del termine, attraverso il quale l'arte diviene letteralmente strumento dell'arte. Marclay si lascia guidare in qualche modo dallo stesso principio su cui basava il suo utilizzo di musica già incisa, in particolare vinili, e che traslato nell'ambito delle arti visive e dei musei riemerge in alcuni suoi recenti concerti: nel 2017, al Whitney Museum di New York, la prima scultura mobile sospesa di Calder – *Small Sphere and Heavy Sphere* (1932-1933) – si trasformava in strumento a percussione nel corso di una performance con Okkyung Lee; mentre in occasione dell'eccezionale concerto tenutosi il 26 gennaio 2018 al Museo Tinguely di Basilea, Luc Müller e Okkyung Lee sfruttavano insieme a Marclay le proprietà sonore di una serie di macchine tingueliane.

*

È stato nei primi anni Ottanta, quando collaborava con musicisti professionisti quali John Zorn, che Christian Marclay – dietro i piatti o armato della sua *Phonoguitar* (un giradischi portato a tracolla) – ha imparato a servirsi della variante istantanea dell'arte della composizione ovvero l'improvvisazione. Come altre performance dello stesso tipo, *Concerto Spaziale* rivela ancora oggi la passione dell'autore per l'interazione con strumentisti esperti ed eccellenti improvvisatori, ma non fa ricorso ad alcuna amplificazione e di conseguenza neppure ad alcun suono preregistrato. È lecito scorgere in questo nuovo orientamento, che in ogni caso costituisce solo una delle ramificazioni dell'attività dell'artista, una sorta di spirito zen, una propensione allo sfrondamento e alla fugacità. Che i concerti improvvisati possano per definizione fare a meno di una partitura (oggetto di cui Marclay si è d'altronde spesso servito) mi pare corrobori quest'impressione. Attraverso l'incontro con questa o quella cosa, in questo o quel luogo, in questo o quel momento, viene inseguita – pur senza volontà di conservarne traccia – l'illuminazione profana (*profane Erleuchtung*) di cui parlava Walter Benjamin a proposito del Surrealismo.

*

Gli storici del cinema hanno sottolineato come, fin dalla sua prima apparizione sullo schermo nel *Garzone di macelleria* di Roscoe Arbuckle (1917), Buster Keaton abbia colpito gli spettatori con l'impassibilità della sua maschera, l'espressione neutra con cui sopportava qualsiasi insulto o

Museum Tinguely in Basel, for an exceptional concert with Luc Müller and Okkyung Lee who made use of the sound-producing properties of a set of Jean Tinguely's machines.

*

It was in the early 1980s, while collaborating with professional musicians like John Zorn, that Christian Marclay, behind his turntables or armed with his *Phonoguitar* (a turntable worn over the shoulder), learned of the instant variant on composition that we know as improvisation. Like other performances of the same type, *Concerto Spaziale* still cultivates a similar taste for interaction with instrumentalists who are experienced and established in such practices, but without any amplification, and thus also without the use of recordings of any kind. In this new orientation which also constitutes only one branch of the artist's work, we can see something of Zen, a propensity for the austere and the fleeting. The fact that improvised concerts must by definition do without sheet music (something Marclay has also often seized) seems to me to be a movement in the same direction. Through encounters with such and such a thing, in such and such a place, at this or that moment, it is profane illumination (*profane Erleuchtung*) that Walter Benjamin spoke of with regard to the Surrealism that is sought, and without any particular care for conservation.

*

Film historians have pointed out how Buster Keaton, from his first appearance on the screen in Roscoe Arbuckle's 1917 *The Butcher Boy*, struck viewers with his reserve, with his neutral expression—regardless of the snub or the disaster he had to endure. Jacques Tati would later adopt the same impavid air in all circumstances. It is the law of the great burlesque style that Christian Marclay strictly observes when he kicks a container or pours the contents of a packet of pasta on the floor, and which the musicians playing with him do not depart from. As has been suggested, the improvised concert, contrary to expectations and conventions, explores a possible world temporarily brought into being before our very eyes. There lies Marclay's affinity with film, and he has explored it many times, for example in *Video Quartet* (2002) and *The Clock* (2010).

*

In the score of *4'33"* (1952), John Cage's famous silent composition, a "Note" provides

catastrofe. Jacques Tati, in seguito, adotterà in tutte le circostanze la stessa aria imperturbabile. Christian Marclay osserva rigorosamente la stessa regola dei grandi clown quando prende a calci un recipiente o rovescia il contenuto di un pacco di pasta sul pavimento, e alla stessa legge si attengono anche i musicisti che suonano con lui. Com'è stato già suggerito, il concerto improvvisato, contrariamente alle aspettative e alle convenzioni, esplora un mondo possibile che si materializza davanti a noi per lo spazio di un istante. La musica improvvisata e il mezzo cinematografico sono in questo senso affini e Marclay come testimoniano *Video Quartet* (2002) e *The Clock* (2010) non ha trascurato di esplorare anche quest'ultimo ambito.

*

Nella partitura di *4'33"* (1952), il celebre brano silenzioso di John Cage, una "Nota" riguardante la composizione precisa che il pezzo: "è stato eseguito per [la prima volta] dal pianista David Tudor che ha indicato l'inizio di ciascuna parte chiudendo il coperchio della tastiera e la rispettiva fine, aprendolo". In altre parole la pièce termina con un esplicito "rientro in servizio" dello strumento e tutto diventa nuovamente possibile. È proprio lì che interviene Christian Marclay.

the following details about its creation: "It was performed by David Tudor, pianist, who indicated the beginnings of parts by closing, the endings by opening, the keyboard lid." In other words, the piece ends by explicitly returning the instrument to service, and everything becomes possible again. This is where Christian Marclay's work begins.

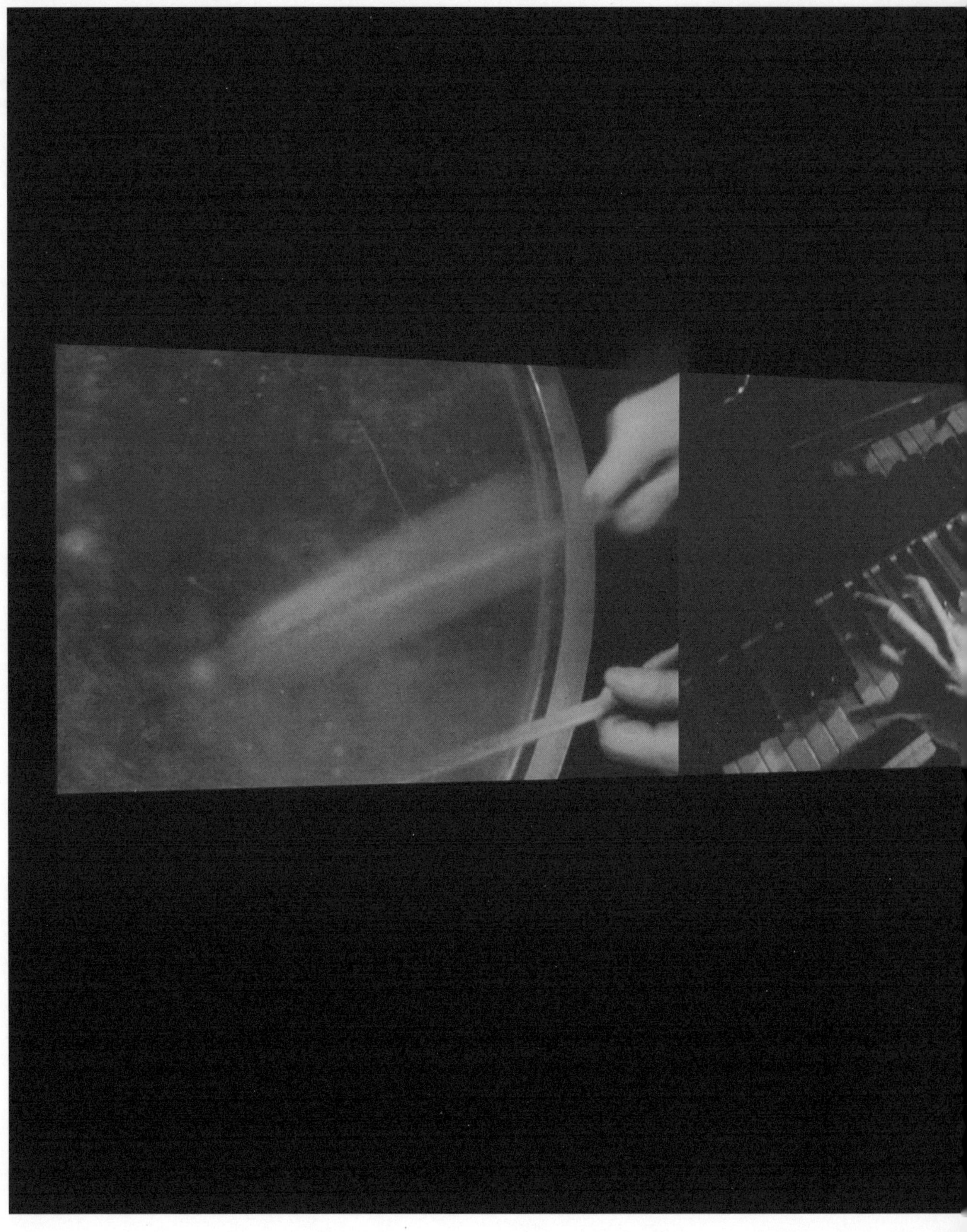

JEAN-PIERRE CRIQUI

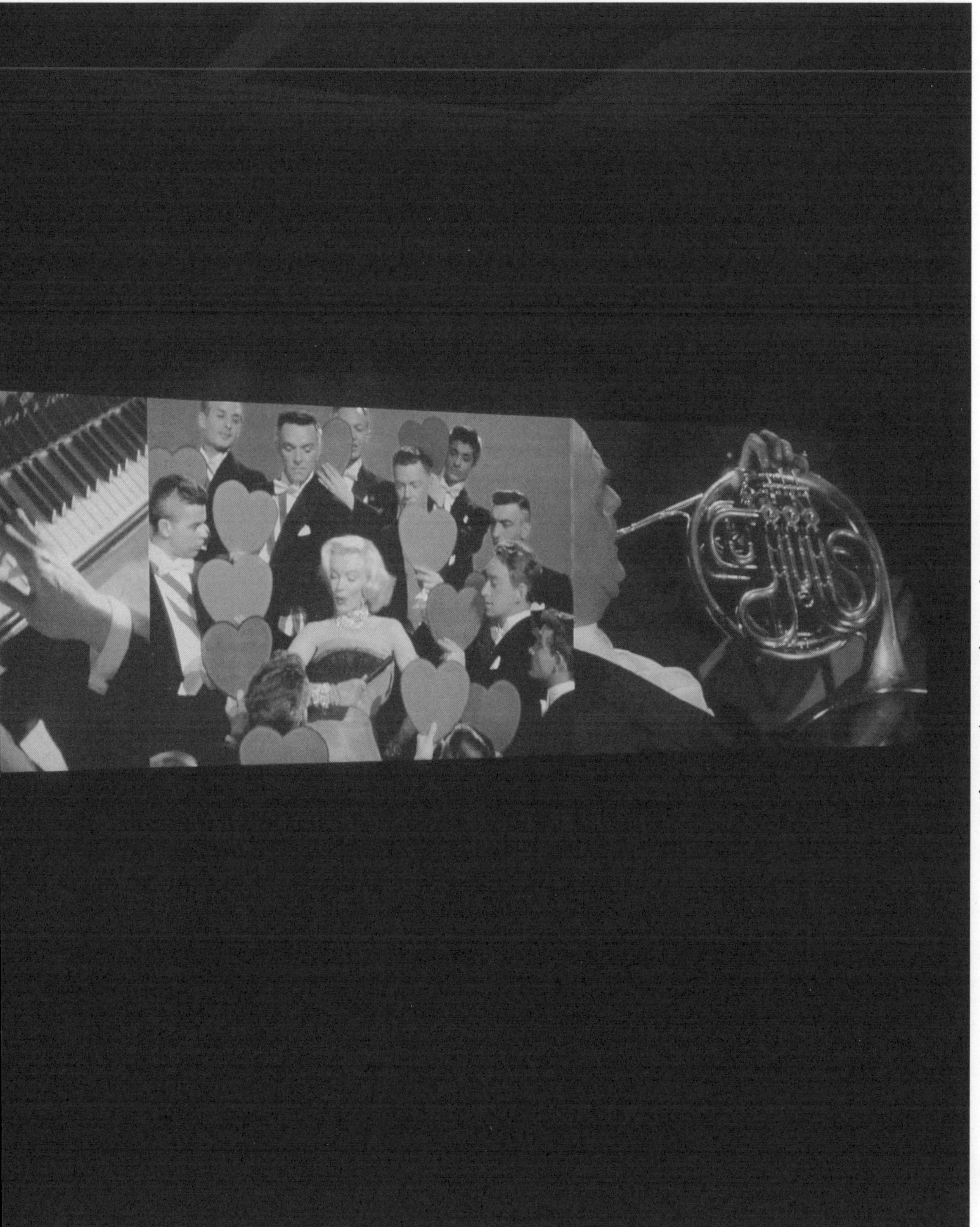

Video Quartet, installation view, Paula Cooper Gallery, New York, 2002.
© Christian Marclay. Courtesy Paula Cooper Gallery, New York

ALEXANDRA BACHZETSIS
Nata nel 1974 a Zurigo, dove vive e lavora.
Dopo aver frequentato il Zürcher Kunstgymnasium, il
Dimitrischule a Verscio, il Performance Education Program allo
STUK Arts Centre di Leuven, Alexandra Bachzetsis prosegue
gli studi presso il DasArts – Advanced Research in Theatre and
Dance Studies Centre ad Amsterdam. Già negli anni della for-
mazione inizia a collaborare con le più interessanti figure della
danza e della coreografia contemporanea come Sasha Waltz &
Guests a Berlino e Les Ballets C de la B a Gand.
A partire dal 2001 Bachzetsis ha presentato oltre venticinque
produzioni individuali nei teatri e nei centri d'arte di tutto il
mondo. Il suo lavoro è stato esposto nei principali musei
internazionali tra cui lo Stedelijk Museum, Amsterdam (2015,
2013); Jumex Museum, Città del Messico (2014); Tate Modern,
Londra (2014); Kunsthalle Basel, Basilea (2008). Ha partecipato
a documenta 14, Atene e Kassel (2017); Biennale de l'Image en
Mouvement, Ginevra (2014); dOCUMENTA (13), Kassel (2012);
5ª Biennale di Berlino (2008). Bachzetsis ha ricevuto numerosi
riconoscimenti: il Kunstpreis Stadt Zürich (2018), lo Swiss Art
Award (2016 e 2011), lo Swiss Performance Prize (2012), fina-
lista del DESTE Prize (2011), e il Migros-Kulturprozent Jubilee
Award (2007). A gennaio 2017 il Museum of Modern Art di
New York ha prodotto e presentato la sua nuova performance,
Massacre: Variations on a Theme.

SIMONE FORTI
Nata nel 1935 a Firenze. Vive e lavora a Los Angeles.
La carriera artistica di Simone Forti ha inizio negli anni
Cinquanta a San Francisco dove studia con Anna Halprin, pio-
niera dell'improvvisazione e della danza postmoderna.
Nel 1959 si trasferisce a New York e frequenta i corsi di Robert
Dunn al Merce Cunningham Studio. In questo periodo inizia a
collaborare con Trisha Brown, Yvonne Rainer e Steve Paxton,
compone i suoi primi pezzi coreografici, e prende parte alle
performance di altri artisti tra cui Robert Whitman. Nel 1961
partecipa a una serie di eventi organizzati da La Monte Young
nello studio di Yoko Ono con il progetto intitolato *Five Dance
Constructions and Some Other Things.* Alla fine degli anni
Sessanta vive per un anno a Roma, dove viene a contatto con
l'Arte Povera e in particolare con Fabio Sargentini della Galleria
L'Attico presso cui presenta per la prima volta *Sleepwalkers*
(1968). All'inizio degli anni Settanta ritorna negli Stati Uniti,
vivendo tra New York e Los Angeles e collaborando con alcuni
dei musicisti più sperimentali come Charlemagne Palestine e
Peter van Riper. Negli anni Ottanta ritorna pienamente all'improvvisazione sviluppando la serie delle *News Animations*, un
lavoro che trae spunto dalle notizie diffuse dai mass media,
assumendo una forma estemporanea che coniuga parola e
movimento conosciuta come "Logomotion".
Il suo libro *Handbook in Motion* è stato pubblicato nel 1974 dal
Nova Scotia College of Art and Design, e il libro *Oh, Tongue* è
stato curato e pubblicato da Fred Dewey per Beyond Baroque
Books. Forti ha insegnato in vari istituti e università tra cui la
School of Visual Arts di New York (1983-1987) e l'University of
California (1997-2014). Le sue performance sono state presen-
tate in tutto il mondo e il suo lavoro è presente nelle collezioni
permanenti di importanti musei internazionali, tra cui il Museum
of Modern Art di New York, lo Stedelijk Museum di Amsterdam,
il Whitney Museum of American Art di New York, e il Moderna
Museet di Stoccolma. Tra i premi ricevuti, il Yoko Ono Lennon
Courage for the Arts Award nel 2011 e la Guggenheim
Fellowship in Choreography nel 2005.

ADELITA HUSNI-BEY
Nata nel 1985 a Milano. Vive e lavora a New York.
Adelita Husni-Bey ha studiato al Chelsea College of Art and
Design e alla Goldsmiths University di Londra, e nel 2012
ha partecipato all'Independent Study Program del Whitney
Museum of American Art di New York.
Tra le mostre personali: Galleria Civica di Modena, Palazzina
dei Giardini, Modena (2018); Centro de Arte Dos de Mayo,
Mostoles (2016); Sursock Museum, Beirut (2016); Kadist

ALEXANDRA BACHZETSIS
Born in 1974 in Zurich where she lives and works.
Alexandra Bachzetsis is a graduate of the Zürcher
Kunstgymnasium, the Dimitrischule in Verscio, and the
Performance Education Program at the STUK Arts Centre in
Leuven, and she continued her studies at DasArts – Advanced
Research in Theatre and Dance Studies Centre in Amsterdam.
During these years of training, the artist began working with
some of the most interesting figures in contemporary dance
and choreography, such as Sasha Waltz & Guests in Berlin and
Les Ballets C de la B in Ghent.
Since 2001, Bachzetsis has presented over twentyfive individ-
ual pieces in theaters and art venues around the world. Her
work has appeared at some of the world's leading museums, in-
cluding the Stedelijk Museum, Amsterdam (2015, 2013); Jumex
Museum, Mexico City (2014); Tate Modern, London (2014);
Kunsthalle Basel (2008), and been featured in documenta 14,
Athens and Kassel (2017); Biennale de l'Image en Mouvement,
Geneva (2014); dOCUMENTA (13), Kassel (2012); the 5th Berlin
Biennial (2008). Bachzetsis also received the Kunstpreis Stadt
Zürich (2018), is a two-time recipient of the Swiss Art Award
(2016, 2011), was awarded the Swiss Performance Prize (2012),
was shortlisted for the DESTE Prize (2011), and received the
Migros-Kulturprozent Jubilee Award (2007). In January 2017,
The Museum of Modern Art in New York produced and present-
ed her new performance, *Massacre: Variations on a Theme.*

SIMONE FORTI
Born in 1935 in Florence. She lives and works in Los Angeles.
Simone Forti's artistic career began in San Francisco in the
1950s, when she studied under Anna Halprin, a pioneer of
improvisation and postmodern dance. In 1959 Forti moved to
New York and attended Robert Dunn's composition courses at
the Merce Cunningham Studio. In the same period, she began
collaborating with Trisha Brown, Yvonne Rainer, and Steve
Paxton, choreographed her first pieces, and performed in
works by other artists, including Robert Whitman. In 1961 she
took part in a series of events organized by La Monte Young at
Yoko Ono's studio with the project *Five Dance Constructions
and Some Other Things.* In the late 1960s Forti spent a year
in Rome, where she came into contact with Arte Povera and,
specifically, she met Fabio Sargentini from Galleria L'Attico,
where she first performed *Sleepwalkers* (1968). In the early
1970s Forti returned to the US, dividing her time between New
York and Los Angeles, and working with some of the most
experimental artists on the music scene, like Charlemagne
Palestine and Peter van Riper. In the 1980s Forti fully returned
to improvisation, developing the *News Animations* series. This
project draws inspiration from mass media, with an extempo-
raneous approach combining words and movement known as
"Logomotion."
Her book *Handbook in Motion* was published in 1974 by the
Nova Scotia College of Art and Design, and her book *Oh,
Tongue* was edited and published by Fred Dewey for the
Beyond Baroque Books. Forti has taught at a number of
universities and art schools, including the School of Visual
Arts in New York (1983–1987) and the University of California
(1997–2014). Her performances have been presented around
the world and her work is in the permanent collections of major
international museums such as the Museum of Modern Art in
New York, the Stedelijk Museum in Amsterdam, the Whitney
Museum of American Art in New York, and the Moderna Museet
in Stockholm. She is the recipient of many awards, including
the Yoko Ono Lennon Award for Courage in the Arts in 2011 and
a Guggenheim Fellowship for Choreography in 2005.

ADELITA HUSNI-BEY
Born in Milan in 1985. She lives and works in New York.
Adelita Husni-Bey studied at the Chelsea College of Art and
Design, and at Goldsmiths University in London, and she is a
2012 Whitney Independent Study Program fellow.
Recent solo exhibitions include: Galleria Civica di Modena,
Palazzina dei Giardini, Modena (2018); Centro de Arte Dos

Foundation, San Francisco (2015); Gasworks, Londra (2012). Ha inoltre partecipato a *Dreamlands*, Whitney Museum of American Art, New York (2016); *The Eighth Climate*, 11ª Biennale di Gwangju (2015); *Really Useful Knowledge*, Museo Reina Sofía, Madrid (2014); *Utopia for Sale?*, MAXXI – Museo nazionale delle arti del XXI secolo, Roma (2014). Ha realizzato laboratori e tenuto lezioni e seminari in varie sedi, tra cui: ÉSAD – École Supérieure d'Art at Design, Grenoble (2016); The New School, New York (2015); Sandberg Institute, Amsterdam (2015); Museo del Novecento, Milano (2013); Temple University, Roma (2013) e Birkbeck University, Londra (2011). È una delle vincitrici della Graham Foundation Grant (2016) e nel 2017 ha rappresentato l'Italia, insieme a Roberto Cuoghi e Giorgio Andreotta Calò, alla 57. Esposizione Internazionale d'Arte – La Biennale di Venezia.

CHRISTIAN MARCLAY

Nato nel 1955 a San Rafael, California. Vive e lavora tra Londra e New York.

Per oltre trent'anni Christian Marclay ha indagato le connessioni tra immagini e suoni, creando opere in differenti media esposte in musei e gallerie in tutto il mondo. Tra le mostre personali: Staatsgalerie, Stoccarda (2015); Musée d'art moderne et contemporain, Ginevra (2008); Hammer Museum, UCLA, Los Angeles (2003); San Francisco Museum of Modern Art (2002); Museum of Contemporary Art, Chicago (2001). Nel 2010 il Whitney Museum of American Art di New York ha ospitato *Christian Marclay: Festival*, una mostra che per oltre dodici settimane ha esplorato la vasta produzione dell'artista attraverso esibizioni quotidiane di musicisti e vocalist di fama mondiale. Nel 2011 Marclay è stato insignito del Leone d'oro come miglior artista alla 54. Esposizione Internazionale d'Arte – La Biennale di Venezia per il suo video *The Clock* che, dopo la première a Londra nel 2010, è stato presentato in musei internazionali tra cui il Centre Pompidou di Parigi (2011), il Museum of Modern Art di New York (2012), il San Francisco Museum of Modern Art (2013) e il Guggenheim Museum di Bilbao (2014).

Dal 1979 Marclay si esibisce sia come solista sia in collaborazione con altri musicisti tra cui John Zorn, Elliott Sharp, Otomo Yoshihide, Butch Morris, Shelley Hirsch, Okkyung Lee, Mats Gustafsson e Lee Ranaldo.

PAULINA OLOWSKA

Nata nel 1976 a Danzica. Vive e lavora a Cracovia.

Paulina Olowska ha frequentato la Rijksakademie di Amsterdam, la School of the Art Institute di Chicago e l'Accademia di Belle Arti di Danzica. Ha partecipato a numerose residenze per artisti, tra cui al CCA Wattis Institute di San Francisco (2010) e al DAAD di Berlino (2007).

Tra le mostre personali: Zachęta National Gallery of Art, Varsavia (2014); Kunsthalle Basel, Basilea (2013); Stedelijk Museum, Amsterdam (2013); Tramway, Glasgow (2010). Sue performance sono state presentate in musei e istituzioni internazionali quali la Tate Modern, Londra (2015), il Carnegie International, Carnegie Museum of Art, Pittsburgh (2013) e il Museum of Modern Art, New York (2012). Nel gennaio 2017 ha presentato la performance *Slavic Goddesses—A Wreath of Ceremonies* presso The Kitchen a New York. Ha partecipato a manifestazioni internazionali quali Manifesta 11, Zurigo (2016); Steirischer Herbst Festival, Graz (2010); 5ª Biennale di Berlino (2008), Biennali di Mosca e Istanbul (entrambe 2005) e La Biennale di Venezia (2003). Ha collaborato con artisti quali Bonnie Camplin per *Salty Water/What of Salty Water* a Portikus, Francoforte nel 2007, e con Lucy McKenzie con cui nel 2003 ha temporaneamente aperto il bar *Nova Popularna* a Varsavia. Nel 2014 ha ricevuto il prestigioso Aachen Art Prize, in occasione della mostra presso il Ludwig Forum for International Art, Aachen.

de Mayo, Mostoles (2016); Sursock Museum, Beirut (2016); Kadist Foundation, San Francisco (2015); Gasworks, London (2012). She has participated in *Dreamlands*, Whitney Museum of American Art, New York (2016); *The Eighth Climate*, 11th Gwangju Biennale (2015); *Really Useful Knowledge*, Reina Sofia Museum, Madrid (2014); *Utopia for Sale?*, MAXXI, Rome (2014). She has held workshops and lectures at ÉSAD – École Supérieure d'Art at Design, Grenoble (2016), The New School, New York (2015), Sandberg Institute, Amsterdam (2015), Museo del Novecento, Milan (2013), Temple University, Rome (2013), Birkbeck University, London (2011), amongst other spaces. She is a 2016 Graham Foundation grantee, and in 2017 she represented Italy, along with Roberto Cuoghi and Giorgio Andreotta Calò, at the 57. International Art Exhibition – La Biennale di Venezia.

CHRISTIAN MARCLAY

Born in 1955 in San Rafael, California. Lives and works in London and New York.

For more than thirty years, Christian Marclay has been exploring the connections between the visual and the audible, creating works in a wide range of media that have been shown in museums and galleries worldwide. International solo exhibitions include the Staatsgalerie, Stuttgart (2015); Musée d'art moderne et contemporain, Geneva (2008); Hammer Museum at UCLA, Los Angeles (2003); San Francisco Museum of Modern Art (2002); Museum of Contemporary Art, Chicago (2001). In 2010, the Whitney Museum of American Art hosted *Christian Marclay: Festival*. For over twelve and a half weeks, this groundbreaking exhibition featured daily performances by world-renowned musicians and vocalists, exploring Marclay's vast oeuvre. In 2011, Marclay received the Golden Lion award for best artist at the 54. International Art Exhibition – La Biennale di Venezia for his virtuosic video *The Clock*. First premiering in London in 2010, *The Clock* has since been exhibited worldwide in more than twenty venues, including the Centre Pompidou, Paris (2011); Museum of Modern Art, New York (2012); San Francisco Museum of Modern Art (2013), and Guggenheim Museum, Bilbao (2014). Since 1979 Marclay has performed both solo and in collaboration with many musicians, including John Zorn, Elliott Sharp, Otomo Yoshihide, Butch Morris, Shelley Hirsch, Okkyung Lee, Mats Gustafsson, and Lee Ranaldo.

PAULINA OLOWSKA

Born 1976 in Gdańsk. Lives and works in Krakow.

Paulina Olowska attended the Rijksakademie, Amsterdam, the School of the Art Institute, Chicago, and the Academy of Fine Arts in Gdańsk. Among others, she participated in the CCA Wattis Institute residency, San Francisco (2010) and in the DAAD residency program in Berlin (2007).

Olowska has had solo exhibitions at the Zachęta National Gallery of Art, Warsaw (2014); Kunsthalle Basel (2013); Stedelijk Museum, Amsterdam (2013); Tramway, Glasgow (2010). She also staged performances at Tate Modern, London (2015); Carnegie International, Carnegie Museum of Art, Pittsburgh (2013), and Museum of Modern Art, New York (2012). In January 2017 she presented the ballet *Slavic Goddesses—A Wreath of Ceremonies* at the Kitchen, New York. She has exhibited internationally at Manifesta 11, Zurich (2016); Steirischer Herbst Festival, Graz (2010), and in biennials including Berlin Biennale (2008), Moscow and Istanbul biennials (both 2005), and Venice Biennale (2003). Olowska has undertaken frequent collaborations with artists including Bonnie Camplin in *Salty Water/ What of Salty Water* at Portikus, Frankfurt, in 2007, and Lucy McKenzie, with whom she created the bar *Nova Popularna* in Warsaw in 2003. In 2014 she received the prestigious Aachen Art Prize, with an associated exhibition at the Ludwig Forum for International Art, Aachen.

HELGA CHRISTOFFERSEN è Associate Curator al New Museum di New York dove ha recentemente co-curato *Carol Rama: Antibodies* (2017), *Pipilotti Rist: Pixel Forest* (2016), *The Keeper* (2016) e *Nicole Eisenman: Al-ugh-ries* (2016), e curato mostre personali di Alexandra Pirici (2018), Petrit Halilaj (2017) e Cally Spooner (2016). È stata co-curatrice di *The Equilibrists*, un'indagine sulla giovane generazione di artisti greci presentata ad Atene al Benaki Museum (2016).

JEAN-PIERRE CRIQUI è curatore per l'Arte Contemporanea al Musée national d'art moderne, Centre Pompidou di Parigi, e Editor-in-chief di *Les Cahiers du Musée national d'art moderne,* il periodico di storia e teoria dell'arte pubblicato dal Centre Pompidou. È autore di numerosi saggi su Christian Marclay e ha curato e introdotto il volume *On & By Christian Marclay* (The MIT Press / The Whitechapel Gallery, 2014).

HENDRIK FOLKERTS è uno storico dell'arte laureato all'Università di Amsterdam. Dal 2017 è Dittmer Curator of Modern and Contemporary Art all'Art Institute di Chicago. Precedentemente è stato curatore presso documenta 14 (2017) e Curator of Performance, Film and Discursive Programs allo Stedelijk Museum di Amsterdam (2010-2015).

ARAM MOSHAYEDI è uno scrittore e curatore presso l'Hammer Museum di Los Angeles, dove ha recentemente curato la mostra e il catalogo *Stories of Almost Everyone*. Precedentemente è stato Associate Curator presso il Roy and Edna Disney/CalArts Theater (REDCAT).

JOANNA ZIELIŃSKA è una storica dell'arte, scrittrice e curatrice. È Head of Performance Department presso il Centre for Contemporary Art Zamek Ujazdowski di Varsavia. È stata Chief Curator presso il Centre for the Documentation of the Art of Tadeusz Kantor – Cricoteka a Cracovia. In collaborazione con David Maroto, sta lavorando al *The Book Lovers*, un progetto a lungo termine sui romanzi d'artista.

HELGA CHRISTOFFERSEN is Associate Curator at the New Museum, New York where she has recently co-curated *Carol Rama: Antibodies* (2017), *Pipilotti Rist: Pixel Forest* (2016), *The Keeper* (2016) and *Nicole Eisenman: Al-ugh-ries* (2016) and curated solo exhibitions of Alexandra Pirici (2018), Petrit Halilaj (2017) and Cally Spooner (2016). She was the co-curator of *The Equilibrists*, a survey of a younger generation of contemporary Greek artists presented at The Benaki Museum, Athens (2016).

JEAN-PIERRE CRIQUI is Curator of Contemporary Art at the Musée national d'art moderne, Centre Pompidou, Paris, and Editor-in-chief of *Les Cahiers du Musée national d'art moderne,* the art history and theory journal published by the Centre Pompidou. He is the author of several essays on Christian Marclay, and has edited and introduced the volume *On & By Christian Marclay* (The MIT Press / The Whitechapel Gallery, 2014).

HENDRIK FOLKERTS is an art historian (M.A, University of Amsterdam), currently the Dittmer Curator of Modern and Contemporary Art at the Art Institute of Chicago (since 2017). Prior to this, he was a Curator for documenta 14 (2017) and Curator of Performance, Film and Discursive Programs at the Stedelijk Museum in Amsterdam (2010–2015).

ARAM MOSHAYEDI is a writer and curator at the Hammer Museum in Los Angeles, where he most recently organized the exhibition and publication *Stories of Almost Everyone.* He was formerly Associate Curator at the Roy and Edna Disney/CalArts Theater (REDCAT).

JOANNA ZIELIŃSKA is an art historian, writer, and curator. She is a Head of Performance Department at Ujazdowski Castle Centre for Contemporary Art in Warsaw. She was Chief Curator at the Centre for the Documentation of the Art of Tadeusz Kantor – Cricoteka in Kraków. In collaboration with David Maroto, she is working on a long-term project on artist novels called *The Book Lovers*.

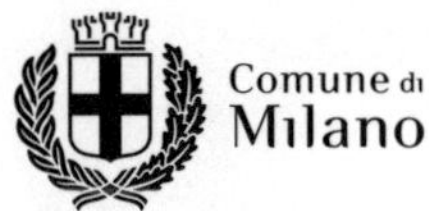

Comune di Milano

Sindaco / Major
Giuseppe Sala

Assessore alla Cultura / City Councilor for Culture
Filippo Del Corno

Direttore Centrale Cultura /
Head of Central Directorate for Culture
Giulia Amato

Direttore Area Polo Arte Moderna e Contemporanea /
Director of Area Modern and Contemporary Art
Anna Maria Montaldo

Ufficio stampa / Press Office
Elena Conenna

900 MUSEO DEL NOVECENTO

Direttrice / Director
Anna Maria Montaldo

Coordinamento amministrativo e organizzativo /
Head of Administration and General Manager
Anna Maria Bagarini

Conservatrici / Collections Curators
Danka Giacon
Iolanda Ratti

Responsabile sponsorizzazioni e acquisizioni /
Head of Sponsorship and Acquisitions
Stefania Audenino

Eventi / Events
Margherita Scirpa

Didattica / Educational
Maria Elena Santomauro

Ufficio prestiti, archivio iconografico, archivi e biblioteca /
Registrar, Archive and Library Office
Ignazio Amuro
Chiara Ceccutti
Maria Grazia Conti
Dionigi Tresoldi

Amministrazione e contabilità / Administration
Rosa Pisani
Anna Maria Falcone

Segreteria / Secretariat
Maria Elena Pizzi

Assistenza tecnica / Technical Assistance
Emanuele Beda
Antonietta Broggio

Comitato scientifico / Scientific Board
Anna Maria Montaldo
Flavio Fergonzi
Danka Giacon
Maria Grazia Messina
Antonello Negri
Iolanda Ratti
Claudio Salsi

Main Sponsor

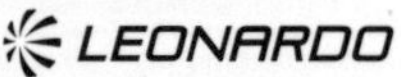

FONDAZIONE FURLA

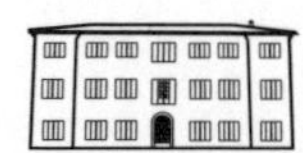

Presidente / President
Giovanna Furlanetto

Direzione artistica / Artistic Directors
Bruna Roccasalva e / and Vincenzo de Bellis

Consiglio d'amministrazione / Board of Directors
Giovanna Furlanetto
Barbara Abbondanza
Nicola Cortesi
Giuseppe Costato
Marco Furlanetto
Michele Furlanetto

Comitato scientifico / Advisory Board
Florence Derieux
Yuko Hasegawa
Viktor Misiano
Allegra Pesenti
Michelangelo Pistoletto

Organizzazione e coordinamento progetti /
Project Management
Anna Fantelli
Laura Frencia

Responsabile produzione / Production Manager
Stefania Scarpini

Ufficio stampa / Press Office
Lara Facco P&C

Con il supporto di / With the support of

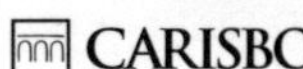
CARISBO

**FURLA SERIES
TIME AFTER TIME
SPACE AFTER SPACE**
September 2017 – April 2018
Museo del Novecento, Sala Fontana, Milan

Ideato da / Conceived by
Bruna Roccasalva e / and Vincenzo de Bellis

A cura di / Curated by
Bruna Roccasalva

Organizzazione e coordinamento / Project Management
Anna Fantelli
Laura Frencia
Iolanda Ratti
Margherita Scirpa

Produzione / Production
Stefania Scarpini

Ufficio stampa / Press Office
Elena Maria Conenna – Comune di Milano
Lara Facco P&C – Fondazione Furla

Social Media Communication
Susanna Legrenzi – Museo del Novecento
Mousse Agency – Fondazione Furla

Immagine coordinata / Graphic Design
Atto

*Coordinamento grafico Museo del Novecento /
Graphic Design Museo del Novecento*
Alessandra Ricotti

Didattica / Educational
Ad Artem

Laboratori didattici ideati da / Workshops concept by
Studio Fabio Mauri

Servizio di guardiania / Guards
Domina
Operatori Museali Museo del Novecento

Stage / Interns
Andrea Capriolo
Carolina Lombardini
Chiara Saccani
Silvia Saracino
Rossana Stellato

Media Coverage

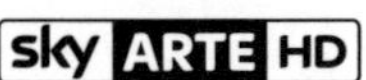

SIMONE FORTI
TO PLAY THE FLUTE
September 21–23, 2017

*Training e supervisione artistica /
Training and Artistic Coordinator*
Claire Filmon

*Coordinamento per Dance Constructions /
Dance Constructions Performance Coordinator*
Sarah Swenson

Performers
Claire Filmon per / for *Sleepwalkers*
e / and
Barbara Boiocchi, Rossana Bossini, Martina Brembati, Camilla
De Siati, Diego Giannettoni, Leonardo Maietto, Carolina Mancini,
Jacopo Martinotti, Luna Paese, Marco Resta, Floida Skraqi

Trasporti / Shipping
Gondrand

Assicurazione / Insurance
Lloyd's

Prestatori / Lenders
Museum of Modern Art, New York
The Box, Los Angeles

Ringraziamenti / Thanks to
Athena Holbrook e / and Ana Janevski, Museum of Modern Art,
New York; Marcello Maloberti, Corso di Arti Visive, NABA –
Nuova Accademia di Belle Arti, Milano; Jason Underhill

ALEXANDRA BACHZETSIS
PRIVATE: WEAR A MASK WHEN YOU TALK TO ME
November 29–30, 2017

*Ideazione, coreografia e performance /
Concept, Choreography and Performance*
Alexandra Bachzetsis

*Collaborazione per lo sviluppo della performance e ricerca
sui movimenti / Collaboration Creation of Performance and
Movement Research*
Thibault Lac

Ricerca / Research Curator
Paul B. Preciado

*Design della comunicazione e fotografia /
Communication Design and Photography*
Julia Born e / and Blommers-Schumm

Costumi / Costume Design
Cosima Gadient

Suono / Collaboration Sound
Lies Vanborm

Luci / Light Design and Technique
Patrik Rimann

*Scenografia e assistente di produzione /
Stage Design and Production Assistant*
Sotiris Vasiliou

Produzione / Production
Association All Exclusive

Responsabile di produzione / Production Management
Anna Geering

Con il supporto di / Supported by
Kooperative Förderververeinbarung between:
Stadt Zürich, Kanton Basel-Landschaft, Kanton Basel-Stadt,
Pro Helvetia-Schweizer Kulturstiftung, GGG Basel,
Ernst Göhner Stiftung

Co-prodotto da / Coproduced with
Kaserne Basel, Zürich Tanzt, ICA London,
Robert Rauschenberg Foundation, Tanzhaus Zürich

Ringraziamenti / Thanks to
Daphni Antoniou, Sakis Bachzetsis,
Verena Bachzetsis, Mia Born, Oleg Houbrechts,
Shannon Jackson, Jannis Tsingaris

ADELITA HUSNI-BEY
FRANGENTE/BREAKER
January 17–18, 2018

Performers
Carla Almirante, Anselmo Azzoni, Nello Bellanuca, Furio
Bringhenti, Erika Cozzi, Eleonora Crippa, Camilla De Siati,
Salvatore Dragotto, Ivan Ferrarese, Nikita Ferrarese, Anna
Fumagalli, Raymonda Gentile, Diego Giannettoni, Bully Jaiteh,
Ousman Janneh, Maria Latella, Thanuja Madapatha, Carolina
Mancini, Muhammed Manneh, Mattia Montedoro, Ilaria Moro,
Gaia Panceri, Veronica Piccoli, Mariaelisabetta Realini, Marco
Resta, Claudia Rifaldi, Samuele Sarsilli, Angela Scaringella

Ringraziamenti / Thanks to
Gruppo di teatro migranti Macao, Zona 8 Solidale
e / and Overdrive Art

PAULINA OLOWSKA
SLAVIC GODDESSES AND THE USHERS
March 6, 2018

Performers
Dobrawa Borkala, Milovan Farronato,
Paulina Olowska, Sergei Tcherepnin

Musiche di / Sound by
Sergei Tcherepnin

Assistente ai costumi / Costume Design Assistant
Marika Scroppo

Ringraziamenti / Thanks to
Foksal Gallery Foundation, Warsaw; Metro Pictures, New York

Un ringraziamento particolare a / Special Thanks to
Rabcio Puppet Theater, Ushirika Cooperative

CHRISTIAN MARCLAY
CONCERTO SPAZIALE
April 14, 2018

Performers
Okkyung Lee (violoncello / cello)
Christian Marclay
Luc Müller (percussioni / percussions)

CATALOGO / CATALOGUE

A cura di / Edited by
Bruna Roccasalva

Coordinamento editoriale / Editorial Coordination
Laura Frencia – Fondazione Furla
Carlotta Poli – Mousse Publishing

Testi di / Texts by
Helga Christoffersen
Jean-Pierre Criqui
Hendrik Folkerts
Aram Moshayedi
Joanna Zielińska

Graphic Design
Studio Mousse

Copy Editor
Teresa O'Connell
Isabella Zamboni

Traduzioni / Translations
Johanna Bishop
Federico Florian
Anda MacBride
Jacopo Pes per Scriptum, Roma
Meaghan Toohey per Scriptum, Roma

Intern
Gaia Buongiorno

Editore / Publisher
Mousse Publishing, Milano

Stampa / Printing
Tipografia Altedo

Sponsored by
DELOITTE